U0521349

民族与社会发展

费孝通
二〇〇五年一月

中国社会学
经典文库

民族与社会发展

马戎 著

生活·讀書·新知 三联书店　生活書店出版有限公司

Copyright © 2023 by Life Bookstore Publishing Co., Ltd.
All Rights Reserved.

本作品版权由生活书店出版有限公司所有。
未经许可，不得翻印。

图书在版编目（CIP）数据

民族与社会发展 / 马戎著. —北京：生活书店出版有限公司，2023.11
ISBN 978-7-80768-430-5

Ⅰ.①民… Ⅱ.①马… Ⅲ.①民族问题-研究-中国 Ⅳ.① D633.1

中国国家版本馆 CIP 数据核字(2023)第171644号

责任编辑	欧阳帆
装帧设计	范晔文
责任印制	孙　明
出版发行	**生活書店**出版有限公司
	（北京市东城区美术馆东街 22 号）
邮　　编	100010
经　　销	新华书店
印　　刷	天津睿和印艺科技有限公司
版　　次	2023 年 11 月北京第 1 版
	2023 年 11 月北京第 1 次印刷
开　　本	635 毫米 × 965 毫米　1/16　印张 21.25
字　　数	280 千字
印　　数	0,001-5,000 册
定　　价	69.00 元

（印装查询：010-64052066；邮购查询：010-84010542）

目 录

新版序言　I

关于民族研究的几个问题　1

民族关系的社会学研究　28

中华民族凝聚力的形成与发展　66

关于"民族"定义　94

论民族意识的产生　118

评安东尼·史密斯关于"nation"（民族）的论述　128

中国各民族之间的族际通婚　146

论中国少数民族教育与双语教学　209

试论历史上藏族的"一妻多夫"婚姻　244

美国社会发展中的种族与少数族群问题　268

边区开发中的民族研究　303

初版后记　327

新版序言

我很感谢三联生活书店将《民族与社会发展》列入出版计划。这本文集收录了我在1997年至2001年发表的以民族问题研究为主题的11篇文章，曾由民族出版社在2001年出版。虽然多为20年前的旧作，但是我觉得这本文集的再版在今天仍然很有意义，特别是其中那些讨论"民族"定义的部分内容。进入21世纪后，我国新疆、西藏等地区的民族关系出现一系列令人担忧的新态势（如拉萨"3·14"事件和乌鲁木齐"7·5"事件）。2014年中央第四次民族工作会议召开以来，中央政府多次提出要"铸牢中华民族共同体意识"和"加强各民族交往、交流与交融"，事态的发展和中央的政策调整充分说明我国的民族关系问题进入一个新的历史发展阶段，全国人民需要对民族问题给予更多关注。这本文集的内容将有助于我们回顾20年来我国学术界对于民族问题的理论争论，有助于我们深入地思考中国民族关系的历史、现状与未来走向，这对于面临国内外风云变幻的中国年轻一代，我相信是很有必要的。

我们讨论中国的"民族问题"时，最核心的议题就是梳理鸦片战争后引入中国的"民族"这个西方概念，在被具体应用于中国社会后，在人们的理解中出现了哪些不同的思路。面对中国社会的传统结构，我们应当把哪个层面的群体定义为"民族"？当我们把国内汉、满、蒙古、回、藏等群体定义为"民族"时，这些"民族"与全体中国人组成的"中华民族"之间，是一种什么性质的关系？我们应当制定怎样的制度和政策来处理这些"民族"与国家、各

"民族"之间以及"民族"内部成员之间的关系？在这些思考和理论探索中，我们应当如何分析西欧国家或者苏联的"民族"理论与相关制度政策的设计思路，借鉴吸收其他国家"民族构建"（nation building）过程的成功经验和失败教训，深刻总结新中国成立七十多年来我国在这些方面的实践效果，从而在此基础上思考在21世纪，我们应当如何重新构建国内的"民族"话语和中国社会的群体结构，并在此基础上与世界各国开展对话和交流。

在中国的文化传统中，对群体进行分类的核心概念是涵盖"天下"的"夷夏之辨"和"有教无类"，中国文化里既没有西方社会以体质和语言来界定的"种族"（race）概念，也没有产生近代西方以公民权和主权实体为基础的"民族"（nation）和"民族主义"（nationalism）概念。鸦片战争后，由西方传入中国而引发的以汉、满、蒙古、回、藏等各族为单元的"民族主义"思潮是帝国主义分化中国的阴谋，完全背离了中华文明传统的族际关系模式[1]，其结果导致了"民族"概念在中国社会多个群体层面上的滥用[2]。梁启超先生1903年有关国内"大民族主义"和"小民族主义"的区分（梁启超，1903/1989：75—76），1939年顾颉刚先生有关"中华民族是一个"的讨论（顾颉刚，1939），都曾试图在当时的话语环境中强调以国家为单位的"大民族主义"，抵制可能导致国家分裂的"小民族主义"。由此可见，"民族"（"国族"）的讨论是贯穿晚清和整个民国时期我国学术界民族研究的核心议题。

文集第一篇"关于民族研究的几个问题"是我在对国内民族关系现状多年实地调查和理论思考基础上提出的重要议题，其中的核心部分特别讨论了中文"民族"一词的定义。我始终认为，在"中华民族"和56个"民族"这两个性质完全不同的层面同时使用

---

[1] "中国民族主义的起因及其实质是知识分子在感情上与中国传统文化的疏离"（列文森，2009：77）。

[2] 1953年中国举行第一次人口普查时，各地申报的"民族"曾多达四百多个。

"民族"一词是不妥的，必然会在理论和实践中造成基本概念混乱和认同意识误导。在这篇文章中，我明确提出应当"探讨如何根据中国国情把'国族'（中华民族）与'民族'（汉、满、蒙古、回、藏等各族）在层次上区分开来，从而建立一个超越各族群、能够反映我国'多元一体'民族共同体的群体意识"这一世纪命题。我当时提出的具体建议是："我们可能有两种选择，第一个是从'国族'的新角度来使用'中华民族'这个习惯用语，同时保持56个'民族'的称呼；第二个是'中华民族'的称呼不变，以便与英文的'Chinese nation'相对应，而把56个民族改称'族群'，以与英文的'ethnic groups'相对应。无论哪一种选择，都有助于把在使用中相互模糊混淆的词汇明确地区分开来。"

在西方话语体系中，"nation"是近代欧洲用以表示现代政治体制和国家制度的重要概念，中文通常译作"民族"。在西欧社会，"state"指执政的国家政府，"nation"指的是由一国全体"公民"及以"公民的民族主义"为基本认同构成的民族国家。（Smith,1991: 11）大革命时期的法兰西共和国、独立战争后的美利坚合众国，都是在这一认同基础上建立的"民族国家"（nation state），更准确地说，都是"国族国家"。在中文中，如将"nation"译为"国族"，其实更贴切。"nation state"表示的是与国际法中独立的行政主权（sovereignty）和边界明确的领土（territory）等密切相关的政治实体。本国全体公民（无论祖先血缘、肤色、语言和宗教信仰等）都是"nation"成员。法兰西民族（French nation）、美利坚民族（American nation）、印度民族（Indian nation）在中文中如果译成"法兰西国族""美利坚国族""印度国族"也许更符合其本质原义，而这三个"民族"内部的种族、语言、宗教差异性并不比中国内部的群体差异小。"United Nations"（联合国）译成"国族的联合体"是适宜的。（马戎，2019：218）所以，"Chinese nation"完全可以译为"中华国族"。孙中山在《三民主义》第一讲即提出："甚么是民族主义呢？按中国历史上社会诸情形讲，我可以用一句简单话说,民族主义就是国族主义。"(孙中山,1924/2001:2)自 20 世纪初直至 90 年代,曾有多位中国学者讨论过"国族"这个概念,(袁业裕,1936:19—21;潘光旦,1995:48;宁骚,1995:5;郑凡等,1997:63)相关讨论的实质就是探讨如何根据中国的实际国情把"国族"(中华民族)与"民族"(汉、满、蒙古、回、藏等)在层次上加以区分,从而建立一个既能反映我国历史上形成的"多元一体"的中华民族共同体,又能在现实社会场景中被国内所有群体接受的新的政治认同体系。

在民国时期,"中华国族"和"中华民族"都是常用的概念。1949 年后"国族"一词很少使用。不仅如此,在 2018 年《宪法》修正案之前的我国历次颁布的《宪法》和 1984 年的《民族区域自治法》中,均没有出现"中华民族"一词。在政府文件和民众日常话语中,"民族"一词主要出现在对 56 个"民族"和"少数民族"这一层面的表述上,并且与"民族区域自治"和"民族自决"等联系在一起。20 世纪 50 年代开启的"民族识别"、身份证标注"民族成分"、设立民族自治地方以及各项民族优惠政策的实施,所体现的即是 1949 年中华人民共和国成立后"民族"概念的使用模式以及对"多元一体"格局中 56 个"民族"这一层面的重视。

文集第四篇"关于'民族'定义"是对这一议题的进一步探讨,回溯了在国内汉文文献中"民族"一词的定义、译名以及西方文献中相关概念的使用。第一篇、第四篇与第五篇"论民族意识的产生"和第六篇"评安东尼·史密斯关于'nation'(民族)的论述"密切相关,分别从不同角度讨论西方的"nation"概念和斯大林"民族"定义传入后,中国学术界是如何接受并应用于中国的社会场景的。可以说,这 4 篇论文是这本文集的核心内容,虽然反映的是我在 2000 年的认识水平,但是今天重读这些文字和近年来杂志报纸上发表的文章(李赞,2016),仍然可以感到,国内学术界对于这一核心议题至今没有取得共识,更没有引起全社会足够的重视。

1949 年后,中共中央马恩列斯著作编译局把中文"民族"一词译成英文时，参照苏联马恩列斯编译局的译法，把 56 个"民族"层面的民族译为"nationality"，以便和"中华民族"译法（Chinese nation）中的"nation"相区别。在 19 世纪和 20 世纪初，马克思、恩格斯和一些西方学者在讨论各国境内的少数群体时，曾经使用过"nationality"，但是 20 世纪 20 年代后这一用法已基本停用。根据今天的国际通用概念，"nationality"是国籍，（郝瑞，2002）所以我们看到美国护照的"nationality"一栏填写的是"United States of America"，中国护照的"nationality"一栏填写的是"中国 CHINA"。由此可见，今天我们仍然把 56 个"民族"层面的民族译为"nationality"，这一译法在基本概念的理解上已不适宜。正因为如此，国家民族事务委员会的英文译名从"State Nationalities Affairs Commission"改为"State Ethnic Affairs Commission"。（郝瑞，2000：282）

尽管一些有关民族事务机构的英文译法做了调整，例如各民族院校的英文译名近几年改用汉语拼音，如中央民族大学的英文译名，2008 年从 Central University for Nationalities 改为 Minzu University of China，但是国内对于中文"民族"的英译至今仍不统一。最近的例子是，在 2017 年中共十九大报告中，有关"民族"的官方英文译法为：Chinese nation（"中华民族"）、ethnic minorities（"少数民族"）、different ethnic groups（"各民族"）、regional ethnic autonomy（"民族区域自治"）、the people of all ethnic groups（"各族人民"）。十九大部分修订并通过的《中国共产党章程》也将"少数民族"等概念译为"ethnic minorities"。这是符合国际规范理解的译法。但是，"迄今《中华人民共和国宪法》的官方英文文本依然使用'minority nationalities'而非'ethnic minorities'来翻译'少数民族'，用'the people of all nationalities'而非'the people of all ethnic groups'来翻译'各族人民'，用'regional national autonomy'而非'regional ethnic autonomy'来翻译'民族区域自治'。"（叶江，2018：1）所以，今天对于中文"民族"这一关键词的不同英文译法，依然可以清晰地反映出译者们对于该词内涵的不同理解和不同的政治导向。自从我在文集第一篇中提出这个议题以来，已经过去了20年，但是人们的认识仍未统一。我觉得中国学术界关于"民族"定义的争论仍会延续一段时间，读者们带着这些问题来阅读这本文集，可能会对中国当今的民族问题有一些更深层次的理解。

这本文集其余各篇分别涉及族际通婚、双语教育、婚姻制度等族群社会学研究的核心议题，还有几篇介绍西方族群社会学研究概况、美国族群关系演变和北京大学20世纪90年代开展的与民族研究相关的课题。对于从事民族问题的社会学、人口学和教育研究的青年学者和研究生，可能有一些值得借鉴的内容。

我自己对中文"民族"一词的理解，也经历了一个变化的过程。在我过去发表的文章中，我曾把美国的"ethnic studies"译成"民族研究"。1997年天津人民出版社出版了我主编翻译的一本译文集，英文书名是Sociology of Ethnicity in the West: Theory and Methodology，但是中文书名是"西方民族社会学的理论与方法"。北京大学出版社2010年出版这本书的修订版时，中文书名改为"西方民族社会学经典读本——种族与族群关系研究"。2004年北京大学出版了我编写的教材，书名是"民族社会学——社会学的族群关系研究"（Sociology of Ethnicity: Sociological Study of Ethnic Relations）。我之所以至今仍然使用"民族社会学"一词，是因为国内广大读者和学生无论对中文的"族群"还是英文的"ethnicity"都比较陌生，他们长期以来已习惯于把我国族群关系的研究叫作"民族研究"。所以，我编写的教材书名和我的招生专业方向至今仍然叫"民族研究"，但是在书名副标题和英文书名中，我都清晰地将其定位于"study of ethnic relation"。

从我自己对"nation""nationalism""ethnic group"等有关英文词汇内涵的理解以及自己多年来在我国各少数民族地区田野调查经历中的实际感受，我觉得中国各"少数民族"在多方面其实更类似于西方国家内部的"族群"。而且我相信，现有的这些称呼在将来一定会得到调整，以适应中国人应当构建的"民族认同"（national identity），按照新时代我国民族工作方向的提法，就是要"铸牢中华民族共同体意识"。出于这种考虑，在这本文集再版时，许多地方的"民族"被修改为"族群"。但是，由于"少数民族""民族区域自治""少数民族地方""少数民族教育"等已被使用了许多年，已成为政府文件和许多研究著作的习惯用语，所以，在涉及这些论述时，文中依旧保留了"民族"一词的用法。

自从这本文集出版后，我一直在我国主要少数民族聚居区（西藏、新疆、内蒙古、甘肃、青海等）从事社会调查和相关理论问题的阅读与思考。2008年拉萨"3·14"事件和2009年乌鲁木齐"7·5"事件对我的冲击很大，这些大规模恶性暴力事件进一步推动我去系统思考中国民族问题的症结及未来改善民族关系的思路。自2012年以来，我在社会科学文献出版社主编了《21世纪中国民族问题丛书》，这套丛书已出版24本，涉及族群研究的各主要领域和专题。在这套丛书中，由我撰写的文集有五本：《族群、民族与国家构建》（2012）、《中国民族史和中华共同文化》（2012）、《中国民族关系现状与前景》（2014）、《社会转型过程中的族群关系》（2016）和《历史演进中的中国民族话语》（2019）。这五本文集汇集了我近十年对中国民族问题的思考与探索。关心中国民族问题的读者们如果有兴趣，不妨找来一读。

2021年11月24日于海淀区茉莉园

参考书目（按作者姓氏拼音或英文字母顺序排列，全书余同）

顾颉刚：《中华民族是一个》，《益世报·边疆周刊》第9期，1939年2月13日。

郝瑞（Stevan Harrell）：《田野中的族群关系与民族认同——中国西南彝族社区考察研究》，巴莫阿依、曲木铁西译，南宁：广西人民出版社，2000年。

郝瑞：《再谈"民族"与"族群"——回应李绍明教授》，《民族研究》，2002年第6期，第36—40页。

梁启超：《政治学大家伯伦知理之学说》（1903），《饮冰室合集》第2册，文集之十三，北京：中华书局，1989年，第67—89页。

列文森：《儒教中国及其现代命运》，郑大华、任菁译，桂林：广西师范大学出版社，2009年。

李贽：《中华民族观的时代解析》，《中国民族报》，2016年8月12日第5版。

马戎：《鸦片战争后新观念的进入与中国话语体系的转型》，《社会科学战线》，2019年第3期，第209—220页。

宁骚：《民族与国家——民族关系与民族政策的国际比较》，北京：北京大学出版社，1995年。

潘光旦：《潘光旦民族研究文集》，北京：民族出版社，1995年。

孙中山：《三民主义》（1924），长沙：岳麓书社，2001年。

叶江：《希腊文"ἔθνος"（ethnos）在西方古代后期文献中的内涵探析——从十九大报告英文版"少数民族"及相关概念的官方翻译谈起》，《西南民族大学学报》，2018年第4期，第1—8页。

袁业裕：《民族主义原论》，北京：正中书局，1936年。

郑凡、刘薇琳、向跃平：《传统民族与现代民族国家——民族社会学论纲》，昆明：云南大学出版社，1997年。

Smith, Anthony D., 1991, *National Identity*, Reno: University of Nevada Press.

关于民族研究的几个问题[*]

我国自古以来就是一个多民族国家,为了贯彻党的民族政策和实现民族平等,在 20 世纪 50 年代曾大规模地进行了民族识别工作,现在正式确定的有 56 个民族。各个民族的具体情况并不相同,许多少数民族在语言、宗教、文化、习俗各个方面具有自己的特点,其中一些民族由于历史原因成为跨境民族。1990 年我国各个少数民族人口合计超过了 9056 万,民族自治地方面积约为全国总面积的 64%。无论从中国几千年的历史还是从当前其他国家民族矛盾的发展形势来看,我国各民族之间的团结与合作是国家统一、社会稳定、经济发展的一个重要基础条件,因此也是社会学研究者必须关注并进行调查研究的一个重要领域。

关于民族研究中的一些理论问题与新中国成立以来政府制定的各项民族政策的实践,学术界多年来开展了大量的研究工作和许多有益的讨论,这是我们今天深入认识我国各民族形成历史、传统民族观念、各个历史时期民族关系演变等方面的宝贵的资料和理论基础。本文根据近几年来在一些地区调查研究民族发展和思考我国民族问题中的体会,对几个问题提出个人的一些很不成熟的看法,希望得到批评指正。

一、关于"民族"定义

我国自 20 世纪初开始在汉语中使用"民族"这样的专用词,但

---

[*] 本文原刊载于《北京大学学报》,2000 年第 4 期。

对其确切的定义始终没有统一的看法。(韩锦春、李毅夫，1985)50年代以来我国研究民族问题的学者曾多次讨论"民族"定义问题，在60年代初期又开展了关于"民族"一词译法的讨论。(马戎，1999b：42)这些讨论的核心，是如何理解斯大林提出的"民族"定义和相关的民族理论。我们今天回顾这段历史并分析这些争论究竟具有哪些实质性的科学意义时，恐怕不得不承认，当时许多观点的出发点和立论的基础是"经典著作"的条文，而不是立足于对中国几千年民族群体的形成和民族关系演变的实际过程的客观分析。

人类的起源从地理分布上说是多元的，这已经由各国考古学的大量发现所证明。中国这块土地上也发现了多处原始人类的遗迹。当各地区各族群之间的相互接触不断增加时，他们十分自然地会分析自己所属族群与其他族群之间存在的共性和差别，考虑个人和自己所属群体的"身份认同"问题，以便在不同的场景中把本族群与其他族群相互区分。"必须和'非我族类'的外人接触才发生民族的认同，也就是所谓民族意识。"(费孝通，1989：5)正是出于这种客观需要，在不同的地区和具体人群中，出现了各地的"群体称谓"与相应的族群观念，并各自用自己的语言和专用词汇来加以表述。后来在人类各种语言的词汇中（不论是"土生"还是从其他语言翻译过来的）出现的如中文的"种族""民族""××人""部落"等，英文的"race""ethnic group""nation""nationality""ethnicity"等，德文的"volk""volkerschaft""nation"等，以及俄文、法文等其他语言中的类似词汇，所反映的就是各种场景中产生的地方性"身份认同"观念以及这些观念之间的相互交流。

我们都承认，在这个世界的人群之间存在各种不同程度的客观差异（在体质、语言、宗教、风俗习惯、社会组织等方面），我们可以把这些差异看作是一个多维度（每个方面作为一个维度）的"连续统"(continuum)，每个维度从一端（没有差别）到另一端（存在巨大差异），中间有无数的过渡阶段，"量变"逐渐累积而出现"质变"。当我们在对这些人群用"族群"概念在这条"连续统"上进行划界时，多少有点像是在这条"连续统"上寻找和确定"质变"的点。而不论是历史上自然的俗成过程或是今天政府、学者开展的"识别"工作，都不可避免地会带有某些人为的、主观的成分，也必然会受到当时一些偶然因素的影响。这在中国20世纪50年代由政府组织的"民族识别"工作中表现得十分明显。（马戎，1999b：16）今天亚洲、非洲、拉丁美洲和太平洋岛屿各族群的划分，也受到当时殖民主义国家人类学者观念的影响。所以，人为确定的族群界限与真实的"质变"点很可能不相吻合甚至有一定距离。造成这种情况的一个因素是人的认识与客观事物之间总会有距离，只能认识到"相对真理"；另一个因素是客观事物自身也在不断变化之中，"质变"的内涵和在"连续统"上的位置不断在变化，所以人们的认识难以统一，也难免滞后。

民族划分和族群名称一旦形成和确立，即会产生一定的固定形象（image）和符号象征（symbol）意义，成为人们相互认同和进行社会动员的工具。即使是各族群之间在体质、文化（语言、宗教、价值观念等）、经济活动、生活习俗方面的差别逐步消失之后，"民族"的象征性意义仍有可能借助其他工具（古代传说、圣迹、英雄人物等）来得到维系，甚至"再创造"。

所以，我们今天使用的"民族"一词，不是一个相对比较单纯的、自然科学的生物或物理概念，而是内涵十分复杂的具有社会、文化、政治、经济等各方面含义且具有地方性色彩的"复合型"概念。在实际应用中，当涉及某一个具体族群时，还可能带有在人为"识别"过程中留下的某种历史"烙印"。

在与世界各国的政治、文化交流中，通过语言互译，中国近百年来开始逐步广泛使用"民族"一词。但是因为世界各地出现的"民族"概念（使用不同语言词汇表达，具有某种相同或相近的内涵）与各个地区、各个国家的族群形成与发展的历史，与当地社会、经济、文化的发展历史密切相关，所以"民族"一词的内涵不可能在世界各国产生和保持一个绝对一致的定义。也正因为如此，在中国学术界才出现了如何翻译国外与"民族"相关的术语，并如何将其与中国传统"族群"观相联系的问题。作为研究者，我们应当对来自不同国家的不同的"民族"定义根据其产生的不同场景、不同文化传统来进行分析，理解其之所以不同的原因，找出基本含义相通、具有基本共性、可以在学术交流中达到沟通目的的若干基本词汇，同时在学术交流中注意各自词汇内涵的界定并在相互理解中不致出现重大歧义。能够达到这一点，便可以满足我们在研究和交流方面的基本要求，不必孜孜以求对"民族"这个词确定一个放之四海而皆准的"标准"定义。

总之，我们不应当拘泥于现有名词概念和定义的束缚，而要从活生生的现实世界中的人群出发，从多元、演变、互动和辩证的角度来分析和把握复杂的客观事物，包括民族现象。至于词语所表达的各种概念和定义，不过是我们人类群体从各自面对的社会现实中抽象出来帮助我们理解和分析客观世界的符号工具。在面对世界各地纷杂变化的各类族群形态时，也许根本不需要一个如自然科学研究对象那样的抽象、统一的"民族"定义。由于探讨与建立这一定义之后可能会固化和束缚我们的观念和思维，这样做对于我们的实际研究工作也许弊大于利。我们应当承认世界上民族现象的多元性，从而承认由现象中抽象出来的民族观念的多元性以及相应的"民族"定义的多元性。研究分析不同地区族群划分与定义的差异，也许恰恰可以帮助我们理解世界上复杂的种族、民族、族群现象，并更清楚地认识我们自己。

就中国的具体情况而言，斯大林提出的"民族"定义的四条标准："共同语言、共同地域、共同经济生活以及表现于共同文化上的共同心理素质"（斯大林，1913/1953：294），虽然反映的主要是20世纪初俄罗斯民族关系的状况，但是对于理解现代中国的民族也还具有一定的参考价值。费孝通教授1978年在《关于我国民族的识别问题》一文中，也是在这个基础上来分析中国民族的识别标准的，同时提出必须根据中国各族群的历史和现实国情予以灵活运用（费孝通，1988），而不能把这些条件绝对化并看作一成不变的教条。

中国和苏联学者长期在"民族"定义问题上争论不休，而欧美学者则相对淡化定义之争，在各自的研究中对所研究的族群进行自我定义，关注的是实际发生的社会事实与变化，从实证分析的角度来开展研究。（马戎，1999b：49—50）这多少反映出学术传统和研究对象的不同。苏联和中国学者比较注重理论探讨，受既有文献著作的影响较大，而且研究的主要是本国的族群。欧美社会学学者则大多偏重于田野调查和实证研究，调查研究的对象遍及各大洲，研究的对象之间很难找到系统的可比性，所以往往根据具体调查对象的特点提出可操作的、自行确定的"族群"定义。也许会有些人批评欧美研究民族的社会学学者对建立一般性民族理论的努力不足。毫无疑问，宏观理论的整理和科学定义的探讨，对于社会科学的发展是非常重要的，但是只有在对客观世界族群现象开展广泛调查研究的基础之上，才有可能在民族理论方面提出真正科学的具有普遍性的结论。

二、关于"民族意识"

一个民族族群，首先具有体质（有形）和文化（无形）的客观基础。在这个族群与其他族群的接触交往中，通过在这些有形、无形方面异同程度的认识，形成不同层次的"认同"或"认异"，也就是费孝通教授多次提到的在观念上的"in-group"和"out-group"之间的差别。（费孝通，1999：9）在族群成员们的社会活动中，在这样的客观基础上，会自然地萌发产生"群体意识"（族群内部成员之间的认同、与外族成员之间的"认异"），[①]并在交流过程中

---

① 也有人认为"民族意识"（ethnic consciousness）包括"族属认同"（ethnic identity）和对自己所属"族群利益的感悟"两个部分。（王希恩，1998：142）

（有时借助本族群知识分子在用语上对之"符号化"，如民族称谓）使之稳定下来并相互传递。这样，一个民族就从"自在"的民族转为一个"自觉"的民族。

在我们研究这个过程时，既要注意一个族群整体观念转变的宏观层次，也需要注意在族群观念确定之后，族群各个成员如何获得"族群意识"这样一个微观层次。① 大民族和小民族，集中居住的民族成员和分散开并与其他族群成员混居的民族成员，他们获得"民族意识"的途径和程度可能是很不一样的。②

一方面，"族群意识"的认同具有多层次性（其范围可以从基层社会的家族、社区、族群、地区，直到国家、人种、人类）。因为"族群认同"是在与其他群体接触时才发生的问题，在人们置身于不断扩大的"群体"并与其他"群体"接触时，认同的范围也在不断扩展，如有的国外学者描述的那样：当 A 群体与 B 群体相遇时，他们以 A 和 B 相互区分，同时也会发现彼此之间存在共性；而当他们遇到在这个共性方面与 A 和 B 都不同的 D 群体时，A 群体便和 B 群体组成了 C 群体，以便和这个差异较大的 D 群体相区别；接着 C 群体又可能与 D 群体组成 E 群体，以便与差别更大更深刻的 F 群体相区别，这个过程不断升级延续，形成多层次的群体

---

① 既然族群意识不是一个孩子出生之前"先天"具有的，那么在他出生后，他是如何获得这种意识的？通过与异族成员接触而获得的感性认识，还是通过读书或其他人的"灌输"而获得的抽象观念？获得后在什么情况下他的族群观念会淡化或强化？这些都是需要调查研究的专题。

② 一般来说，城镇地区和民族混居地区居民的"民族意识"要强烈一些，农村牧区和单一民族地区居民的"民族意识"会淡薄一些，有些甚至几乎没有什么民族意识。国外的研究表明，直至1870年以前，法国大部分农村和小镇居民并没有认识到自己是法兰西民族的成员。（潘志平，1999：218）其他研究分析了职业、年龄与民族意识之间的关系，如美国政治学家认为在族群中具有较强民族意识和民族分离情绪的阶层是知识分子、人文学者、中小学教员、记者，而赞同民族同化、一体化和合作的是工程技术人员和科学家。苏联"受过教育的青年一代，却利用苏联政策上的方便广泛接触本民族的文化和历史，并有意识地在一切方面同自己的民族融为一体。如此高度的民族意识是老一代人们所没有的"。（潘志平，1999：222）

认同系统。(Gladney, 1996: 455) 这个"多叉连续分层系统"的理论假设可以在我们身边找到许多实际例子。

另一方面，一个群体的"族群意识"一旦产生，就会明确和强化族群的边界，推动以族群为单位的集体政治、经济、文化甚至军事行为。在一个多民族社会里，在族群之间的交往互动过程中，"族群"会逐步成为具有特定经济或政治利益的群体单元，并会在此基础上产生某种内部的"自身动力"，民族的成员们可能会通过动员族群的集体行为来为自己争取这些利益。(Glazer and Moynihan, 1975: 7)

值得注意的是，随着人口迁移、族际通婚、行政边界变动、宗教信仰改变等社会变动，"族群"的内涵和边界也处在变化之中，所以，"民族"不是固定不变的，而是始终处在动态变化的过程之中的。同时，一个族群的"族群意识"的强弱也会随着客观环境的变化而变化。

在各种外界因素中，政府的民族政策无疑是影响民族意识和族群关系的一个重要因素。以户籍和身份登记制度来说，政府如果通过行政手段来确认和保持每个国民的"民族成分"，在客观上难免会起到"固化"和"强化"民族意识的作用。目前世界上大多数国家都不对自己的国民采取"民族成分"登记制度，这无疑有其各个方面的考虑。各个国家在族群身份制度方面所采用的不同做法和带来的各方面的政治和社会效果，值得我们进行比较和借鉴。

自1924年孙中山先生提出"国族"一词之后（1924：2），国内学者从30年代直至90年代对此多次进行讨论。（袁业裕，1936；潘光旦，1995；宁骚，1995；郑凡等，1997）这些努力的目的，就是探讨如何根据中国国情把"国族"（中华民族）与"民族"（汉、满、蒙古、回、藏等各族）在层次上区分开来，从而建立一个超越各个族群、能够反映我国"多元一体"民族共同体的群体意识。我们可能有两种选择，第一个是从"国族"的新角度来使用"中华民族"这个习惯用语，同时保持56个"民族"的称呼；第二个是"中华民族"的称呼不变，以便与英文的"Chinese nation"相对应，而把56个民族改称"族群"，以与英文的"ethnic groups"相对应。无论哪一种选择，都有助于把在使用中相互模糊混淆的词汇明确地区分开来。

许多现代国家（如日本、美国）都十分强调"国民""国家公民"的意识，换言之，就是强调在一个政治实体（现代国家）中，全体成员所具有的在政治、法律、经济、文化等方面的共性和共同利益，认为这种共性和共同利益超过国内各个小族群的利益。在西欧建立的"民族—国家"（nation-state）中，民族与国家之间在相当程度上是彼此重合的，所以不需要去特别强调"国民"意识。中国是一个历史上形成的相互融合的多民族国家，中华民族大家庭的政治含义就是中国的"国民"观念，在强化"国民"意识的过程中，有利于强调中国各族群的共性和共同利益，也有利于淡化各个民族的族群意识，增强祖国意识。

三、中国的民族共同体和民族观

中国陆地位于东亚大陆，并且由于东面海洋、西部高原、北方沙漠和冻土森林、南方热带丛林等地理屏障而与其他地区相对隔离，中国生存和发展于这样一个相对独立的地理空间中。各个族群始终处于相互密切交往并探求一种在这个空间里如何共同生存的族群关系。通过几千年的历史，客观上逐步形成了一个各族群共存的"多元一体"格局，费孝通教授在他的文章中把它用语言表述了出来，（费孝通，1989）这一表述是根据历史事实所做出的分析与归纳。费孝通教授在这一理论中抽象出来的观念、做法，所说明的就是几千年来中国人、中国各个族群看待自身和处理民族关系的传统。（费孝通，1999）

我们今天在日常用语和学术研究中大量借用了源自西方的"民族""××族"的称谓，但是需要明确认识到，就其产生的条件、演变的过程而言，中国人传统的族群观与欧美各国的族群观实际上是很不相同的：

（1）中国文化、科技、经济和社会组织的发展有着久远的历史，曾长期走在邻近地区的前面。同时由于东亚大陆各族群之间的体质差异不大，族群间相互交往融合的历史很长，在族群、部落划分方面，中国的传统强调的是"文化"（以儒家思想为参照系）而非"体质"，甚至并不重视语言差异。① 而且，中原地区的"教化"也是中国各民族文化交流与融合而形成的结果。中国的传统是以"文化为本"，把天下所有的人群划分为"化（教化）内"和"化外"两类，强调"有教无类"，通过"教化"②使"生番"成为"熟番"，成为"天朝臣民"，并最终实现理想中的"大同世界"。

（2）中国人的族群观与"天下"观密切联系，自秦始皇统一中国后，中国人就开始具有"普天之下，莫非王土"的观念，位于中原的"天朝"有责任施"教化"于边远地区的"蛮夷"，所以中国传统观念不但没有把已经"归化"的各族群排斥在"中华"之外，而且实质上也没有把尚未"归化"的族群完全排斥在"天下"这个一体的格局之外。这里有点像费孝通教授在描述中国乡土社会人际关系时所使用的"差序格局"观念，（费孝通，1999：24—30）从"天子脚下"的中原地区核心族群到偏远地区的"蛮夷"之邦，"教化"的程度逐层淡化，认同的层次也逐层淡化，但各个层次都在一个"天下"的范围内。从这种意义上讲，欧洲各国始终没有走出"战国时代"，在欧洲大陆上一直存在着多元化的政治、经济、文化中心，这是欧洲族群观的基础。

---

① 美国著名学者费正清写道："毫无疑问，这种认为孔孟之道放之四海皆准的思想，意味着中国的文化（生活方式）是比民族主义更为基本的东西。……一个人只要他熟习经书并能照此办理，他的肤色和语言是无关紧要的。"（费正清，1987：73—74）

② 中国传统中向"蛮夷"施行的"教化"凭靠的是文化扩散和"仁政"的感召力，而不是武力传教，这是儒家文化与基督教、伊斯兰教等外来宗教的传统十分不同的特点。

四、欧美国家的民族关系和政策

欧洲的民族族群非常纷杂，在历史上经历过多次民族大迁徙，在近代形成了几个民族均势对峙的局面，皇帝和国王们下面存在许多世袭并在封地内具有很大权力的贵族领主，可以说一直没有走出相当于中国历史上"战国时代"的局面。在这种场景下，欧洲人产生了自己的族群意识、族群观念和处理族群矛盾的方法。后来在"工业革命"期间，在这些"战国群雄"中逐渐发展出了"nation-state"这种地缘政治和国家形式。

"nation-state"在我国一般被译作"民族—国家"但正如一开始讲到的，对于"民族"的定义不可能一致，对于"nation-state"的理解和翻译也不可能一致，如一些日本社会学家把它译作"国民—国家"，从中国的国情来看，把"nation"简单地译为"民族"确易引起混乱。①

此外，欧洲各国在处理民族关系上始终具有明显的两重性，就是把地球上的族群关系分为两大类。第一类是处理欧洲白种人族群之间的关系，这些族群之间在体质、文化、宗教、政治传统上比较相近，在"族群意识"方面存在着某种扩大了的文化方面的认同，他们之间可以恪守他们的"文明社会"（他们给自己起的名称）的

---

① "nation"本身也可以译作"国家"，联合国的英文名称就是"The United Nations"。当然，我们不可能据此把"nation-state"译作"国家—国家"，这里恰恰说明中文与英文词汇之间内涵的不对应处。"nation"这个词在欧洲具有某种政治含义，带有"族"和"邦"双重内涵，中国的"少数民族"则更多的是文化的含义。英文中的"ethnic group"与中文的"族群"在内涵上更为相近。英文中的"nationalism"，通常译为"民族主义"，我认为一些用法如"地方民族主义"也不完全恰当，因为这一提法带有相当的政治含义（即最终建立独立国家的意愿），把要求争取和保护本族群利益的思潮和活动称之为"族群意识"和"族群运动"是合适的，但是把它冠之以政治化的"民族主义"（nationalism），就从外部强化了其政治含义。另一个词汇"ethnosism"也可译为中文的"族群主义"，似与中国的国情更相近。

行为准则（他们发明的"外交关系"、"宣战"、对待俘虏的准则等等）。第二类是欧洲白种人族群对待所谓"野蛮人"的关系，这在他们在非洲、亚洲实行殖民主义统治和在美洲恢复奴隶制方面表现得最为淋漓尽致：白人把其他族群当作"非（文明）人类"来对待，他们在与土著人打交道时，完全不必遵守任何"文明社会"的规则，不承认当地土著人自有的政治秩序和社会规则，只是靠武力和奴役来达到他们的政治和经济目的。

今天西欧和美国仍然是在这样处理他们与其他族群、国家的关系。在"冷战"时期，苏联集团以大致相等的武力与"北约"集团相对峙，北约被迫把苏联集团当作平等的对手来协商和谈判；苏联解体后，在对待东欧国家、南美洲国家、亚洲国家（包括中东地区）的态度中，白种人的这种两重性的"传统"故态复萌。在白人国家之间他们是尊重彼此的"主权"和"边界"的，但是对巴拿马（拘捕其合法国家元首）、伊拉克（在其领土内设置"禁飞区"）、南斯拉夫（野蛮轰炸和军事占领科索沃），则是连"宣战"也不屑的，这些做法与老殖民主义和"鸦片战争"时期帝国主义的做法完全一样。

当今每个国家内部都不同程度存在的民族冲突和"人权"问题，这是美国和西欧国家对他们感兴趣的其他国家进行外交干涉和武力干涉的最好借口。特别是在各国的民族冲突中，采取支持一派、打击一派的做法，确实可以达到肢解一个主权国家的目的。这是所有白人国家之外的主权国家和他们的人民所不得不特别警惕的。这些国家的民族分裂，使西方国家达到了其战略目的，却造成了当地各族群的流血冲突、内战、社会动荡和经济崩溃，其带来的精神创伤和族群间的仇恨，几代人都难以抚平，会使得这些族群和他们所在的国家今后的经济发展长期停滞。明智和清醒的族群领袖应当从这些经验教训中懂得，处于今天国际政治的环境里，在各国民族分裂的冲突中，每个族群都是受害者和牺牲品。

有些西方学者指出，人们的社会生活由"nation-state"这样的政治单位来分割的传统,正在被社会关系、网络以及文化影响的"全球化"所取代,这个尚未完成的过程引起人们传统的认同意识的反弹,应当从这个角度来认识近年来各地"民族"意识以及宗教和民族"原教旨主义"运动的兴起。(Rex, 1995: 22)西方国家的意识形态、经济势力、组织机构正在通过各种方式渗透和侵入到广大发展中国家,在唤起民众对抗意识时,民族主义无疑是很有号召力的旗帜。但我们必须认识到,民族主义也是一把双刃剑,既有积极的一面,也可能会有消极的一面,像极端的"原教旨主义"明显与世界发展的大潮流相违背,带有封闭和倒退的倾向,很容易引起所在地区各族群之间的冲突,不利于当地社会、经济的发展。

五、族群与地域

各个族群在历史上形成了具有自己特色的居住模式(residential pattern)。农耕民族、草原游牧民族、山地民族、大洋中的岛民、流浪的吉卜赛人等等,他们在和地域的关系上都具有自己的特点。在与其他民族是否混杂居住方面,各个族群也不相同。所以,一个族群与一个固定地域之间的联系,具有多种模式。但是从历史上看,大多数族群都有自己的传统居住地域,这也是不争的事实。固定与不固定,聚居与混居,二者是对立的统一,在历史的长河中也都具有一定的相对性。

人类族群首先居住在其发源的地域,随着自然资源条件的变化、交通工具的发展和族群之间的不断征战,各个族群都经历了不同程度的地域迁移。犹太人迁出以色列,阿拉伯人迁进来。欧洲人迁进美洲,随后他们又运进来非洲黑人。越是经历了大规模民族迁移的地区,各民族的居住格局越是复杂。"二战"之后,劳动力市场的全球化以及战争难民的安置进一步增加了人口的跨国界流动。随着经济全球化过程的发展,人的地理流动性会不可避免地加强,例如,中国人在海外各个国家的人数近年来一直在增加,我国沿海城市中的内地各少数民族人数也在增加。人们和一个固定地域的关系会随着交通和市场的发展而逐步淡化，这是发展的大趋势。个人是如此，一个族群也是如此。

在这种大趋势、大潮流下，把族群和一个地域的关系固定化或者强化，可以说是一种倒退。在一定历史和社会发展条件下，实行"民族区域自治"政策是具有积极意义的。少数民族的各项权利需要一系列的制度保证，而这些制度和机构，往往是与地域单位联系起来的，所以从理论上讲，"民族区域自治"是落实民族政策和保障少数民族合法权益的"操作性"形式，但决不能在观念上被理解为该族群对于部分国土的"民族所有权"或"民族控制权"而产生的排斥其他族群的后果。随着国家社会和经济的不断发展，随着各地民族交流和人口迁移的不断增加，民族与地域之间的关系也应当逐步淡化。对于各部分公民（当然包括少数民族成员）权利的保障机制将逐步从地方性行政机构的运作向全国性法制体制的运作过渡。

当社会整体的法制、教育、经济、社会组织水平发展到一定程度之后，如果过分强调族群与地域之间的关系并使之固定化，有可能阻碍国家各个地区之间在经济、文化、政治等各个方面的进一步整合，甚至可能成为该地区从外部吸引人才、技术、资金，发展经济和开拓市场的障碍。在区域间利益分配的调整方面出现难度时，易助长地方保护主义倾向，阻碍资金、物资、人口、经济组织的跨地域流动与合作。当这种情况固定化之后，在外部势力的影响和国内一定的政治和社会条件下，甚至有可能出现封闭和分离的倾向。

现在世界上按地域实行所谓民族自治的国家很少，美国、德国的州，虽然具有某种自治权力，但是其制度和地域划分的基础不是民族差别。而一些长期实行"联邦制"或实质上类似制度的国家（如苏联、南斯拉夫、捷克斯洛伐克），其最终效果如何，十分值得探讨。苏联的解体，与联盟制、加盟共和国体制之间是有着密切联系的。（陈鹏，1993：134）俄罗斯联邦目前的自治共和国（如车臣）出现的民族分裂问题，不能不说与过去实行的以

"联邦制"为基础的体制有着某种关系。

"民族区域自治"是新中国成立以来长期实行的基本政策之一，对于巩固我国的民族团结、稳定边疆发挥了重要的作用，在今天社会主义市场经济条件下和今后相当长的历史时期之内仍然行之有效。但是从学术研究的角度来看待族群和地域之间的关系及今后的发展趋势，还是有不少问题可以探讨，需要进一步完善。社会在发展，随着历史条件的变化，许多政策也需要在"实事求是"精神的指导下不断进行研究和稳妥的调整。

族群与地域的关系中存在两个方面。一个是在一个国家内部的族群与地域之间的关系；另一个则由于历史上曾经居住或占领过的原因，涉及目前国境外的地域。

在人类漫长的历史发展过程中，在不同的历史时期，各个族群在政治上和军事上控制的地域范围变化非常大，每个族群都曾有过自己的辉煌时期，之后的控制地域可能已经发生了很大变动。今天世界各国的国界是在一定的历史条件下，由于各种各样的原因共同作用而形成的，并得到了国际社会的一致认可。所以，这些国界不一定也不可能按照各民族的传统居住区域和历史上曾经占领过的地域来划分。

在确定一个国家的国界时，可能外界力量的因素是决定性的（如非洲一些国家的边界是由欧洲殖民主义国家划定的），可能由于当时的力量对比和战争结果所决定（割让领土的不平等条约），也可能由于几个族群相互协商而决定（结成联邦国家）。目前除了部分国家的少数地段仍存在有争议的国界之外，世界上绝大多数国家的边界是得到确定的，而且得到国际社会的承认。如果一个民族根据某种理由（如历史上本民族曾经居住过或是曾经占领过）要求改变现有国界，那么世界上几乎没有一条国界是不可以修改的，没有一条国界是没有争议的。

所以最为明智的办法，就是不管当时边界确定时是否"合理"，世界各国都承认各国已确定的现有边界。对于仍有争议的边界，加快谈判使之尽快明确下来并得到国际承认。在此之后，不管使用什么理由，任何国家也不应试图通过任何手段（外交、军事、颠覆现有政权）来改变现有主权国家的正式边界。任何修改都是十分危险的先例，可能会引起"多米诺骨牌"效应而导致一系列的边境冲突和战争。

六、民族语言与少数民族教育

语言是人们相互进行交流的工具，文字则记录下了人们在各个方面取得的知识与成就，可向下一代传递。所以语言最重要的性质就是它的应用性。同时，由于语言是民族文化的一个基本载体，所以民族语言的前途，往往预示着民族传统文化的前途。在历史上占据统治地位的民族大都试图在自己的控制版图内推行自己的语言，使它成为"国语"，只是具体推行时在强制的程度和方法上有所不同而已。在这种社会发展和族际竞争的过程中，由于语言是传统文化的载体，所以也寄托着人们对于民族和文化的感情。

随着族群之间、各国之间的各种交流的增加，语言的"实用性"特质必然会发生越来越大的作用。在一个现代民族国家形成和发展的历史阶段，在这个国家内，一种最通用的语言将不可避免地成为该国的正式"国语"或非正式的"族际共同语"。

在我国的社会生活和社会交往中，就全国而不是一个小地域来看，应用性最强、最普遍的语言是汉语。由于一些少数民族（回、满、赫哲、土家、锡伯、畲等民族）的绝大多数人口使用汉语、一些少数民族（蒙古、壮、撒拉、苗、瑶、东乡、土、保安、羌、仫佬、白等民族）人口中有相当比例的干部和群众通用汉语，其他少数民族的知识分子和干部也大部分通晓汉语，汉语文在中国几千年的文化发展史和现代社会发展过程中已经在客观上成为中华民族大家庭的"通用语言""公共语言"或"族际共同语"，所以不能从名称和历史上的情况简单地把今天的"汉语"顾名思义地看作"汉族的语言"。

在我国，不但历史上和近现代的大量文化典籍和科技成果是用汉文出版，国外的大量文学、科技著作是译成汉文出版，连国内许多少数民族知识分子的大多数研究成果也是用汉文发表出版的，比如，在我国1993年的出版物中，有99%是汉文出版物，[①]在中国生活和工作的人，如能熟练地掌握汉语文，就意味着可以接触和使用国内信息总量的99%，这是数量巨大和无法替代的资源，掌握这些资源，对每个人的发展（当然包括少数民族成员）和个人所从事工作的部门单位或专项事业的发展都是极为重要的。一个少数民族学生学习了汉语，不仅仅可以同汉族交流，也可以通过汉语与其他很多民族交流。如果说今天人们学习了英语可以走遍世界，那么在中国学习了汉语就可以走遍全国。在全国范围内汉语普通话的普及，是社会发展的大趋势，是不以人们意志为转移、或早或迟总要发生的事。[②]当然，根据我国《宪法》之规定，各民族都有使用自己语言文字的权利，这是毋庸置疑的。

在世界市场迅速发展，经济、文化、科学技术的发展需要大量跨国界交流与合作的历史时期，在世界上（或全球化发展较快的区域）也会出现一种最通用的语言，作为非正式的国际共同语发挥其"实用性"的功能。第二次世界大战后，英语越来越显露出作为国际通用语的势头。而在此之前，俄语、法语、德语与英语相比，在其他国家和殖民地中的影响差别并不大。仅从一个因素来说，美国每年提供的上万美元的研究生奖学金吸引了第三世界各国学生把英语选作第一外语，这就必然对各国中小学外语教学的语种构成带来

---

① 1993年全国共出版图书96761种，发行593372万册，杂志7011种；其中用少数民族文字出版的图书3500种，发行5090万册，杂志173种。（国家统计局，1994：622；国家统计局国民经济综合统计司、国家民族事务委员会经济司，1994：372）

② 在汉族当中，同时存在着一个推广普通话的问题。各种方言历史悠久，与地方文化和戏曲结合起来，使人们对它们也怀有很深的感情，但是社会发展必然会推动普通话的普及，因为不学习普通话的人在未来的发展机会无疑将受到许多限制。语言的应用性这个最核心的问题，也将使得各种方言的"地盘"逐渐缩小并最终消失。

重要影响。前英国殖民地的广大地域（美国、加拿大、澳大利亚、新西兰、印度与南亚各国、南非、新加坡等）人口与逐步增长的经济实力，特别是美国的政治、经济地位都使英语在国际经济活动、学术交流和外交活动中的应用性价值不断提高。

据德国比勒费尔德大学语言和历史学家发表的调研报告介绍，在1万年以前，世界人口约有100万，存在着大约1.5万种语言，今天全世界人口增长到60亿，语言种类却减少了一半，保留有7000多种，语言学家们预计在今后100年内（在21世纪），还将会有2300种语言消失。专家们认为，今后计算机的普及将会对小语种带来毁灭性的打击。

正是由于看到了世界语言发展的大趋势，看到了多民族国家内部实际正在发生的语言变迁，一些头脑清醒的政治家或民族领袖在对待语言问题上不是从狭隘的民族感情出发，而是指出任何民族的发展都必须要顺应这一语言发展的大趋势。

新中国成立后，我国政府为了落实民族平等政策，为一些原来没有文字的民族创造了新文字，[①]这一做法的政治意义和心理作用是十分显著的。可是从文字的应用性来看，如果这些民族人口规模太小，这些新文字以及一些有一定历史的少数民族语言文字，形不成学校教育和实际应用的规模，这些语言文字最后也只能逐渐退出历史舞台，这是完全不以人的主观意志为转移的。有时，一种语言既可增强一个民族的凝聚力，但也可能会阻碍这个民族的发展，这也是一种辩证关系。所以，一方面对于仍在使用中的少数民族语言文字，应当从立法上确保其合法性，对于民众发展少数民族语言教

[①] 根据各民族"自愿自择"和有利于本民族发展繁荣的方针，我国政府——（1）帮助壮、彝、布依、苗、侗、哈尼、傈僳、黎、佤和纳西这10个民族制定了以拉丁字母为基础的文字；（2）帮助傣族在西双版纳、德宏两大方言区傣文的基础上，设计了两种傣文改革方案；（3）帮助景颇族、拉祜族改进了原有的拉丁字母形式的文字；（4）帮助原来使用阿拉伯文字母的维吾尔族和哈萨克族设计了以拉丁字母为基础的新文字。（马寅，1981：17）（维吾尔族和哈萨克族新文字使用一段时间后又恢复了原来使用阿拉伯字母的文字。——编者注）

育的要求，应当给予全力的支持；另一方面，需要考虑到语言的实际应用性和学生未来的发展，在儿童入学时应当允许有选择学习语种的权利。

这里需要注意的是，对于人口规模较小、语言应用范围小的族群，从其社会和经济发展的角度看，学习汉语的积极意义是比较明显的；而对于一些人口规模大、民族文化历史悠久的大族群（如藏族、维吾尔族、蒙古族等），在今后相当长的一个历史时期内，民族语言在广大民众中仍然具有广泛的应用性，要看到学习本民族语言对于该民族发展教育和经济的积极意义，对于民族语言作为教学语言在学校中的使用，对于民族语言作为交流工具在社会生活中的使用，都必须给予相当的重视。否则，正像列宁警告过的那样，使用行政手段推行"国语"的做法会得到相反的效果。（列宁，1913/1959：500）

兴办少数民族教育事业的目的是培养少数民族的高级人才，这里包括两个主要部分，一个是各级政府官员，另一个是知识分子和科技人才（包括教师、学者、作家、艺术家、科学家、工程师等）。从我国兴办民族院校的历史传统来看，最初办学的主要目的是培养干部。新中国成立前后，西北、西南广大少数民族地区迅速得到解放，迫切需要在一个很短的时间内培养出大批少数民族干部充实基层政权和推动"民主改革"，各种培训活动和专为培养少数民族干部的民族院校应运而生。这也承袭了民国初期和我党延安时期设立民族院校的传统。在新中国成立初期当时的情况下，成立专门的民族院校是历史的需要。

新中国成立50年后，培养少数民族干部的任务依然存在，但是随着时间的推移和社会的发展，总体的形势已经发生了很大变化。第一，对于培养少数民族知识分子和科技人才，在数量和质量两个方面的要求都提高了，这是全国和各个少数民族地区社会、经济、文化各项事业发展形势的需要。第二，在现代化进程中，各项事业的发展对于政府官员和管理干部的要求也有新的变化，"干部"的内涵也在变,现代化所需要的官员和管理干部在相当程度上应当是专业性人员,应当是知识分子和科技人才,是具有相关领域知识和管理技能的具有高等教育背景的专业人员。所以,也可以这样说,今后少数民族知识分子和新型管理干部的培养任务要超过对"传统型行政干部"的培养,培养的内容也会从民族政策教育转向社会发展和现代化所需的通用性知识。而且,随着我国行政体制的改革精简,对于少数民族技术、管理人才的需求量将会大于少数民族行政干部的数量。

七、民族平等和对于少数民族的优惠政策

民族平等是人类许多世纪以来的理想,也是我国政府的基本政策。由于历史地理环境和社会、经济发展等方面的各种原因,民族群体之间在许多方面存在着不平等的现象。马克思主义民族理论提出,首先通过革命实现各民族在法律上的平等,然后在社会主义制度下通过对于少数民族的各项优惠政策,逐步实现各民族在事实上的平等。(列宁,1919/1959:102—103)

对于民族平等的认识,有几点值得注意:

第一,要在性质上区别开法律上的平等与"事实上"的平等。(1)法律上的平等无论是针对个人还是针对族群整体,在执行中都是绝对的,不能打任何折扣。而在各个个人之间,在各个族群之间,在具体经济领域中的"事实上"的平等只能是相对的,而不平等是绝对的。(2)族群的整体社会地位、收入水平等是由许多个人总和而成;在职业、收入、发展机会这些个人的生活与工作方面,由于每个人的天赋不同、工作中的努力程度不同、在学习方面付出的辛劳不同、实际做出的成果业绩不同,得到的报酬自然也会不同。如果相同,那么就违反了"同工同酬"这个最基本的法律上的公平原则。所以,在个人层次上实行的"法律上的平等"有可能导致在群体层次上的"事实上的不平等"。

第二，要区别开族群整体性的"结构性"差异和个人因素引起的个别性差异。(1) 两个族群如果劳动力产业结构不同、职业结构不同，收入平均水平可能也会不同。所以，如果我们忽视了对产生这些差距的结构性（教育水平、行业、职业等）原因和个人条件的系统分析，而仅仅看到在事实上民族成员整体之间存在收入水平、消费水平的差距而提出"民族平等"问题，就是把"法律上的平等"和"事实上的平等"这两个性质完全不同的问题混淆并对立了起来。(2) 国外民族社会学研究十分重视对于"民族分层"(ethnic stratification) 的分析，即研究族群之间在行业（农业、工业、服务业、金融业等）、职业（科技人员、管理人员、工人、农民等）、收入等方面的"结构性"差异，调查分析造成这些结构性差异的原因，研究影响结构形成的各类因素，以及探讨逐步改变现有结构的各种措施（包括各项具体政策）。这种整体性的"结构性"差异与个人因素引起的个人之间职业和收入差异分属于两个范畴。

由于个人原因，每个民族的成员中都会有穷人和发展不顺利的人，这与"民族平等"毫不相干。所以，个人之间的平等和族群之间"结构性"的平等，是两个不应混淆的问题。如果不存在对于一个族群在受教育、就业、分配等方面的制度化歧视（民族或种族歧视），就不能说在法律上存在着民族不平等。

马列主义民族理论讲的要达到民族间"事实上的平等"，指的是经过社会、经济的发展，使各族群在劳动力的受教育程度、产业和职业结构上达到大致相近，从而使与之相关的整体收入结构大致相当，而决不是不顾这些条件，简单地要求达到各族群整体收入水平的相等。从某种意义上讲，只有到了真正能够实行"各尽所能，按需分配"的共产主义社会，族群之间、个人之间"生活上实际存在的不平等"才会消失。而这无疑是非常非常遥远的事。马列主义的民族平等理论为我们指出了长远的奋斗目标，在现时期的初级阶段，我们只能依照实际国情来理解和引导社会的发展。

第三，对于一个或几个族群在教育、就业、税收等方面实行优惠政策，事实上是对其他民族的不平等。如我国实行的对少数民族考生高考录取时加分的政策，从个人角度来说，是在"法律上"或制度上对于汉族考生的不公平；从族群角度来说，由于少数民族教育事业长期不够发达，通过这样的办法可以增加少数民族考生录取的比例，从长远看对提高少数民族整体教育水平是必要的。

列宁认为："不仅在于遵守形式上的民族平等，而且在于压迫民族即大民族要以对待自己的不平等来抵偿生活上实际形成的不平等。"（列宁，1922/1959：631）我国对于少数民族实行优惠政策，就是循着这样一个思路。但是必须明确，这是对大民族所属成员的不平等。由此提出两点，需要引起注意：（1）优惠政策既然是不平等的政策，就不可能是长期性或永久性的政策，而只能是过渡时期的暂时性政策，新中国成立已经50年了，不可能设想在今后再过50年、再过100年仍然需要执行这样的优惠政策；（2）少数民族必须努力尽快提高本民族素质和能力，凭自己的实力争取经济上的真正的平等，不能老是依靠政府的优惠政策生活与发展，更不能认为这些优惠是必然的和永久性的；假如真这样认为，优惠政策就显现出了它的负作用。

西方国家的平等注意了两个层次，一是对于整体社会的意识形态教育来说，强调的是"个人之间的竞争机会平等"（法律上的平等），减少优惠政策对少数族群产生依赖心理的负作用；二是在以具体族群或个人为对象来制定和执行各项具体政策时，还是考虑和照顾到族群差异的协调。当然，在西方国家具体贯彻执行这些政策时还存在着许许多多的实际问题，种族和民族不平等问题并没有真正解决。

我国的民族优惠政策在理论和宣传方面强调的是以族群而不是以个人为单位的事实上的平等，这对各族广大干部和群众思考问题的角度有十分强大的引导作用。这种强调"族群间事实上平等"的理论导向与政府实施的相应优惠政策，其结果是汉族和少数民族都不会满意：汉族成员从个人角度考虑，认为自己受到不应受到的不公平待遇（没有在法律或制度上得到平等的竞争机会），从而降低了学习、工作热情和帮助少数民族的积极性；而得到优待的少数民族同样不满意，他们从族群角度考虑，认为本族群仍然没有达到"真正事实上的平等"，当少数民族成员的实际竞争能力较弱而又希望得到机会时，"事实上平等"和相关的优惠政策是他们享有某些"特权"的理论和政策依据。这种各自从不同层次（族群和个体）考虑"平等"的思路，会加强族群之间的隔阂和不满，我们需要认真地总结这方面的经验。

第四，传统理想主义的"平等"观，强调的是事实上结果的平等，不考虑个人和团体的竞争能力和努力程度。如中国农民传统的平等观念和做法是"均田"，隐含着对分配结果"不平等"的否定与纠正。看谁挣得多了就眼红，就想"吃大户"。这种做法强调的是现有财富的重新平均分配，而不是新财富的创造和"按劳分配"。欧美社会的"平等"观，强调的是竞争中每个人的"机会平等"，这是鼓励个人发奋努力的机制，对于资本主义经济和社会的发展起到积极的推动作用。当我们谈论个体之间的平等时，需要强调的是是否存在制度性歧视。只要在相互竞争时没有人因为个人的某种身份（包括种族、民族因素）被歧视，就不存在个人之间制度性的不平等。而个体之间事实上的不平等，由于其所受教育程度、努力程度甚至健康状况的不同，是客观的必然。

关于对少数族群和多数族群的优惠政策的社会效果，国外社会学界开展了不少调查研究。（霍洛维茨，1997）总的来说，随着社会发展和族群融合的历史进程，各个族群之间由历史造成的发展距离在缩短，也开始需要考虑从"族群之间利益分配的平等"（事实上的平等）观念逐步向"个人之间竞争机会的平等"（法律上的平等）观念过渡。唯有这样，才可能通过少数民族成员社会、教育、经济等方面的真正的而非"照顾"的发展，最终达到在个人实力基础上的族群间事实上的平等。当然，由我国的社会主义性质所决定，发达地区发达民族对相对滞后的地区和民族的扶持和帮助也是情理之中的。

我国政府目前对于少数民族成员和少数民族聚居地区的各项优惠政策,在一段时期内还是必要的和有积极作用的,但是我们对于"平等"的宣传和优惠政策的过渡性质,需要有十分清醒的认识。

八、民族交往的发展前景

在一个多民族国家各个民族的相互交往中,存在着两种发展趋势或两种可能性。

第一个可能性,是在族群间基本平等的条件下,在社会、经济、文化发展的共同大环境中,各民族之间的政治、经济、文化、科技方面的联系逐步增多,各民族在这种联系、交流、合作的过程中各自产生自发性的变化而相互融合,民族意识逐渐淡化,偶有冲突也是局部的、可以理性化处理并最终得到化解的,这是一个自然的、和平的渐变过程。借用费孝通教授的理论概念,这是一个"多元一体"格局的发展演变过程,在这个过程中,起点是"多元",之后在"多元"的基础上逐步形成"一体"的框架,然后在发展过程中"多元"逐步淡化而"一体"逐步加强,最终出现完全的融合和一体化。当然这是从理论上假设的演变过程,而且即使会实现,也是一个非常漫长的历史过程。

在这个过程中,人口规模较小,与其他民族混居比例大的族群,其融合速度会快一些;而人口规模大,人口中与其他族群混居比例小的族群,会改变得慢一些。但是总体发展的大趋势是融合。不可能设想,在50年或100年后,我国的一些民族还会继续保持今天的状况。

我们应当维持中国几千年来的历史传统,主要从文化的角度和层面来看待族群(民族)问题,而不要把欧洲的"民族国家""民族自决"这样的政治传统简单地拿过来,把我国的民族问题"政治化"。我国几千年行之有效的方法,客观上已经被一些西方国家在采用,他们也在努力把本国的种族、民族问题"文化化"而避免"政治化"。如美国政界和学术界强调把少数族群看作"亚文化群体",而不是独立的政治势力;日本强调阿依努人和冲绳人具有文化习俗的差异,而尽可能不把他们作为界限分明的"民族"来对待。许多国家限制以族群组织政治团体,极力淡化族群与地域之间的关系,淡化族群具有特殊政治与经济利益的观念,在各项政治活动中,努力淡化种族或民族身份,而在文化活动中,则给各少数族群以显著的位置。

可以说在处理民族问题的思路上,西方一些国家在吸收中国历史上的成功经验,力图把民族问题"文化化",而与那种循着欧洲工业革命、殖民地瓦解和民族解放时代政治意识形态的传统,在一定程度上把民族问题"政治化"的做法,有着十分明显的错位现象,这很值得我们深思。

第二个可能性,是族群之间的体质、文化差异和利益差异被外部力量所利用,在外部政治、宗教势力的刺激下,内部的民族意识被重新唤起、重塑、强化,形成民族的强有力的政治领袖人物,把各类有关或无关的矛盾都纳入"民族矛盾"的框架,并有组织地把普通民众引导到族群冲突的轨道上。这是一个非自然的、受外部力量作用的过程。

在这种外部力量刺激下引发的民族意识,一是具有很强的意识形态色彩(强调本族群的各种政治利益与权力);二是带有很强的感情色彩,在民众方面会激起非理性的情绪,在领导者方面则可能有个人功利方面的考虑;三是民族问题被高度"政治化",民众在争取"民族自决"建立"民族国家"的旗帜和目标下,被内外势力共同引导到民族暴力冲突和内战的道路上。在这种氛围中,有可能走向国家分裂。

总的来看,随着经济、科技和市场的全球化,各个国家、各个地区之间的经济、文化、政治和人员之间的交往和流动也必然不断增加和强化,如同跨国公司会在一定程度上淡化"国界"意识一样,这种民族之间、国家之间的全面交流和互动从理论上讲也将会淡化各国内部的民族意识。

从历史上各个族群接触、交流的程度来说,是从无到有,从少到多。从长远的历史进程看,人们的民族意识的变化,也会经历一个从"没有"到"有",再到"没有"的辩证过程。这个过程在世界各地的进展,依照当地社会发展的条件,可能很不一样。如西欧国家的民族意识、国家意识,总的来说比起 50 年以前的情况是淡化了,而在苏联和东欧国家,民族意识和国家意识可能是更加强化了。社会发展的阶段各不相同,意识形态的变化趋势也不相同,纵向历史变迁分析与横向跨国比较研究将有助于我们更深刻地理解人类社会中的民族现象。

现在我国的民族研究,在一定程度上停留在对民族文化与族群关系的各种现象(表现形式)的研究。而目前需要的是对族群意识的产生、继承、发展的过程,对族群意识在外力作用下的诱发、转化的过程,以及影响这些过程和发展方向的深层次因素进行研究与分析。尤其需要做关于中国、西方的民族意识、族群关系等方面的比较研究。理解中国民族关系的历史和传统、理解西欧族群发展和处理各类族群关系的历史与做法,这样今后在协调国内民族关系、处理与欧美国家的关系方面,都可有所借鉴。

作为中国人,我们需要了解欧洲人和美国人,了解他们的族群观念,了解他们的"中国"观,了解他们看待亚洲各民族之间关系的视角和出发点,分析他们自殖民主义时期以来在亚洲运用的基本政策、各种具体策略和手法,分析这些关于"族群"的观念是否有什么变化,分析变化的原因,努力寻找在传统欧洲、美国的族群观念中可以与中国关于族群的"多元一体"观念相互沟通的渠道,这对于 21 世纪地球上的人类、各个不同的族群之间的和平共处具有非常重要的意义。

社会学对于研究民族现象和民族问题,在理论上和方法上都有自己的特点和长处。对于与民族关系和民族发展密切相关的社会学研究专题，如民族与地域的关系、民族迁移、族际通婚、民族语言的应用、民族教育、民族政策的社会效果等，既具有广泛的学术意义，也具有十分现实的应用意义，我们相信，随着我国社会学整体学科的进一步发展，有关民族问题的社会学研究也将会迅速发展起来。

参考书目

陈鹏：《关于苏联的联邦制问题》，郝时远、阮西湖主编：《苏联民族危机与联盟解体》，成都：四川民族出版社，1993年，第128—135页。

费孝通：《费孝通民族研究文集》，北京：民族出版社，1988年。

费孝通：《中华民族的多元一体格局》，《北京大学学报》，1989年第4期。

费孝通：《乡土中国　生育制度》，北京：北京大学出版社，1998年。

费孝通主编：《中华民族多元一体格局》，北京：中央民族大学出版社，1999年。

费正清：《美国与中国》（第四版），张理京译，北京：商务印书馆，1987年。

国家统计局编：《中国统计年鉴》（1994），北京：中国统计出版社，1994年。

国家统计局国民经济综合统计司、国家民族事务委员会经济司编：《中国民族统计》（1994），北京：中国统计出版社，1994年。

韩锦春、李毅夫：《汉文"民族"一词考源资料》，中国社会科学院民族研究民族理论研究室所印，1985年。

霍洛维茨：《减少民族冲突的优待政策》，马戎主编：《西方民族社会学的理论与方法》，天津：天津人民出版社，1997年，第424—453页。

列宁：《给斯·格·邵武勉的信》（1913），《列宁全集》（第十九卷），北京：人民出版社，1959年，第500—503页。

列宁：《俄共（布）党纲草案》（节选）（1919），《列宁全集》（第二十九卷），北京：人民出版社，1959年，第102—103页。

列宁：《关于民族或"自治化"问题》（1922），《列宁全集》（第三十六卷),北京:人民出版社,1959年,第628—634页。

马戎:"导言",马戎、周星主编:《中华民族凝聚力形成与发展》,北京:北京大学出版社,1999年,第1—33页。

马戎:《民族与民族意识》,马戎、周星主编:《中华民族凝聚力形成与发展》,北京:北京大学出版社,1999年,第34—57页。

马戎:《中国少数民族教育事业的发展》,《西北民族研究》,1999年第1期。

马戎主编:《西方民族社会学的理论与方法》,天津:天津人民出版社,1997年。

马寅主编:《中国少数民族》,北京:人民出版社,1981年。

宁骚:《民族与国家——民族关系与民族政策的国际比较》,北京:北京大学出版社,1995年。

潘光旦:《潘光旦民族研究文集》,北京:民族出版社,1995年。

潘志平主编:《民族自决还是民族分裂——民族和当代民族分立主义》,乌鲁木齐:新疆人民出版社,1999年。

斯大林:《马克思主义和民族问题》(1913),《斯大林全集》(第二卷),北京:人民出版社,1953年,第289—358页。

孙中山:《三民主义》(1924),长沙:岳麓书社,2001年。

王希恩:《民族过程与国家》,兰州:甘肃人民出版社,1998年。

袁业裕:《民族主义原论》,北京:正中书局,1936年。

郑凡、刘薇琳、向跃平:《传统民族与现代民族国家——民族社会学论纲》,昆明:云南大学出版社,1997年。

Gladney, Dru C., 1996, "Relational Alterity: Constructing Dungan(Hui), Uggur, and Kazakh Identities Across China, Central Asia, and Turkey", *History and Anthropology*, Vol. 9, No. 4, pp. 445–477.

Glazer, N. and D. P. Moynihan(eds.), 1975, *Ethnicity: Theory and Experience*, Cambridge: Harvard University Press.

Rex, John, 1995, "Ethnic Identity and the Nation-State: The Political Sociology of Multi-Cultural Societies", *Social Identities*, Vol. 1. No. 1, pp. 21–34.

民族关系的社会学研究*

今天下午我讲的题目是"民族关系的社会学研究"。首先，我讲一下为什么我关注民族关系研究。

1982年我到美国布朗大学社会学系读书。该系有如下六个专业（方向）：人口研究（Population Study）、城市研究（Urban Study）、族群研究（Ethnicity）、发展研究（Development Study）、家庭研究（Family Study）、医学社会学（Medical Sociology）。在那里读博士学位都要从六个专业方向中选择一个主修、一个副修。我的主修是人口研究，副修是城市研究。我读硕士和博士学位前期课程的结构基本偏重这两个方向。

后来，经过仔细考虑，我最后选择了"内蒙古赤峰地区的人口迁移研究"作为我的博士论文题目。1985年夏，我回国到赤峰地区对四个旗的2100户居民进行户访问卷调查。在调查中我发现这么一个问题：我的初衷是研究本地户与移民的关系和他们之间的结构差异，即在迁入地做移民研究。但我发现在内蒙古这个地方，移民问题与另外两对矛盾实际上是重合的：本地户作为本地的（原有）居民，与当地的土地资源状况、文化传统、社会发展历史是结合在一起的；但是赤峰地区的本地居民基本上是蒙古族，他们又是

---

* 本文为1995年7月4日在北京大学社会学人类学研究所主办的"第一届社会—文化人类学高级研讨班"上的发言，曾刊载于《社会文化人类学讲演集》（天津人民出版社，1996年），在收入本书时做了一些修改。

牧民，传统的经济活动是游牧形式的畜牧业，而移民多是汉族农民，所以就构成这么三组相对重合的矛盾（如图 2-1）：

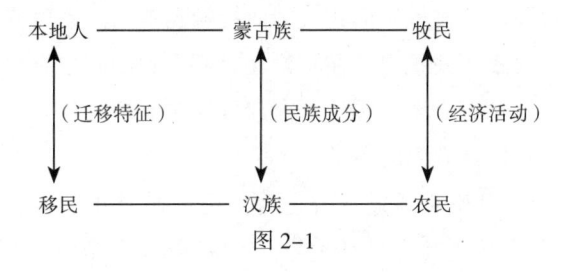

```
本地人 ——————— 蒙古族 ——————— 牧民
  ↕              ↕              ↕
（迁移特征）   （民族成分）   （经济活动）
  ↕              ↕              ↕
移民  ——————— 汉族 ——————— 农民
```

图 2-1

人口的迁移所带来的问题首先是由于移民的迁入，增加了迁入地的人口密度，导致人均资源占有量的下降（如果自然资源绝对总量不增加的话），从而造成本地户与移民的矛盾；本地户多为蒙古族，他们的语言（蒙古语）、宗教（藏传佛教）以及一整套的生活习俗与汉族很不一样，这样就造成蒙古族与汉族的矛盾；而蒙古族的传统经济是畜牧业，是一个游牧民族、"马上民族"，而汉族的传统经济则是定居的精耕细作、比较发达的农业，由此而形成了牧民与农民的矛盾。因为（汉族）农民要发展农业，必须开垦草地来增加耕地；而（蒙古族）牧民要发展畜牧业，就必须保护牧场，因为农民的开垦使草地越来越少，破坏了草原生态，限制、削弱甚至威胁了畜牧业的发展。这样，这三组矛盾合而为一，最终以蒙古族与汉族之间的矛盾的形式存在和发展。因此，要研究本地户与移民之间的关系，就不能脱离开另外两对矛盾的纠缠，因为它们是一体而不可分的。所以很自然地，我开始花很大的力气去探讨蒙古族和汉族之间的关系，包括他们的历史、族群差异以及目前条件下的族群关系。

因为在我的调查中，蒙古族与汉族的族群关系成了重点，而且很多矛盾是以这两个族群的关系的形式来反映和表现的，所以我回到布朗大学之后，选修了关于族群研究的课程。在这些课程中，我探讨了西方的一些文献和关于族群关系问题研究的理论、方法和案例。经过这种学习和探索之后，再反过来看我国的族群研究时，就发现我们国内的"民族"研究有几个方面使我感触很深。因为我原来长期在内蒙古牧区插队，由于环境及种种原因，加上我自己是回族，我很关心"民族"问题，因而接触到了国内"民族研究"的一些机构和文献。我把自己在写论文时所看到的西方有关文献与国内的相比，感到有必要将国外研究族群问题的理论和方法引入到国内，以补充我们这方面的不足。

1987年1月论文通过答辩之后，我感到十分有必要在回国后开设"族群关系的社会学研究"或"族群社会学"这样一门课。同年3月我回到北京大学任教，1988年将这门课作为研究生选修课第一次试讲，以后又相继开设。我想通过开设这样一门课，把国外关于族群问题研究方面对我们有用的理论、方法和重要的典型案例介绍到国内来，结合国内的具体国情和已有研究文献，以及自己在国内各个少数民族地区的实际研究的体会，融会贯通，努力在中国社会学的领域内把它发展为一个新的专业研究方向。因为在美国大学里，许多社会学系都设有这个专业，像威斯康星大学的社会学系，种族和族群关系研究（Race and Ethnicity Study）甚至是最强的一个专业。我希望在国内大学里也能创立并逐步发展这个专业方向。

一、族群社会学在社会学学科中的位置

国外的大学里一般都设有社会学系，在社会学系里进一步设立若干个专业方向以供学生（特别是研究生）在选择课程时参考。在美国大学里对于硕士研究生在设定学科（如社会学）之后，不进一步设定具体的专业方向，以合格成绩修完8—10门课程之后，在系里教师的指导下完成一篇学位论文，就可以被授予硕士学位。而博士研究生则必须从本系的几个专业方向中选择一个作为主修方向、一个作为副修方向。博士资格考试的具体内容即根据考生选定的主、副修安排。族群研究或称为族群社会学，可以选为社会学博士

学位的主修或副修的专业方向。

　　在美国社会学会里下设的十几个专业委员会中，有一个是"种族与少数族群研究"委员会。在每年的美国社会学年会中，至少都有一个分会场来讨论"种族与少数族群研究"的专题。在美国社会学会 1990 年编辑印刷的 *Teaching Race and Ethnic Relations: Syllabi and Instructional Materials*（2nd Edition）中，介绍了全美国 37 所大学有关种族和族群研究的课程大纲，而这当然仅仅是各校开设族群社会学课程的一小部分。欧洲许多大学的社会学系也设有这一专业方向。从这几个方面可以看出这个专业方向的发展规模。

　　美国现在每年度都编辑出版专门的统计汇编和专题文集 *Race and Ethnic Relations*（Annual Editions），国际上有许多专门从社会学角度研究族群问题的杂志发行，其中最有影响的是 *Ethnic and Racial Studies*。所以在国际社会学界里，种族、族群研究这个专业领域经过了半个多世纪的发展，已经比较成熟，在理论上、方法上已经形成了自己的系统，有了自己的特点。

　　族群社会学作为社会学的一个研究领域，在欧洲和美国的许多大学里已经有相当长的历史。最初是作为一门课程开设，在 20 世纪 50 年代和 60 年代逐步发展成为各大学社会学系中的一个专业方向，形成了从社会学视角和方法来研究种族和族群问题的特殊领域。

　　自 1988 年春季开始，北京大学社会学系为研究生开设了"民族社会学"这门课程（由于国内至今仍习惯性地把少数族群称为"少数民族"，把族群关系称为"民族关系"，所以我开设的课程名称仍然叫"民族社会学"），现在已经被列为硕士和博士招生的方向。现在国内人们喜欢把开设的课程或写的书称作"什么什么学"，似乎这样就会显得能够概括一个学术方向，就"民族社会学"这门课而言，其实把它称作"族群关系的社会学研究"或"社会学的族群关系研究"更为合适。在美国大学的社会学系里，这个专业方向通常被称为"Ethnicity"或者"Sociology of Ethnic Studies"，注重的是应当如何运用社会学的理论和方法去研究族群关系这个对象，而且这个专题的研究工作在我国至今仍在创建过程之中,所以称它为"什么学",各方面的条件还不成熟。

此外,我们虽然在研究中很注重社会学的研究视角和研究方法,但是在理论和方法上也大量借鉴了其他学科的知识和经验,多少带有交叉学科的特点。近年来,许多有创见、具有前沿意义的科学研究都在研究领域、研究方法上带有学科交叉的特点。各个学科在其发展的历史过程中,在研究领域、研究对象、研究方法等方面逐渐形成了各自的理论传统和研究风格,但是随着社会和科学的进一步发展,人们发现世界上的各类事物之间存在着密切的联系,相互构成一个系统或网络,既不可能人为地对客观事物划分出各个学科的研究范围,也不能限定某一种研究方法为一个学科所垄断。交叉学科的兴起,标志着人类认识的深化,标志着在人类知识发展的初级阶段中各部分相互分隔、支离破碎的知识正在相互交织成为一个系统性的整体。

所以我们讲授的"民族社会学"或"社会学的民族关系研究",就是主要使用社会学(兼用结合其他学科如人类学、经济学、人口学、历史学等)的研究角度和研究方法来分析、研究当代的民族问题和民族关系。

二、为什么目前在中国非常需要发展族群社会学

现在世界上近二百个国家和地区,可以说绝大多数都是多族群(种族)国家,不存在纯粹的单一民族国家,(宁骚,1995:259—263)而且随着经济和劳动力市场的全球化,跨国迁移和外国劳工的数量越来越大,加上战争难民安置,许多国家的少数族群人口甚至在显著增长。

由于各种历史原因,在这些多民族国家中各个族群、种族在社会、经济、文化的发展水平上是不平衡的。随着社会的发展,当交通通信的发展、国际市场竞争的加剧等使每个国家内部各个地区

的行政（管理）、经济（资源利用）、法制的整合（一体化）不断强化的时候，族群之间的接触增多，利益的冲突也加强，我们可以注意到近十年来世界上许多地方的社会冲突、内战都有族群矛盾的背景。前苏联各加盟共和国、前南斯拉夫各个部分、英国的北爱尔兰、西班牙的巴斯克、以色列与阿拉伯国家、加拿大的魁北克、斯里兰卡的泰米尔"猛虎"组织、南非的种族冲突等，这些冲突不仅仅在当时造成了大量流血事件和生命损失，破坏了经济，它们在人们心中留下的创伤和相互之间的仇恨将延续几代人，为未来的社会、经济发展种下了不安定的种子。

人类历史上曾经有过几个文明古国，希腊、巴比伦、埃及、印度、中国、罗马，这些文明古国的科学、医学、哲学、天文、文学等都一度十分辉煌。中世纪以后，又崛起了几个强大的多民族帝国，如奥匈帝国、奥斯曼帝国、沙皇俄国、大清国等。第一次世界大战之后，奥斯曼帝国和奥匈帝国解体，欧洲建立了一系列民族国家。俄国和中国分别经历了革命，推翻了帝制，虽然有部分国土分离出去（如俄国的波罗的海诸国），但是仍然保持了多族群的政治实体，而且在共产党的领导和计划经济的体制下加强了各族群之间的政治、经济、文化联系。

随着社会主义国家在经济和政治体制方面开始实行"体制改革"和对外开放政策，中央政府的行政控制力量在减弱，而地方的政治、经济自治权得到加强，地区之间经济发展的不平衡和差距越来越大，这就在政治上、经济上使族群民族主义思潮的产生和发展具有了一定的条件；加上境外政治和宗教势力的推波助澜，在20世纪90年代初期造成了一系列的国家解体：苏联、南斯拉夫、捷克斯洛伐克。如果说19世纪资本主义革命在欧洲造就了第一批民族国家，20世纪初的帝国主义世界大战使"非共产党的"几个多民族帝国解体，那么20世纪80年代社会主义国家的"体制改革"很可能使得苏联和中国解体。而这正是西方许多学者所预言的，也正是西方许多政治家所期待的。中国能不能既坚持"改革开放"、发展经济，同时又克服种种困难、维护多"民族"国家的统一？这是每个中国人在面临21世纪时都不得不考虑的大问题，是涉及国家安定统一、改革事业能否成功的大问题。

研究我国族群关系的发展历史，调查各地区族群关系的现状和存在问题，总结新中国成立后政府各项民族政策执行中的经验教训，研究今后进一步改善族群关系的途径和措施，争取让我们的祖国渡过经济利益重新调整、民族主义回潮这个危机，在这方面，族群社会学是可以大有作为的，对它的重要意义是如何评价也不会过分的。国家分裂了，其他事业再发展也无济于事，已经发展起来的经济基础甚至也可能会遭到毁灭性破坏。

在分裂之前，南斯拉夫曾经一度是东欧最富裕、消费水平最高的国家，是欧洲的度假旅游胜地，也是当时苏联人、东德人、波兰人、罗马尼亚人所羡慕的地方。现在的南斯拉夫地区，是全欧洲社会最不稳定、经济状况最糟糕的地方，人们自相残杀，基础设施完全被破坏。苏联解体后，在前苏联的一些地区（特别是高加索地区），同样出现了民族之间的残杀。这种情形，绝对不能在中国重演。当然，中国各族群之间的政治、经济、文化交往和密切联系有着几千年漫长的历史，有着千丝万缕无法割断的联系，在改革开放、发展经济中有着根本性的共同利益，这与东欧和苏联是不同的。但是必须承认，新中国成立几十年来的民族理论受到前苏联斯大林民族理论的深刻影响，我国的政治制度、经济制度和民族政策也受到苏联体制和政策的深刻影响。随着20世纪80年代以来的体制改革和对外开放，在我国一些少数民族地区，有一些人的民族主义情绪是存在的，冲突的危险也是存在的，境外政治势力也在不断渗透和影响国内一些族群。为了防患于未然，我们必须加紧开展研究，吸取东欧和苏联的教训，深入调查我国国情，借鉴西方处理族群问题的经验，保证我国的改革事业能顺利发展，在各族群共同繁荣的基础上巩固祖国的统一。

三、国外及其他地区的族群社会学有哪些方面值得我们借鉴和吸收

谈到国外族群社会学在哪些方面可供我们借鉴，首先需要分析一下我国"民族"研究的现状和存在的不足之处。自 1952 年全国大专院校进行院系调整之后，社会学、人类学这两个学科不复存在，同时在新建的民族学院系统里发展起来了对于少数族群的研究，后来也被称为民族学。"民族"研究几十年来的发展也是很不容易的，先后经历了多次政治运动的冲击，这些冲击自然也会给"民族"研究工作打上深深的烙印，在多方面制约了教学与研究工作的发展。在 20 世纪 80 年代，我国关于少数族群的研究在以下几个方面需要改进与发展：

（1）国内的族群研究一般来说往往针对一个族群本身，注重研究其历史、历史人物、风俗习惯、语言、宗教、家族结构等，而对于该族群与其他族群交往的历史，以及哪些因素影响了族群关系的变化，则相对重视不够。而在西方，由于他们很注重现实社会问题，所以其研究族群问题的重点是放在现时多族社会中的族群关系上。

（2）在方法上，由于多少年来国内社会学、人类学面临的实际状况和政治气候，从 1949 年以来，国内与国际学术界隔绝了几十年，除与苏联学术界有些接触，与欧美各国的学术界很难进行交流，所以对西方关于民族主义、族群研究特别是对族群之间关系研究的理论、方法、手段等是比较生疏和不了解的。国内大多数学者基本上还是沿袭民族志等方法，传统的方法多一些，而对西方的定量分析方法、结构分析方法等吸收不够。

（3）国内的族群研究理论比较单一。其实，有关解释族群社会形态和文化形态的发生和发展的理论是很多的。理论之所以丰富，是因为世界本身是五彩缤纷的，每一个地方的自然生态及其所提供给人类的生存环境，每一个地方的不同的人种人群及其发展轨迹十分不同；因此，很难找到一种放之四海而皆准的理论来解释如此复

杂的一切。而在我们的族群研究中，存在一种倾向，即往往比较遵循社会进化论，把"原始社会—奴隶社会—封建社会—资本主义社会—社会主义社会……"的发展进程当作唯一的轨迹。在对于"民族"定义的讨论中，也往往脱离不开传统的框架。

如斯大林的民族定义，长期以来在我国的"民族"研究中占据比较主导的地位，学者想要提出不同的意见，不大容易被接受。这个世界其实非常复杂，民族现象千姿百态，像美国与中国、中国与苏联，情况就很不一样。实际上，斯大林的民族定义已经遭到很多人的批评，认为它并非很科学。斯大林认为他关于民族定义的四个标准是缺一不可的，否则就不能算是一个民族。在他的著作中认为美国是一个民族"nation"，因为美国的黑人等族群没有自己的地域（territory），这显然不合理。在实践中，他的定义也不能提供足够的解释力，如苏联的犹太人，他们也没有自己的地域，而实质上苏联承认犹太人是一个民族；再如苏联有一个非常独特的哥萨克群体，他们是 15 世纪至 17 世纪沙俄统治下的各个地区的逃亡农奴，进入伏尔加河、顿河流域而形成的以畜牧业为主的、半军事化的、有自己文化意识特点的自治组织。后被帝俄利用作为对外扩张的工具。像哥萨克这样的群体，也无法从斯大林的民族定义中找到充分的理论解释。

斯大林的民族定义用于中国，也有很多让人难以接受的地方。如斯大林从不承认中国的回族是一个民族，延安时期他曾托人向毛泽东转达，他认为中国的"回回"不是一个民族，而是一种宗教。后来，延安的民族学院组织人员专门研究回族问题，并出了一本名为《回回民族问题》的书。以此为开端，我国与苏联在"民族"划分上就不一样了，我们承认回族是一个"民族"。所以说，民族的定义，可以因时、因地、根据具体情况而加以变更，不能完全按照一个定义来解释一切。

在我查阅的部分英文文献中，至少找出了二十多种不同的关于民族、族群的定义。西方的社会学偏重实证性，从研究对象的实际情况、具体特点出发来确定研究中所使用的基本概念，包括"民族"定义。实际上每一项具体的研究，不论是理论探讨还是具体案例分析，在开宗明义之前，总要对族群（ethnic group）设立一个定义，明确在这个研究中它是如何设定的，含义到底是什么。有的是强调主观意识方面，即自己认为自己是什么；有的是强调客观方面，即不是自己怎么看自己，而是有一个不以人的意志为转移的客观标准存在；有的则或强调传统文化，或强调宗教，或强调体质……这方面的文献很多，定义也很多。而每一种定义都有它一定的道理，而且与各个研究者的研究主题、研究视角相联系。因此，我们不应该按照一种唯一的理论模式解释千变万化的现实世界。这与苏联社会科学的学术研究方法不一样，苏联的传统是先考证、理解经典中有关概念的定义，然后再把这一定义套在客观现实上，而经典的论述往往因受时空限制与现实不完全相符，所以往往令人有"削足适履"之感，而且学者相互之间的论战也往往纠缠在对经典概念、范畴的不同理解上，成为某种经院哲学之争。

由于受政治气候和国际环境的影响，中国的"民族"研究存在很大的局限性，因此应当"走出去，引进来"，使我们能够开拓出一些新的领域。凡是原来好的、优秀的，都应当继承、保持和发扬，但不能墨守成规，不能一成不变、自我封闭。

世界各地的族群情况是非常错综复杂的，如果我们试图用一种简单化的办法，用一种一成不变的单一公式——无论是民族的定义也好，还是民族的社会发展形态理论也好——去解释、去解决问题，实际上是束缚了我们自己。其实在现实社会中有许多新的、前人不曾注意或未曾遇到过的情况，需要我们去认知，我们也只有通过对这些新情况、新问题的发现、发掘、探讨，才能推动学术的发展。不然，定义也是死的，完全无助于我们形成正确的认识，既不仅不能去认知活生生的、千变万化的现实社会，也不能去认知这种活生生的、千变万化的历史发展过程及影响这一过程的各种因素。

另一个问题是，中国的"民族"研究过去由于受政治的影响——"反右"斗争被严重扩大化以及后来的"文化大革命"，使得大多数学者回避现实问题，回避我国现实的族群差异、族群矛盾，以及回避由此而来的相关的族群关系问题。近几年来，少数族群经济的发展问题引起广泛的重视，但是现在有关的研究，主要还是从特定地区总体资源特点而不是完全从一个族群发展的角度来探讨经济问题，是从地区经济的角度，即资源配置、资源利用以及如何使当地少数族群受益的角度来谈经济发展，是民族地区经济学。经济活动的研究与当地族群关系和族群发展等方面的结合还需要在今后进一步加强。

几年前费孝通教授在访问了甘南之后，提出了"两南兴藏"的观点。他认为西藏是中国西部一个非常重要的少数民族地区，但在经济、文化教育等很多方面是相对比较落后的，而要发展西藏，应当利用好甘南和黄南这两个位于甘、青两省的藏族自治州。它们处于西藏藏族与内地汉族之间，那里的藏族和其他少数族群（撒拉族、土族、回族等）既通晓汉语又通晓藏语，了解藏族和汉族两方面的文化传统和经济活动，又有经商的历史传统，是两个"经济板块"之间一个很好的结合部。如果能把"两南"很好地发展起来，就可积极有效地推动西藏市场经济的发展，而且实际上有可能把藏族地区的经济、文化中心相对东移，有利于西部的发展和汉藏交流。从族群关系的调整、少数族群发展的长远需要和利益看，费孝通教授的这一观点是很有道理的。这样的观点，不是一般学经济学的人能够提得出来的。

下面我来谈"族群关系的社会学研究"这门学科或专业方向的内容及其特点。

族群关系的社会学研究，依我看主要有八个方面的内容或称组成部分。这八个部分是：

（1）研究对象与研究方法；（2）民族及族群观念形成与发展的理论；（3）多族群社会的族群关系发展目标；（4）族群集团的结构

性差异分析；（5）衡量族群关系的主要变量；（6）族群关系专题研究；（7）现代化进程中族群关系的演变；（8）政府的族群政策对族群关系的影响。

四、研究对象、方法论的特点及与其他研究族群的学科的区别与联系

研究民族和族群的学科很多，如民族学、人类学、人口学（如不同民族地区之间的迁移）、历史学（民族史与族群交往史）、政治学（不同族群在政治结构中的地位、政治外交史等）、民俗学（比较不同族群之间文化、宗教的差异）、经济学（如族群经济交往的类型及发展方向）等，它们都涉及族群的研究。但是，族群社会学与这些学科在研究对象与方法上有所不同。比较而言，它有如下十个特点：

（1）强调现实而非历史，即主要关注现实的族群关系问题。

（2）强调族群集团之间的关系，而不是各个族群集团自身。假如是历史研究，就会偏重了解这个族群的历史，而族群关系研究则主要看此一族群集团与别的族群集团关系怎样，侧重点有所不同。

（3）注意结合个人与集团两个层次。人类学往往比较注意一些小的社区或个人，如某一个人讲述的关于他自己的故事，或一个部落讲述的它的发展史。人口学比较注重宏观的人口结构，如年龄结构、各族人口的金字塔结构及其相互差异，而不太可能去注意每个人的特质。人类学比较注重个人的特点，比如两个人，他们可能属于同一民族，但是由于每个人经历等的不同，他们的观念、他们的行为规范等可能存在差异，这些差异从人类学来看很有意思。社会学的民族研究，往上走可以比较宏观，往下走可以比较微观，同时在研究中更注重结合个人与集团两个层面。

（4）比较注重各种因素的综合研究。政治学偏重政治，经济学偏重经济，民俗学偏重文化，历史学侧重历史。而社会学则希望

尽量结合各种因素综合地加以考察，比如汉藏民族关系研究，实际上包括了许多方面，而不仅仅是看经济的互相交流，语言的相互学习，或其他的某一方面。

（5）在尽可能综合和忠实地描述的基础上，力图解释种种关系的形成与发展，即不仅要知其然，还要知其所以然。它要求有比较强的解释力，而其他如人类学，它可能还是民族志性质的描述多，而对于解释，有些比较注重，有些则不然。

（6）注意吸收、借鉴现代社会科学的研究方法与手段，如大量引进社会统计学和计算机的应用，包括各种分析方法，努力在研究中把定性分析与定量分析结合起来。

（7）注重实证研究。从对现实的社会现象进行调查研究入手，从对个案的调查和解剖麻雀入手，搜集尽可能准确的数据资料，以类型归纳和比较研究为手段，在分析中找出带有规律性的东西。实事求是，在这方面有些像自然科学的实证方法。

（8）结合政策研究。在调查研究过程中，注意对与民族问题有关的政府政策的执行情况和实践效果开展调查研究和分析，如区域自治政策的各项具体内容（语言政策、干部政策、宗教政策等），根据调查结果，可以向政府提出有关的建议，以便改进工作。

（9）结合区域发展研究。因为在我国，有很多少数民族自治地方，族群的发展与整个地区的发展是分不开的。因而研究族群关系的发展，必须结合区域的发展。但区域的发展并不等于族群的发展，这一点需要特别加以说明。在我与潘乃谷教授共同主编的《边区开发论著》（北京大学出版社，1993年）一书的"导言"中，我提到两个理论问题，其中之一是费孝通教授提出的"少数民族地区的发展并不等于少数民族的发展"，我觉得这一点非常值得注意。因为在我国的许多少数民族地区，汉族往往居住在这些地区的城镇，少数族群基本分布在农村、牧区，这是在青海、内蒙古、云南、新疆等省区客观存在的现实。当我们计算一个地区的工业产值时，这些产值，以及相当一部分运输业、建筑业产值都是在城镇产生的。也许计算的结果使我们看到一个地方的工业产值增长了，但是这些产值可能主要代表了居住在城镇的汉族的生产的发展，而实际上当地少数族群（农民或牧民）的经济发展是十分有限的。所以我们在看待一个地区的发展指标时，不能只是简单地看一些经济指标，而要看当地不同族群集团在地区经济活动结构中各自所占的位置，应具体地衡量各族群集团的经济活动的实际增长，不能将整个区域的经济增长简单地理解为各族群经济的增长。

（10）关注一国在其现代化进程中，内部族群关系总的发展趋势。一个国家的现代化、工业化过程，也是各族之间交流增加和实现经济一体化的过程，在这一过程中，各族的发展程度和发展速度很可能是不平衡的，族群关系也因此难免受到这种不平衡及其后果的影响。我们的目标是"各民族共同繁荣"，但由于各种条件影响，总会有一些族群相对发展得快一些，如何调整发展过程中的利益分配格局，注意发挥各族群的长处，是我国目前需要特别予以注意的一个问题。

以上这十个方面都体现了社会学研究的侧重点和研究方法的特点。

五、民族理论和族群关系的社会目标

民族理论的涵盖范围很大，它大致可以概括为三个方面的内容：一是"民族"的定义，每个研究者在进行理论探讨和具体研究时，都不能不事先对自己的研究对象即民族或族群做一个界定；二是民族意识的产生和传递；三是族群关系。换言之，世界上有如此之多的人种和人群，我们如何来界定他们？人并非天生而有种群的意识，那么是如何获得这种意识的？有了这种意识，人们又如何处理与其他人的关系？譬如一个汉族农民，他迁移到了蒙古族牧区，生活下来了，他怎样与当地的蒙古族牧民交流、共事、交往，这关系是如何处理的？无论从宏观（群体）上还是微观（个体）的层面上，这三个部分的研究是社会学的民族理论要特别强调的。

但在欧美国家，社会学研究所强调的不是民族或族群的定义，而是族群关系的社会目标（societal goal），即在一个多族群的国家中，族群关系发展的远景应当如何，政府和社会应如何去达到这一目标。关于怎样设计这些目标，有许多不同的理论和方法。我认为我们可以借鉴三个方面的理论：

1. 中国历史传统上处理族群关系的理论和方法

中国传统的儒、道、释学说中关于"人种""类"有一套自己的说法和看法，如"非我族类""蛮夷"等；关于非汉族、非中原的其他边缘地区族群和部落的文化，也有一套称谓、一套观点。它既有包容的一面，即所谓"化内"，认为这些种族是可以为中原文化同化进来的，而且对他们采取一种平等的态度，强调"有教无类"和转化的可能性；但同时对所谓"化外"又采取明显的歧视态度。另外，由于中国特殊的地理位置，长江、黄河流域的文化是整个东亚地区发展最早的。在华夏文明和中原政权达到它发展巅峰的很长时期内，周邻的许多民族和国家纷纷前来中原学习，如派遣"遣唐使"等。在这种情况下，中原王朝对周边各族各国的态度是与这种地理文化结构分不开的，是一种文化同化的、安抚的而非侵略的政策和策略，因为这些地方人口稀少，地域广阔，对中原王朝形不成真正的威胁，如果发动侵略战争，即使打胜并占领了这些地区，还要涉及派驻军队、供给粮食等一系列问题，而经济上并没有什么收获，得不偿失。因此这种态度与欧美各国历史上开拓和剥削殖民地的态度是完全不同的。中华文化的这些传统对今天的中国不能说完全没有影响。而且，这种方略应该说还有符合实际的地方，有它一定的道理。

2. 欧美各国处理族群关系的社会目标

谈到欧美各国关于族群关系的社会目标，我举两个在西方流行最广的有代表性的例子，通过它们，可以对这方面的内容的实质有一个大致的了解。

第一，戈登（M. M. Gordon）关于美国族群关系发展的"三阶段理论"。

戈登是美国马萨诸塞大学阿默斯特分校的社会学教授。他于1964年出版了一本书——《美国人生活中的同化》（*Assimilation in American Life*），该书当年即获得人类学和社会学学科两项大奖。该书重点讨论了美国族群关系的社会目标的演变阶段和每个阶段的特点。他认为，美国处理族群关系社会目标的发展过程可以分为三个阶段。第一阶段叫"Anglo-conformity"（盎格鲁－撒克逊化），它的文化导向以强化盎格鲁－撒克逊民族的传统文化为中心；第二阶段叫"Melting Pot"（"熔炉"主义或政策）；第三阶段叫"Cultural Pluralism"，即文化多元主义。实际上，这三阶段反映出来的是美国人口结构变化的三个过程或三个不同阶段。

（1）第一阶段。最初北美13州都是英国殖民地，主要移民来源是英国，而且是受宗教压迫、政治迫害而逃亡的英国人及一些破产的英国农民。这些盎格鲁－撒克逊人的文化背景无疑都是英国的，因此，当时就非常注重强化这种单一的盎格鲁－撒克逊（Anglo-Saxon）文化。在杰弗逊时代，有一个美国国务卿就曾说："我们的国家就是盎格鲁－撒克逊文化统治的国家，如果你不愿意学习英语、接受我们的文化，大西洋的门永远为你敞开，你可以回欧洲去。"直至1909年还有人提出要用行政手段"割断"各移民集团与母国的联系，以此来达到同化移民的目的。所以那时候的官方政策非常明确，即要求所有移居美国的人都学习盎格鲁－撒克逊文化。戈登用"A+B+C+……=A"这个公式来对这一政策的实质加以概括，"A"表示盎格鲁－撒克逊文化，即不管你是什么文化背景，要成为美国人，就必须"盎格鲁－撒克逊化"，这是一个不间断的、完全的同化过程。

（2）第二阶段。随着欧洲遭受"一战"前后天灾人祸的巨大冲击，大量来自意大利、德国、北欧各国的移民，甚至还有东欧的波兰人、俄罗斯人等为逃避战争和"十月革命",不断涌入美国。人口的成分和比例改变了。在这种情况下,想继续先前的政策、要求所有的人都"化",实际上是不可能的。当时的美国,形成许多有特定文化背景的种族集团和族群,这使美国的政治家和社会学家们非常忧虑。恰好在 1918 年左右,上演了一部戏剧,名字就叫《熔炉》(*The Melting Pot*)。该剧描写的是一个由来自不同国度、具有不同文化背景的四代人通过婚姻组成的美国家庭,其成员们在日常行为、价值观念、思维方式、语言等方面的差异及冲突,经过长期的相互调适,最后竟能够融洽化。这个戏剧其实正是当时美国社会实际情形的一个反映;社会学家们认为这个家庭的演变结果预示了美国社会的未来。后来,就借用"熔炉"来概括这一时期的政策,戈登用公式表示为"A+B+C+……=E",意即来自不同文化背景的人们,经过在美国社会的共同生活,最后会变成具有美国文化特质的"E"或"American"。而且,由于东部主要是英国人的后裔,中部、西部则有牛仔、爱尔兰农民、墨西哥人、华人、日本人等,才真正具有文化的多元性,所以,真正的"熔炉"现象出现在西部。特纳(Turner)在 1893 年认为西部是形成美国文化的摇篮。随后,其他学者认为移民混杂的大都市也是民族融合的摇篮。他们对"熔炉"无论从理论上还是场景上都做了十分精细的分析。

(3) 第三阶段。到了 20 世纪 50 年代、60 年代,美国的种族和族群问题并没有像政治家和学者们预期的那样得到完满的解决,族群间的文化差异也并非在逐渐消失。他们发现,在美国,尤其是在城镇,如纽约的曼哈顿,有"唐人街"(China town),在那里居住的是华人,他们有自己的营生,如开珠宝店,有自己的学校,广场上竖立着孔子像,有自己的报纸、广播电台,甚至还有电视台,完全形成一个"亚文化群体"(sub-cultural group)。"唐人街"旁边有一个"小意大利",那里居住的都是意大利人,讲意大利语,社区的人际关系等还是西西里岛式的。有一个电影,1961 年曾获得过奥斯卡最佳影片奖,名叫《西区故事》(*West Side Story*),它讲述的是曼哈顿的波多黎各裔与意大利裔两个族群间的械斗，后来一个意裔男子爱上一个波裔女子，遭到两方的反对而殉情的故事。这个现代的罗密欧与朱丽叶的故事反映了在小小的曼哈顿岛上，它的来自不同族群的居民虽然经过了很长时间甚至很多世代的共同生活，却依然保持着自己很鲜明的传统文化特点，并有非常清醒的族群意识，也即是说，尽管这些不同文化背景的族群来到美国后，也使用英语，按照美国联邦宪法和各州法律行事，承认这个社会总体的规范，能够作为这个社会中守法的公民而存在，但是他们依然保有原有的民族传统文化特征。这是一个不得不承认的现实，所以社会学家们说，"the Melting Pot does not always work"（熔炉不会总在运转）。后来两位社会学家根据他们对纽约市各族居民情况调查研究出版了一本书《熔炉之外》(Beyond the Melting Pot)。

后来，一些学者反过来称颂这种现实。他们认为这非常好，假如文化是单一的话，就十分枯燥；正是这些差异的存在，能迸发出很多的创造性，而人权的意义就在于不同文化之间的平等。而且，这使得文化变得丰富多彩。如在娱乐文化节的时候，既可以看到亚洲人舞龙舞狮，又可以看到印第安人的服饰和仪式，还可以看到黑人的歌曲与舞蹈。戈登也用公式对此做了概括，即"A+B+C+……= $E^A+E^B+E^C+……$"表示族群交流、共同生活的结果是产生保留各族文化传统的"美国人"。

20世纪60年代，戈登在他的书里第一次清楚地把三个阶段划分出来，而且给予了上述理论分析与概括，在政界和学术界影响很大。

第二，赫克特（Michael Hechter）与他的著作《内部殖民主义》(Internal Colonialism)。

1975年，美国加州大学社会学教授赫克特写出一本《内部殖民主义》。在该书里，他对一个多族群国家内部发达的核心地区（core area）与欠发达的边缘地区（peripheral area）之间的关系提出了两种理论，一个是扩散模式（diffusion model），一个是内部殖民主义（internal colonialism）。

（1）扩散模式，假设在一个国家中有两个族群，有一方居住在核心地区，在经济上比较发达，政治势力也比较强，在国内政治中处于统治的地位，其权力组织控制着政治、经济等各方面的主导权，基本上是一个中央政权，在国内政治活动中有决策权；另外一方居住在边缘地区，通常是个比较不发达的部落，它在经济上、文化上落后。两个集团的政治结构是不一样的。落后的一方是一种比较原始的、松散的结构，而先进的一方则不一样，它有比较完善的各级权力机构，下设很多不同职能的事务部门处理各种专门事务。在这样一个条件下，国家的发展和族群融合如采用扩散模式，可分为三个阶段：第一阶段是两个地区之间基本没有联系；第二阶段是在工业化过程中联系逐渐增加；第三阶段是核心地区的政治机构、商业机构、行政机构逐渐向边缘地区扩散，扩散的过程也就是先进族群控制的核心地区的政治、经济、文化逐渐渗透到周围的地区，结果，两个地区之间和两个族群之间的差异逐渐消失。首先是经济差异消失，并逐步使文化差异失去实际的社会意义。比如两个不同族群、不同文化背景的人同事于一家商社，拿同样的工资，租住同样的房子，具有一样的消费模式，则他们个体行为上的某些文化差异就失去了根本的社会意义，从而在政治上达到融合。政治经济的全面融合，最后导致文化差异失去意义。这一过程的实现，并未使被扩散的地区和族群受损，而使他们达到了一种事实上的平等。赫克特认为这是一个理想的模式，因为不同地区、不同文化的人最后融为一体，实质性的差异不存在了，亦即扩散成功，族群矛盾实质上已经解决了。

（2）内部殖民主义是指中央政权采取另一种与殖民主义有关的统治形式，即原来施诸外部殖民地的殖民主义政策，中央政权也完全有可能把这种思路引入境内的某些地区。这些地区可能也会得到一定的工业发展，但这些有限的工业可能主要是为核心地区加工原材料的加工业；这些地区也有一定的行政机构扩散，但是中央政权不允许这些工业具备真正的实力，对它施以严格的行政控制，所以实际上也就是一种殖民地式的掠夺与控制。赫克特在查阅了大量资料之后认为，在英国，在英格兰人和凯尔特人（Celt）之间就存在这种关系，即英格兰长期以来是用内部殖民主义这样一种思路在掠夺和控制着凯尔特人的，族群矛盾仍然存在。这是他对英国现实社会民族关系的理论。

他的这一理论发表后，由于该书按历史进程的时序组织了政治、经济、文化等多方面的详尽资料进行论证，所以很多地方都很具说服力，从而引起轰动。此后很多人根据这一理论对拉美、非洲、欧洲的其他一些国家进行研究，从而使这一理论流行起来。

3. 苏联的民族关系理论（包括受此影响很大的新中国）

关于苏联模式，最关键的有两个方面的理论，一是区域自治，一是从形式上的平等过渡到事实上的平等。由于中国学者对此并不陌生，我不做进一步的阐述。

但有一点需要说一下。由于各种历史原因，自1917年"十月革命"以后，苏联如何制定其民族政策，准备如何规划和指导境内民族关系的发展，其理论和方法对中国共产党的影响很大。这方面的文献，特别是斯大林的著作，对于研究中国民族政策的形成及其对我国民族关系的影响，是极为重要的。

1985年美国普林斯顿大学出版社出版了康纳（Walker Connor）的书：《马列主义理论战略中的民族问题》（*The National Question in Marxist-Leninist Theory and Strategy*）。该书收集了从苏联最早的有关文献（包括很多谈话记录）以及中国共产党从江西时期开始一直到他写书时所发表的很多资料，并加以考证和详细的论述。书中以苏联、中国、南斯拉夫、捷克斯洛伐克、罗马尼亚、越南为例，首先提供各国民族关系的旧貌，再论述现在的执政党（各国共产党）是如何制定其民族政策的（这里是一个不断变化的过程），在这些政策指引下，其各自的民族关系演变成怎样一个格局（新貌），以及现在这种关系格局所存在的问题是什么。尽管该书的观点不一定完全正确，搜集的资料并不很全面完整，但却是迄今在西方我所见的比较详尽地论述马列主义民族理论、策略的一本书。

所以，在应用社会学去研究族群关系、讨论一个多族群国家制定族群关系的社会目标时，我们应注意研究上述三方面的内容，认真加以总结以利借鉴。

六、族群集团间的结构性差异

1975年哈佛大学出版社出版的《族群》(*Ethnicity*)一书，提出了"结构性差异"这一概念。在这本书中戈登写了其中的一章，重新介绍他的"三阶段理论"。另一位学者提出了一个非常重要的概念："族群分层"，实际上分析介绍了族群集团间的结构性差异。比如说在某一多族群国家，甚或是它的一个城市社区，生活着几个不同的族群。如果他们的生活地位、收入差别很大，按唯物主义的"社会存在决定社会意识"原理，则他们之间的看法是会不太相同的。就好像在一个社会中有穷人与富人，他们彼此之间会有强烈的被剥夺感和优越感。族群的情况与此相似。

在民族社会学领域中，一个很重要的内容就是研究族群集团的结构性差异。比如这几个族群在受教育程度上（指群体而非个人）可能会存在结构性差异，教育方面的结构性差异会影响族群成员的职业分布，而职业分布结构的不同又会影响到收入水平结构，并进而影响到该族群的消费水平和社会地位，这一系列方面都是结构性差异分析的内容。

在美国，类似的研究分得很细。他们把国内各个族群区分成黑人（占总人口的11%）、亚裔、操西班牙语的墨西哥裔、太平洋岛屿上的土著、印第安人等，通过族群划分，再来分析这些社会集团的结构性差异以及这些差异在不同时期的变化。

据官方统计，1962年，全美的黑人开办的银行只有10家，1970年上升为27家，1976年也仅为50家，而美国的银行约有数千家。因为出生率的关系，美国黑人已占到了总人口的 11% 到 12%。在职业上，1970 年黑人律师在全美占律师总数的 1.1%，也即是说，黑人在美国成为律师的机会只有白人的十分之一，1985 年预计这个比率会增长到 4.5%。这说明随着时代的发展，美国黑人的地位有些提高。这一方面是黑人自己比较努力；另外，也是政策引导的结果。为了建立一些种族和谐的政治象征，芝加哥、华盛顿的市长曾由黑人政治家担任；曾经引起很大争议的黑人大法官的出现，也是一种象征性事件，表明黑人政治地位的提高。在"二战"中，兵员紧张，黑人在战场上流血牺牲，是黑人群体地位得以抬升的重要台阶。之后，美国黑人运动员、艺术家的大量涌现及其在体坛、艺坛上的成就，使这个群体因高收入而获得自身地位的提高，美国白人也由此逐渐改变了对待黑人的态度。因而"二战"以后到 20 世纪 90 年代，美国黑人总体的社会地位有了明显提高。

1970 年，全美工程师人数中，黑人、波多黎各裔、印第安人、墨西哥裔占总数的 2.8%，而他们占总人口的 14.4%，可见在工程领域，他们还很落后。但在文科（诸如律师等）领域，少数族群要比在理工科领域里稍强一些。教育对一个族群的社会地位的影响是非常根本的，它不仅仅是一个各级学校毕业生数量的问题，更重要的，它还有一个实际能力或质量问题。毕业生比例是一个方面，而专业领域分布、实际影响及地位又是另一个值得进一步探讨的有重要意义的方面。如我国的蒙古族，他们中有不少人获得博士、硕士学位，但可能主要在蒙古族的语言、历史、文学等领域，因为他们对本民族的语言文学、历史宗教等方面有其他民族成员所无法竞争的优势，而真正考入清华的工程、北大的物理、天文等专业并获得高学位的可能很少。而这种教育专业领域的分布结构，是有其更为深刻的社会意义的。1980 年，黑人在应届拿到社会学博士学位的美国人中占 4%，心理学中占 5%，经济学中占 2%，在历史、地理、数学、物理、医学等学科均低于 1%。可见，少数族群在教育方面，虽然学位有所提高，但就专业结构来说，还是有很大的倾斜性的。这种倾斜性对其整个族群的发展和结构性差异的影响是应当引起我们注意的。

在人口结构方面的差异也需要予以关注，因为人口是一个族群集团在宏观方面的重要指标，如年龄结构的特征、性别比例是否失衡，再如生育率、死亡率及由此决定的人口自然增长率等，都是值得特别关注的。族群之间人口结构差异的现状就预示着它们相对处境的未来，而这种相对处境会对族群关系产生影响。

七、衡量族群关系的变量

在一个多族群的社区中，其中的族群关系的现状，除了一些可描述的感性印象之外，能否拢出一些客观的指标来测度它，并把这种现状显示出来，以与其他社区或与过去做比较，即做跨时空的比较？如果没有客观的、可测度的指标，仅凭主观判断，就很难获得可靠的、令人信服的结论。

戈登在1964年提出七个变量，实际上就等于族群关系的七个方面、七个领域。当然每一个变量根据不同的族群、不同的实际情况还可以分解、可以具体化。这是第一次比较系统地提出的指标体系，他还阐述了其理论根据、指标之间的关系、使用指标的方法与步骤等。

1．文化

最明显的文化差异是在语言方面，如果两个族群在语言上互不相通，那显然他们的交往会很少，他们之间的交往关系也会处于一个很低的水平。宗教是文化的另一个重要内容，如果族群之间在宗教信仰、礼仪、与宗教相关的生活习俗等方面有很大差异，就可能直接影响族群间的日常交往和族群关系。

2．社会交往或社会结构的相互进入（实质性的渗入）

比如说，一个中国留学生到美国念书，拿到学位并留在那里教了很多年书，那么他与美国人的交往在语言上没有太多障碍，宗教上他可能也已经不再排斥基督教，生活习俗也很美国化了，但这并不意味着他与美国社会的关系能顺利地往下深入一步，因为他很可能没有实质性地渗入到美国社会中。我在美国念书时，认识一个罗得岛州华人协会会长。他是布朗大学的一位数学教授，在美国待了十几年。每到圣诞节、感恩节等节日，到他家里去做客的只有当地华人或华人留学生。他那些同一办公室的同事、共同开学术讨论会的熟人等，日常打打招呼，谈谈工作，但一到他们儿女婚嫁这种场合，也不会请他去，因为那是他们自己的"小圈子"。所以说，在某种意义上，他虽然在美国生活了许多年，但并没有实质性地渗入美国社会生活里。他只是被人视为一种可以向他们提供服务的工具，作为一名教授，他只不过像一部留声机，他给别人讲课，别人付给他工资，至于他们有什么私事，不会找他谈心，反过来说，他遇到什么事情，也很难得到他们的关心或帮助。因此，这一变量所探讨的社会交往，在文化上没有障碍的前提下，就显得很重要了。

3．通婚

我个人的观点，通婚在排序上应当靠后一些，它是度量族群关系的最重要的变量。但戈登如此排序，我们且按他的意思讲述。

我们假设有两个族群集团，他们的文化能够互通，语言上没有障碍，宗教上互不冲突，或至少能彼此容忍，不绝对排斥，他们有很多的社会交往机会，彼此之间没有偏见与歧视，群体与家庭对于民族通婚也不反对，唯有在这种情况下，他们之间才有可能形成较大规模的通婚。当两个族群集团间的通婚率达到10%以上，则他们的族群关系可以说是比较良好的。

1985年，我们在内蒙古赤峰地区对2100户居民进行调查，并根据戈登的理论及思路，专门调查了蒙汉通婚情况。我把被调查者根据其人口、经济特征分组进行比较：

（1）年龄分组：我们发现在 30 岁以下的已婚蒙古族男子中约四分之一是娶了汉族妻子的，同时年龄越大，通婚率越低，内婚率越高。这种通婚率在低龄段的上升趋势反映了两个族群关系的不断改善。而这种改善，与新中国成立后教育的推广，蒙汉交往以及各民族社会主义建设事业的发展等是分不开的。

（2）职业分组：在职业分组中，通婚率的差别显著地不是反映在一般职业组中，而是反映在同一职业群体的蒙汉干部对比中。我发现，汉族干部有三分之一以上娶了蒙古族妻子，这在各职业组的通婚比例中几乎是最高的，而蒙古族干部娶汉族妻子的比率又几乎是各组值中最低的，不到 10%。对此，我们的解释是：内蒙古是民族自治地方，按惯例，各级政府和部门的主要领导干部是蒙古族，蒙古族干部在地方权力结构中所占比重及所具影响是很大的。因此，在这里工作的汉族干部，为了自己的发展，为了创造良好的工作环境，就可能会倾向于与一个蒙古族的女子结婚。比如一个刚毕业分配到那里工作的汉族干部，他主要是在机关当秘书之类，如果能跟一个蒙古族姑娘结婚，可能会对他将来的发展有好处。而蒙古族干部没有这一层考虑，同时由于民族意识相对较强，反而会有意识地倾向于族内婚。

（3）教育分组：蒙古族娶汉族妻子的比例随受教育程度的提高而增长，这反映出，学校教育提供了蒙汉交流和接受汉族文化的条件，有助于青年学生相互间的接触，增加通婚的可能性。

（4）移民、本地户分组：移民与本地户各自的通婚情况大致是：老住户与老住户，新来者与新来者之间通婚率高于其他类型。在牧区的蒙古族移民，由于没有牲畜和牧业技能，社会地位和经济地位往往是比较低的，与本地蒙古族家庭联姻的可能性较小，所以他们中许多人只好与汉族移民通婚。我们发现在牧区有少量的汉族移民与本地蒙古族女子结婚，这类人往往是些收入很高的运输专业户或有特殊技能（如兽医）的人。在美国关于黑人、白人通婚的研究中，有些学者总结出一种"上嫁"（marrying up）模式，来表示黑人、白人通婚中数量最多的一种类型：地位高、收入高的黑人男子娶地位低的白人女子。在这种通婚中，白人女子满足于经济地位的提高，黑人男子则可炫耀自己娶了白人。白肤色本身成了具有某种社会"价值"的东西，白人女子凭借自己的肤色达到了"上嫁"。我曾借用这个思路来研究内蒙古地区的蒙汉通婚，发现在牧区的蒙古族和在农区的汉族，由于其熟悉的生产技能与当地主要经济活动一致，社会地位和经济地位要高一些；在本地人与移民之间，本地人的社会地位和经济地位要高一些。农区的通婚格局与牧区很不相同，农村的汉族和牧区的蒙古族在各自地区"上嫁"中处于有利地位，这与美国白人垄断性的优越地位不同。

所以，通婚研究可以反映族群关系的基本状况，他们之间的关系是融洽还是矛盾很大，完全可以由通婚率的增加或减少反映出来。如果增加，哪些人更倾向于通婚，这些人在本族社会中的地位、作用或发挥的影响力有多大，等等。实际上，各种因素都在一定程度上影响两个族群间总的关系。

4．族群意识（Ethnic Identity）

所谓族群意识，即一个人处于各族群相互联系和发生关系的各类场景中时，他如何给自己定位。

1990年加州大学出版社出了一本名为《族群选择》（*Ethnic Options*）的书，这是典型的用人类学的方法研究族群意识的著作。书中利用大量的访谈，由访谈对象自己讲述其父母的族属、自己的各类交往伙伴、如何看待自己、自己的族群观念在一生中的变化情况、引起这些变化的因素，等等。通过对这种大量的来自不同文化背景、年龄、职业、性别、教育状况、经济收入情况等的访谈对象的自述材料的分析，看其族群认同的选择，族群意识清晰的程度、强烈的程度或牢固的程度，分析其族群意识是如何产生与变化的。

5．偏见（Prejudice）

如果一个族群集团对另一个族群集团有相当大程度的偏见，对他们在种族体质、文化、宗教、生活习俗等方面有偏见，对这种偏见的分析也可以揭示出两个族群集团关系的情况。

6．歧视（Discrimination）

歧视与偏见不同，歧视更可能表现为现实行为，而偏见仍主要是观念形态的东西。譬如法律的制定。在加州，由于华裔学生成绩很好，后来加州法律规定：在州立大学，亚裔学生的比例不能超过一定的百分比，高出这个比例则不再允许亚裔学生入校。这样，种族偏见就变成一种法律意志，变成法律上的立法行为和执法行为。在新加坡，由于它是个以华人为主（约72%），印度人、马来人等共同生活的多族群国家，法律规定：在每一个街区，每一个族群的房地产份额必须与其在全国人口中的比例大致相当，以保证每个街区不致变成单一族群的社区，形成族群隔离。这样有利于促进族群交往和避免族群冲突。由于华人的出生率低，为避免马来人与华人发生大的人口比例结构变化，新加坡的法律对华人特别是受过高等教育的华人迁入新加坡予以鼓励，而对马来人移民则加以限制。

7．观念与权力冲突（Value and Power Conflict）

这在调查中是个很有难度的问题，但又十分重要，也是社会学研究族群关系需要十分重视的一个方面。

比如某一镇准备通过一项法案，需要动用公款在镇上建设一个花园。在该镇上有A、B两个族群，他们分布在镇上不同的街区。显然，花园的建设不会带来绝对均衡的利益，如园址选择，就可能对A族而非B族更有利。那么，镇议会将如何使法案获得通过呢？如果A族在镇议会权力结构中占有人数、地位之优势，则法案就会更多地反映他们的利益需要，通过的可能性就很大。因此，在操作过程中，决定权取决于它的权力结构。权力分配与一定的族群或党派相联系而形成一定的权力结构，其中各族群和群体所占的份额并不相同。在我国，人代会等国家权力机构的组成中有一定的族群份额分配，原因和意义即在于此。

以上介绍的是戈登所提出的考察、衡量族群关系的七个变量。按照美国社会学学者在美国一些地区所做的实证研究，他们大致认为：外来族群的第一代与美国主体社会的融合存在的困难基本上是在经济上，移民们要谋职业，求生存，由于语言、教育背景的不同，他们得到好工作、好收入是很不容易的；第二代出生在美国，从语言、生活习俗到文化（甚至包括文化的细部如讲玩笑话等）与主体社会逐步融合；第三代是通婚，并通过通婚在上述七个变量所包含的各个领域与主体社会融合。这里既有个体的层次，也有群体的层次。戈登主张，这七个方面的变量是测度、分析族群关系的主要方面，各地应当根据实际情况进行具体研究，探讨个体如何影响群体，群体关系的改善又如何影响到每个个体态度的变化，以及七个变量在不同地区、于不同对象是根据怎样一个次序在变化。

八、族群关系的专题研究

在对一个国家、一个地区的族群关系现状开展调查研究时，我们考虑，有一些专题可以集中反映族群关系的主要方面，可供研究者优先选择。下面我们推荐六个专题，这是"族群社会学"课程的主要内容之一。

1. 语言使用

这是一个重要的专题，与上述七个变量是相呼应的。但上述七个变量理论主要是解释它们各自在族群关系中的位置、理论意义及相互关系。在这门课程的专题研究中则主要介绍具体的案例和测量指标、具体的操作方法。

以我们在内蒙古地区研究语言的情况为例。我们发现，那里语言的使用情况几乎是一边倒，即主要是蒙古族学习使用汉语，很少有汉人去学习蒙古语。在拉萨，情况也是如此，即藏族学习使用汉语而不是汉人学习藏语。而 20 世纪 50 年代初情况则大不一样。当时中央出于对西藏民族问题的关注，十八军入藏时，要求连队都要配备藏语翻译；要求在藏工作的干部、工人、士兵都应会说简单的藏语，而要求主要干部通晓藏语。所以那时候汉族干部学藏语的热情很高，甚至在很多场合主动使用藏语。到了 70 年代、80 年代、90 年代，情况完全改变了。虽然汉语、藏语都是官方用语，但在实际使用中就有了很多变化。这其实也反映了族群关系的一些微妙的变化。

2．人口迁移

人口迁移会直接导致各族人口相互比例的改变，增加对迁入地区自然资源的压力，导致一种竞争关系，而这种竞争关系往往与族群和文化冲突关系结合在一起。所以在研究族群关系时，一定要对人口迁移的数量、时间，移民的形态，移民的职业结构，移民的收入跟当地居民的差异等进行研究，这对当地族群关系的研究是很有助益的。尤其是当汉族迁入一个非汉族地区，或是向一个单一族群地区迁移别一族群人口时更是如此。

3．居住格局

居住格局是社会交往客观条件的一部分。社会交往简单说可以分为几个方面，如在学习场所、工作场所、娱乐场所、宗教场所、居住场所的交往，其中之一就是居住场所里各族群的居住格局。这个研究方法是美国人发明的。20 世纪 60 年代美国的种族关系一度很尖锐，黑人在很多城市发生了暴动。这种种族矛盾对美国社会、经济、政治以及外交等都造成了很大损害，所以美国政府动员一批社会学家、人口学家来研究美国种族与族群关系的现状，为政府出谋划策，以期使矛盾有所缓解。当时对策之一是逐步为各民族创造平等的社会机会（入学、就业、晋级等），另外便是研究与调整族群居住格局。他们提出，假如一个城市的总人口中，有 40% 的黑人居民与 60% 的白人居民（这种实际的人口比例可以从美国各城市的人口统计上查找），同时城区有 100 个选举区或街区（blocks），在理论上可以假定：如果白人与黑人的关系十分融洽，经过长期的共同生活，他们在各个街区的人口分布都会形成与该城市总体人口比例大致相同的结构，即每街区基本上由五分之二的黑人与五分之三的白人组成，且分布均匀；但如果黑人与白人关系十分恶化，情形可能会走向另一个极端，即黑人会集中到 40% 的街区中，而另外 60% 的街区是纯一色的白人居民。因此，在计算上，在两种极端间会形成一条人口比例的数值链，美国学者提出予以定量计算的"Index of Dissimilarity"（我译作"分离指数"），通过各街区民族比例与总体民族比例的差别计算得出，指数的数值从 0 到 1，表示这座城市如各街区的族群比例达到总体族群比例的话，有百分之多少的居民需要调整居住的街区。所以这个指数直接反映了在居住方面种族、族群隔离的程度，并间接反映了该地区族群关系的状况。因此，为了调整实际的族群关系，可以采用各种行政规定和经济手段，按照理想状况的人口比例来调整社区实际的人口比例，调整居住格局。

60 年代，美国的社会学家、人口学家们在研究了美国的种族现象后，就给当时的约翰逊总统提出改善种族关系的措施，由国会以法令形式加以实践。其中之一便是改变街区的居住格局。办法是：假如某一街区是单一的白人街区，若有黑人想入居而被白人阻拦，法律允许黑人控告，并规定对犯法的白人处以很重的罚款；另外也鼓励黑人到白人街区去盖房，且给予免税或其他优惠。实际上是用经济的、行政的双重手段鼓励居住的种族混合状态。其二是改变学校的格局。办法是：要求每个街区的公立学校必须按照城市种族和族群人口的总体比例构成来接纳生源，如果在规定的时间内达不到规定的标准，就削减甚至停止提供财政补贴。法令颁布以后，引起一片反对之声。因为在人种杂居的街区，吸收不同种族的学生相对容易些；而在单一的白人街区，从来就没有黑人和其他族群，如何在政府限定的时间内吸纳到这些数额的异族学生呢？实际上，学校不得不勉为其难，到很远的地方去招收黑人学生，甚至还给予补助。但教师因存种族偏见不愿教课，黑人学生也不愿到陌生环境去读书，家长更不放心，所以实际困难很多。但政府不予让步。经过一段时间的努力，这项法令确实在很大程度上改变了美国从前主要按种族分校学习、分区居住等不利种族关系改善的格局。我们可以想象，由于居住格局和学校格局的这种改变，黑人和白人孩子从小在一起学习、游戏、两小无猜，这对于改变他们之间的种族偏见、改善他们之间的关系，是有积极意义的。

4．族际通婚

在前面我们对通婚问题已有所介绍。通过对族群集团间通婚的实际情况的调查，通过对与异族结婚的人员的家庭背景、个人经历与社会经济状况的分析，并把族际通婚人员与族内婚人员进行比较，我们可以归纳出影响族际通婚的各种因素。并可以从当前这些影响因素的状况和变化来预测今后族际通婚的前景。而通婚率本身则是测度族群关系最重要的指标之一。

5．族群意识

民族意识是人们后天生成的，是社会化过程中的重要内容。人们在看待外部世界时，如何把芸芸众生划分为不同的"群体"？群体之间的异与同都体现在哪里？异与同在程度上有深浅，如何把自身置于这种群体格局予以定位？与哪个群体认同？……这些都是研究民族与族群关系时应予以特别关注的方面。当然，群体的划分有不同的层次，如个体、家庭、家族、地方社区、族群集团、国家、人类……认同因而在不同的层次上也存在不同的意识。一个蒙古族青年在美国时，最重要的认同是"自己是一个中国人"，与华人认同；回到北京后，意识上很强烈的是"自己是内蒙古自治区的"；到了呼和浩特这个蒙汉混居的城市，"自己是蒙古族"的意识会突出；

而回到以蒙古族为大多数的东乌珠穆沁旗，他可能在与他人的交往中要强调自己是某个苏木（公社）出来的；一旦回到嘎查（大队）里，人们称呼他时或他与邻人交往时强调的是自己的血缘家族。在不同的环境、不同的场合，人们的认同意识会在不同的层次上强化或弱化。我们在进行实地调查时，需要结合场景的变化来确定人们族群意识的内容与程度，分析这种意识产生的根源及刺激因素。

6．影响族群关系的因素分析

前面许多地方都谈到影响因素的分析，但在各种具体分析之后，有必要对这些影响族群关系的因素进行分类概括和综合比较。我们一般把这些因素分为六类：

（1）族群集团之间历史上的关系对现今关系的影响，或称为历史因素。族群间过去是否长期融洽或争战，历史上在政治、军事、经济、文化、人员的交往方面是什么情况，是否会影响现今的族群关系。

（2）社会制度的异同（社会因素），如印度的种姓制度与中国旧社会的土地制度就很不一样。

（3）经济活动类型的异同（经济因素），如汉族的传统经济活动是农业，蒙古族是草原畜牧业，当他们相遇共处时，这种差异在土地资源的利用等方面无疑是有影响的，并进而影响族群关系。

（4）文化、宗教、语言、习俗方面的差异（可笼统地称为文化因素）。

（5）个别事件（偶发因素）有时会强烈刺激族群感情，影响族群关系，如印度针对锡克族的"金庙事件"和甘地总理被刺明显恶化了族群关系。

（6）政府政策对族群关系的影响（政策因素）。这个因素在一定条件下可以突出并成为一个重要的研究专题。政策既包括立法（如《民族区域自治法》），也包括各种政策，如：干部政策（如少数民族干部的培养与使用）、经济政策（如财政补贴、税收优惠政策等）、文化教育政策（如宗教政策、语言文字政策、学校制度等）

及处理个案的一些具体政策等。毫无疑问，在一个政府扮演重要角色的国家，政府的上述政策将会直接、间接地影响各族群的社会、经济、文化发展和族群集团之间的关系。

九、现代化进程中族群关系的演变

近几十年来，世界各国之间的政治、经济、文化交流日益加强，形成了一个世界贸易市场，所有的第三世界国家在这种形势下都进入了一个现代化的进程。这些有古老历史、灿烂文明的国家，为了应付国际外交活动而吸收了西方的政治和法律观念，为了适应国际市场的要求而仿照西方模式发展本国的工业与经济，为了在科学技术上赶上西方发达国家而引入现代教育体系，派遣大批学生留学西方，并在文化观念、价值体系等方面受到西方资本主义文化的强烈冲击。

在这一过程中，每个国家都在经历着文化价值观念的不断修订、权力和利益分配的不断调整、社会组织的不断转型等触及社会深层结构的剧烈变革。在这些变革之中，一个多族群国家内的各个族群，由于发展基础、发展条件的不均衡，肯定会有利益上的矛盾与冲突。这就使今天各国内部的族群关系，与以往历史中在时空上与其他地区、其他社会相对隔绝时期的族群关系问题很不一样。而且外国的政治势力在一些国家内部的族群关系方面也在发挥重大作用，如南斯拉夫就是最明显的例子，我国的西藏问题发展到今天，也与境外政治势力的影响分不开。

我国当前正面临着改革不断深化的重大历史关头，结合我国现代化进程中的这一系列涉及体制改革、经济发展的战略与利益分配、人员的流动、文化冲突等方面的社会变迁，来调查分析这些变迁对各地区族群关系造成的影响，是中国族群社会学的重要内容。我国已识别55个少数"民族"，其人口规模、地理分布、宗教传统、社会与经济发展水平各异，与汉族的交流与融合程度也很不相同，他们居住的各个地区在自然资源条件、经济基础、发展条件方面也各不相同。我们的目的，是在中国现代化的进程中实现中华民族的共同繁荣，为达到这个目的，需要根据各地区各族群的实际情况来设计其发展的道路，而且在出现问题时要及时调查研究，提出解决办法。社会学家可以充分利用自己的专业知识在这方面贡献力量。社会学不是"象牙之塔"，正如费孝通教授所说，我们的知识来自于群众的实践，来自于实际调查，也应当运用这些知识为民族团结和社会发展服务。

十、结束语

以上介绍的是我对于族群社会学这个专业方向的一些看法，也是我在北大社会学系开设"族群关系的社会学研究"这门课程的主要框架。在教学当中，还有一个重要的内容，这就是重点研究实例的介绍。通过几个研究案例（如我们1985年在内蒙古赤峰地区的调查，1988年在西藏三个地区的调查）的系统介绍，可以使学生们结合实例了解在实际中如何运用有关族群关系理论来建立自己的研究框架，一些研究方法如何操作，一些指标如何计算，在专题分析中宏观与微观两个层次如何联结，定性与定量分析方法如何结合，等等。

假如我们能借助人口学、社会学、人类学等学科的知识、理论、方法，建立中国的"族群关系的社会学研究"这样一个专业方向，它的意义在于以下两个方面。

1. 克服族群社会学的地理、社会局限

现在国外的族群社会学不包括中国，不包括中国的理论与实践，甚至也只是很肤浅地论及苏联及东欧、亚非国家和地区在族群关系方面的理论与实践。在美国，其关注点主要在国内；在欧洲，也主要关注欧洲国家。他们很少把马克思主义的民族理论看作一个有极大影响力的理论。

所以目前国外的族群社会学是有相当的地理、社会局限性的。

而实际上，马克思主义的民族理论（如斯大林的民族理论）对中国社会的实践是有巨大影响的，西方学者对此不予注意。另如中国的汉族，在国外含义是很模糊的，有时候是用"Chinese"来指称汉族，有时又用以指称一种特殊的文化。实际上这并不确切。中国的汉族，并非一个可以简单地用西方"民族"（nation）或"族群（ethnic group）"定义来界定的群体，它是一个长期通过农耕技术、农耕文化的传播，包括军事、经济、文化交流，经过不断扩张，把其他许多不同的族群同化融合在一起而形成的一个民族共同体。所以医学研究报告称华北的汉族在体质特点和生理基因上与蒙古族更接近，而与南方汉族之间的差异则很明显。这里面有很多值得研究探讨的问题。费孝通教授曾写过一篇题为《中华民族的多元一体格局》的文章，有十分精辟的论述。

所以，在中国建立民族和族群社会学，它的知识来源应当包括三个方面：欧美族群关系的社会学研究的理论与方法；苏联、东欧和中国等在马克思主义这一意识形态影响下其研究和处理民族问题的理论和方法，及其族群关系的演变；中国儒家和历代历朝的族群观及其处理族群关系的具体办法。这三方面内容都可以融入我们这门新的专业方向之中。

2．方法论上的融会贯通

我们将在研究族群关系时努力把各个学科的基本方法都汇集、结合在一起，摈弃各自的门户之见，对一切可用、有用的理论和方法兼容并蓄。下面根据我们自己的研究经验举一个例子。1988年至1991年我们与中国藏学研究中心合作进行西藏社会、经济发展研究。我们在设计这个课题时，就有意识地把各种研究方法结合起来。第一步，我们先做人口方面的研究，先把几次人口普查的资料和所有的政府统计资料做一个宏观的分析，以便摸清西藏人口的数量、地理分布、城乡结构、收入状况、经济结构等宏观情况。第二步，我们选择拉萨、日喀则、山南这三个雅鲁藏布江流域西藏人口最稠密、经济最发达的河谷农业地区作为进行抽样调查的地点。根据抽样调查方法，我们从三个地区 437 个乡中抽取 50 个乡，每乡 2 个村，每个村再采取等距抽样方法抽取 30 户到 50 户，作为访谈对象。设计的户访问卷中包括了家庭、婚姻史、迁移史、收入结构、消费状况、固定资产、外出活动、教育状况、生育情况、语言使用、交往情况等内容，以及我们所能想到的当地基本社会结构以及分析族群意识和族群关系的各种问题 200 多个。进行户访调查后回收来自 1300 户的问卷，资料数据输入计算机并进行统计分析。第三步，选择典型社区（农区、半农半牧区、牧区、寺庙、企业、城市街区），采用人类学方法开展深入的社区调查。然后再用各个调查点上的具体数据和观察感受来解释宏观资料和户访数据的实际意义是什么。

假如两个户主的收入差距在一个地方是 100 元与 300 元的差别，另一个地方是 1000 元与 1200 元的差别，同是 200 元的差距，在两种情况下可能意味着很不相同的消费差距模式。如果对当地居民的实际消费水平、消费内容没有详细的调查，对于这 200 元差距的统计数字，我们根本说不清其具体的实际意义。所以社会学的大规模抽样户访问卷调查需要人类学个案调查来作为补充，通过直接观察、实际感受来理解问卷中的数字。同时，人类学研究中常遇到、常感困惑，也经常被人们提出质疑的一个问题是：你所选择的社区有什么代表性？即使所提供的一户、一村的调查情况都是真实的，但是它在多大程度上具有典型意义？它能在多大程度上说明一个更大地区（或范围）的问题？这一点是人类学家往往感到为难的。如果能够通过抽样调查，再辅以人口普查的宏观数据，我们就可以非常准确地说，我们选择的社区在整个研究地区有怎样的代表性，其地位与作用是什么。如人均耕地、人均牲畜数、按政府统计的人均收入（当然不能排除误差的存在）等数据可以大致说明我们所采取的抽样、所选择的社区大致处于什么位置，这样有助于更科学地选点。比如选择一个收入高的、一个中等的、一个低的，然后再看其中的差距。结合几个学科研究方法的长处，避免单一学科的不足，取长补短地开展科学研究，是社会学研究族群关系在方法论上的一个特点。

另外，进行定量分析研究，如相关系数、多元回归、路径分析、线性对数分析、因子分析等，其解释力比一般的定性研究要高。虽然在客观过程中存在很多因素，但把它们定量化之后，它们是如何影响族群关系的，完全可以用数学做精确的说明。当有许多因素影响一个变量的变化时，可以用多元回归的方法，看哪些因素影响力最强，哪些因素最弱。假如说研究收入，我们有2000户的数据，把收入作为因变量，把年龄、性别、户籍（城市、农区、牧区）、上学年数、职业等作为自变量，再把2000户的数据带入公式中，就可以清楚地看到多上一年学与少上一年学、男性与女性等在收入方面的差距，通过相关系数和指标对问题进行解释。再如路径分析，不但可以看到各个变量对某一因变量的影响，还可以看到各个自变量之间的相互影响，画出一个清楚的路径分析图。上述这些方面都可以加强我们对数据的把握，确定我们调查数据的代表性，还可以加强我们对这些调查数据的解释能力，配之以社区调查获得的感性材料，加深我们的认识。

自1988年我首次在北京大学开设这门课程以来，已经讲授多次，在学生们的共同努力下，这门课的部分英文参考阅读文献已经被翻译成中文，以《西方民族社会学的理论与方法》为书名由天津人民出版社于1997年出版，其修订版以《西方民族社会学经典读本——种族与族群关系研究》为书名由北京大学出版社于2010年出版。由中国社会学会民族社会学专业委员会秘书处与北京大学社会学人类学研究所共同主办的《民族社会学研究通讯》自1995年创刊以来，也已经编印了393期，对这个专业方向做了一些介绍工作。我想，无论从理论的地域涵盖面上，理论的伸展上，还是研究方法的多学科结合上，我们正在进行的"族群关系的社会学研究"学科建设都有它特有的价值；无论是与国外的民族社会学，还是与国内已有的民族研究的学科比较，它都有新的地方。所以，我希望关心我国民族问题的人都能对这个专业有些了解，希望大家共同来为这门学科的建设多做一点推动工作。

参考书目

费孝通:《中华民族的多元一体格局》,《北京大学学报》, 1989 年第 4 期。

马戎:《重建中华民族多元一体格局的新的历史条件》,《北京大学学报》, 1989 年第 4 期。

马戎、潘乃谷:《赤峰农村牧区蒙汉通婚的研究》,《北京大学学报》, 1988 年第 3 期。

马戎主编:《西方民族社会学的理论与方法》, 天津:天津人民出版社, 1997 年。

宁骚:《民族与国家——民族关系与民族政策的国际比较》, 北京:北京大学出版社, 1995 年。

潘乃谷、马戎主编:《边区开发论著》, 北京:北京大学出版社, 1993 年。

斯大林:《马克思主义和民族问题》(1913),《斯大林全集》(第二卷), 北京:人民出版社, 1953 年。

American Sociological Association(ed.), 1990, *Teaching Race and Ethnic Relations: Syllabi and Instructional Materials*（2nd edition）, Washington, D. C.: ASA Teaching Resources Center.

Connor, W., 1984, *The National Question in Marxist-Leninist Theory and Strategy*, Princeton: Princeton University Press.

Dean, F. and W. Frisbie, (eds.),1978, *The Demography of Racial and Ethnic Groups*, New York: Academic Press.

Glazer, N. and D. P. Moynihan, (eds.),1975, *Ethnicity: Theory and Experience*, Cambridge: Harvard University Press.

Gordon, M. M., 1964, *Assimilation in American Life: The Role of Race, Religion, and National Origins*, New York: Oxford University Press.

Hechter, M., 1975, *Internal Colonialism: The Celtic Fringe in British National Development*, Berkeley: University of California Press.

Simpson, G. E. and J. M. Yinger, 1985, *Racial and Cultural Minorities: An Analysis of Prejudice and Discrimination*, New York: Plenum Press.

Waters, M. C., 1990, *Ethnic Options: Choosing Identities in America*, Berkeley: University of California Press.

中华民族凝聚力的形成与发展*

我国是一个多民族国家，我们称这个多民族国家是"中华民族大家庭"。

我们之所以称它为一个"民族大家庭"，其原因有三。

一是因为这些民族群体所居住的地域东临万里海洋、北临荒漠雪原、西为世界屋脊的高原、南面是热带丛林，中国这块土地形成了一个相对独立的地理生态系统，这些民族群体即是在这个地理生态系统中生长繁衍和逐步发展而成的，他们是东亚大陆上这块古老土地的共同主人。

二是在这个地理生态系统中，这些民族群体并非各自孤立发展，而是在相互之间非常密切的交往和不断的分化、融合的演变中形成的，其中不仅有政治、经济方面的交往，还有文化、血缘等方面的交融。在几千年的历史长河中，有一些族群消失了，其成员融入其他族群，另一些新的族群又在吸收了大量其他族群成员的过程中发展强大起来。

三是这些民族围绕着一个核心族群形成了具有强大向心凝聚力的政治、经济、文化实体，就像一个有许多成员的大家庭。这个核心族群就是居住在这个地理生态系统的中心地带、具有悠久和独特的文化传统、在科技文化和农耕经济方面相对发达并通过不断融合吸收其他族群而拥有庞大人口的汉族集团。当然，在不

---

* 本文原刊载于《西北民族研究》，1999年第2期。

同的历史时期,各个族群在这个大家庭中扮演的角色可能是不同的,如在元朝和清朝时期,蒙古族和满族在国家政治舞台上就扮演了重要的角色。

应当怎样来描述我们这个有几千年历史、历经变迁的"民族大家庭"及其发展规律?应当如何归纳和概括这个"民族大家庭"成员们之间的相互关系?是什么力量把如此众多的族群如此长久地凝聚在一起?与其他多民族国家相比,我国的民族关系有什么共同性和特殊性?长期以来,这些始终是我国从事社会学、人类学、民族学研究工作的人所考虑的问题。

在人类历史上,曾经出现过一些多民族大国,它们通常是通过军事征服、政治兼并、经济扩张和文化融合等手段而建立的,有时是通过统治者家族之间的联姻而建立起来的。这些多民族大国,如古代的罗马帝国、拜占庭帝国,近代的奥斯曼帝国、奥匈帝国等,它们中的大多数已在内乱或对外战争中崩溃。至20世纪后半叶,这些多民族大国中保存下来的只有两个:苏联和中国,它们分别继承了前沙皇俄国和清王朝的多民族政治实体。[1] 90年代初期,苏联在各种内外因素的作用下解体,也影响到部分东欧国家(如捷克斯洛伐克、南斯拉夫)的解体。之后,西方政界、新闻媒体和学者们,都开始把眼光投向中国,其中不少人也在期待着中国这个多民族国家的政治解体。他们认为苏联解体后所出现的事态,也将会在中国这块古老的土地上重演。

---

[1] 为什么唯独这两个有悠久历史的多民族大国保存下来,可能有三个因素。一是沙皇俄国和中国清朝位于欧亚交界与东亚地区,其社会基础(无论是主体民族还是少数民族)在生产力水平和组织形式发展上是落后的农奴制和封建地主经济,社会主体人口缺乏进入国际市场和发展资本主义的动力,也就缺乏当时西欧各国民众的那种建立民族国家的动力。二是这两个大国面临政治解体威胁的时间,要晚于西欧各国,而且当时有可能促使其解体的力量主要来自外部而不是内部,而正是在这个历史关头发生了"十月革命"和"辛亥革命",内战之后建立的共产党领导的政权,在与欧美的政治对抗中有效地控制住了内部任何进行"民族自决"的企图。三是这两个国家都有极为辽阔的国土和丰富的自然资源,形成了相对独立且能自给自足的经济体系,可以较少受到外部力量的干扰。

自 1949 年中华人民共和国成立以来，党和政府制定了一系列政策，以实现在政治、法律、文化、语言、教育、经济等方面的民族平等，实行了民族区域自治政策，培养了大批少数民族的优秀干部和各方面的人才，巩固了中华民族大家庭的团结，并为各民族在现代化的进程中实现共同繁荣奠定了基础。但是，在社会迅速发展的过程中，不可避免地也会出现各种各样的问题，如改革开放以来出现的沿海地区与西部边疆少数民族地区在经济发展水平方面的差距不断扩大的问题，族群文化差异在新的市场机制下民族交往加强后所引发的矛盾，这些都需要在发展的过程中不断地摸索解决。几千年来中国发展的历史有其不同于其他国家、其他文化的特点，中国的民族关系和民族问题的解决也应该有着不同于其他国家的特点。但是中华民族大家庭中各民族之间关系的规律和不同于其他国家的特点究竟是什么，仍然需要根据历史进程的事实来加以科学的说明。如果我们认为中国今后不会走上苏联那样政治解体的道路，我们的根据是什么？这些都是我国的社会科学工作者在开展深入调查研究之后所必须回答的问题。

当前世界上的许多国家都面临着本国民族主义高涨所引起的政治不稳定：如加拿大面临着魁北克要求独立的问题，美国的种族冲突二百多年来始终不曾真正停止，英国已经被北爱尔兰问题困扰了半个多世纪，西班牙的巴斯克问题，法、德、荷兰等西欧各国的外籍工人问题，波黑的内战，非洲各国的族群冲突与屠杀，塞浦路斯的希土两族问题，土耳其和伊拉克的库尔德人问题，中东以色列与阿拉伯人的战争，中亚各国的内战，印度的锡克族问题，斯里兰卡僧伽罗人与泰米尔人的内战，拉丁美洲各国的白人、混血儿和土著印第安人族群之间的矛盾，等等。这些不同程度的民族冲突，始终困扰着这些国家的政治、经济、外交和社会发展。

经过历史上无数次的战争、民族迁移与混血，加上欧美国家在全球推行殖民主义时期以及当代的人口迁移等社会变迁，可以说现在世界上没有哪一个国家能够说自己是个真正的"单一民族国家"。① 几乎每一个国家今天都面临着不同程度的种族与民族问题。而且随着近期国际人口迁移的发展趋势，民族成分的复杂化和少数民族人口的增长成为许多国家越来越普遍的现象。在与其他国家民族问题的比较当中，分析我国民族问题所具有的共性与个性，分析"中华民族大家庭"及凝聚力的特点，无论在学术理论上还是在实际应用上，在今天都具有十分特殊的重要意义。

1988 年 11 月，费孝通教授应邀在香港中文大学主办的"泰纳演讲"（Tanner Lecture）做主题发言，发表了题为"中华民族的多元一体格局"的重要演说。他结合自己半个世纪以来对中国少数民族的研究工作，从人类学、考古学、语言学、历史学、社会学等各方面对中华民族形成的历史过程，做了综合性的分析，首次提出了"中华民族的多元一体格局"这一系统性的理论。这篇演说在《北京大学学报》1989 年第 4 期发表以后，在国内外引起了普遍的重视和高度的评价。同年中央民族学院出版社又把费孝通教授的这篇文章与其他学者的相关文章编成一本论文集出版，书名叫作《中华民族的多元一体格局》。1996 年 10 月，日本国立民族学博物馆举办了一次国际学术研讨会，会议的主题即为"中华民族多元一体论与中国的民族间关系"，这些活动反映出这一理论已经在国内外学术界得到认同并具有十分广泛的影响。

在"八五"期间，北京大学社会学人类学研究所名誉所长费孝通教授牵头承担了国家哲学社会科学重点课题"中华民族凝聚力的历史与发展"②，北京大学社会学人类学研究所组织了课题组。在

---

① 关于目前世界各国人口的民族构成状况，可参见宁骚教授的详细介绍。（宁骚，1995：60—75）

② 也有学者认为"向心力"不能全面而确切地表述各民族共同创造中华民族历史的内涵，"凝聚力"中的"凝"字不能确切地表述中华民族历史的发展动态，因而主张使用"聚合力"。（陈连开，1994：275—276）"凝聚"两个字放在一起，似乎可表述动态过程，且"凝聚力"一词已广泛应用，所以我们在这里继续延用。哪一个词语表述得更为确切，今后仍可讨论。另外，有一些学者在使用"中华民族凝聚力"概念时，主要应用于海外华人与祖国之间在血统和文化方面的血肉联系，这一用法与本文使用的定义有所不同。在学术用语的应用上，只要各自在具体应用时定义明确，应当允许有不同的理解。

某种意义上，这一课题是"中华民族多元一体格局"研究的继续和深入，是在"中华民族多元一体格局"这个大框架下来进一步讨论各民族群体间交往和交融的历史条件、具体形式与内容，分析我国民族关系中仍然存在的现实问题，研究各民族协调发展与共同繁荣的途径。在当今世界各地民族主义普遍高涨、民族冲突不断激化的情况下，这一研究所总结出来的带有普遍规律性的理论和经验，不但对我国妥善处理民族关系具有直接的应用性，也可供其他国家借鉴，而且因为它研究分析了世界发展中具有普遍性的重大社会问题，也可以推动国际学术界对于民族和民族关系的比较研究。

我们首先回顾一下这一理论的梗概：费孝通教授在他的文章中谈到了中华民族的"多层次"，我们认为这是理解这一民族格局的关键，所以在第二部分对此进行讨论；第三部分进一步讨论"中华民族多元一体格局"发展历史进程的三个大阶段；第四部分着重分析自新中国成立以来重建、巩固这一民族统一体所面临的新的历史条件；第五部分提出了今后对"中华民族多元一体格局"理论和凝聚力特征开展进一步研究的方向。

一、费孝通教授的"中华民族多元一体格局"理论

费孝通教授在《中华民族的多元一体格局》这篇文章中，依次从以下几个方面的内容来阐述他的主要思路与观点：

第一，东亚大陆"四周有自然屏障，内部有结构完整的体系……这一片地理上自成单元的土地一直是中华民族的生存空间。……而民族格局似乎总是反映着地理的生态结构"。（费孝通，1989：2）这个观点从地理生态系统的角度，说明通过共同生存的土地，在中华民族各民族之间存在着一种天然的联系。

第二，中华民族各民族起源的多元论和本土说。各民族起源的多元，说明我国几千年来延续至今的民族"多元"现象，有它的历史渊源与根基，也说明今后我国民族结构中"多元"现象的历史长期性。

第三，考古发现表明，自新石器文化时代开始了中国各地文化之间的交流与渗透，"从多元之上增加了一体的格局"。（费孝通，1989：3）这种交流与渗透因此至今已有超过五千年的历史，在文化方面形成了中华各民族之间各种外在的或潜在的共性，构成了"一体"格局的深厚的文化基础。

第四，历史上的夏商周三代，"是汉族前身华夏这个民族集团从多元形成一体的历史过程。……汉作为一个族名是汉代和其后中原的人和四围外族人接触中产生的。……当时中原原有的居民在外来的人看来是一种'族类'而以同一名称来相呼，说明了这时候汉人已经事实上形成了一个民族实体"。①"汉族的形成……在多元一体的格局中产生了一个凝聚的核心。"（费孝通，1989：4—5）

对汉族的深入分析，是理解我国民族关系和"多元一体"格局的关键。费孝通教授这段话有三层意思值得注意：（1）首先，他把汉人的前身"华夏"称为一个"民族集团"而不是一个民族，因为它实质上确是一个"集团"；②（2）这个集团的形成经历了"从多元到一体"的发展过程；（3）由于它发展为"一体"之后，被其他族群称为"一个族群"，称之为"汉人"，所以"汉人"也成了这一集团的自称并自认为是"一个族群"。在这种"他称"转"自称"的过程中，很容易混淆各族群的实质和不同族群之间的层次。

第五，中华民族各民族统一成为政治实体的两个时期。第一个时期是中原农业区和北方草原游牧区分别形成了两个并立的统一体，第二个时期是这两大区域统一体的汇合。万里长城一度是两个区域之间的屏障，同时在两者之间始终存在着政治、经济、文化、

---

① "据现有资料，汉人作为民族名称确定无疑的是在北魏孝文帝改革时期。"（王锺翰，1994：156）

② "早期的华夏族是包括了一部分羌人、夷人、戎人、狄人、苗人、蛮人在内，共同融合而成的。传说的夷人中较早融入华夏之内的就有四支……"（陈永龄，1982：250）；"黄帝部落和炎帝部落……通过战争和经济文化交往，与羌人、夷人、戎人、狄人、苗人、蛮人互相融合，奠定了后来华夏族的基础"。（王锺翰，1994：6）

人口诸方面的密切往来。最后在清朝实现了完全的统一。

第六，中国几千年的历史就是一部民族融合的历史，唐、五代、宋、元、明、清都是如此。北方、南方各族群不断向汉族输入新的血液，部分汉族人口也融入了边疆各族群。

费孝通教授十分生动形象地归纳了这个民族融合的过程和中华民族大家庭的特点："（这一形成过程的）主流是由许许多多分散存在的民族单位，经过接触、混杂、联结和融合，同时也有分裂和消亡，形成一个你来我去、我来你去、我中有你、你中有我，而又各具个性的多元统一体。""距今三千年前，在黄河中游出现了一个若干民族集团汇集和逐步融合的核心，被称为华夏，它像滚雪球一般地越滚越大，把周围的异族吸收进了这个核心。它在拥有黄河和长江中下游的东亚平原之后，被其他民族称为汉族。汉族继续不断吸收其他民族的成份日益壮大，而且渗入其他民族的聚居区，构成起着凝聚和联系作用的网络，奠定了以这疆域内部多民族联合成的不可分割的统一体的基础，形成为一个自在的民族实体，经过民族自觉而称为中华民族。"（费孝通，1989：1）

对于"中华民族多元一体格局"理论，费孝通教授在文章的结尾处精辟地总结了六个特点：（1）这个多元一体格局有一个凝聚的核心，就是华夏族团和后来的汉族，汉人在少数民族地区"形成一个点线结合，东密西疏的网络，这个网络正是多元一体格局的骨架"；（2）相当部分的少数民族从事畜牧业，汉族以农业为主，形成内容不同但相互补充的经济类型；（3）"汉语已逐渐成为共同的通用语言"；（4）汉族的农业经济是形成汉族凝聚力的主要来源；（5）各民族之间在人口规模上大小悬殊；（6）中华民族成为"一体"是一个逐步发展的过程，先有各地区的"初级的统一体"，又形成北牧、南农两大统一体，最后以汉族为核心汇成一个"大一统"的格局。最后"这个自在的民族实体在共同抵抗西方列强的压力下形成了一个休戚与共的自觉的民族实体"。（费孝通，1989：16—18）

费孝通教授的"中华民族多元一体格局"理论在分析我国的民

族关系史方面，具有一种"高屋建瓴"的气势，不拘泥于个别史实的考证，而是试图抓住几个基本脉络，探讨中国多民族国家实体的形成过程，有一种开创性的、全新的视角，在对中国各民族交融发展的实际进程的分析中提出了一些新的基本概念和研究思路。可以说，这篇文章实际上勾画出了中华民族这个民族集团形成、发展历史的基本轨迹。

我们读中国历史，读中国各民族的历史，读中国的民族关系史，费孝通教授的"多元一体"思路可以作为一条主线，给我们理解这些纷杂的历史事件以重要的启发。同时，也有助于我们在接触国外的民族理论时，把中国的民族形成过程与国外的民族形成过程相比较，在事实的对比当中来对比各自应用的"民族"概念和相关理论。这样可以避免盲目照搬，实事求是地理解各国的民族发展史和相应的理论。

二、中华民族作为一个多民族统一体的多层次性

在一个多民族的政治统一体的内部结构中，各个族群的位置是否都处于同一层次？各个族群所扮演的角色是否相同？在这个统一体中发挥的作用是否相似？当我们在分析"中华民族多元一体格局"理论时，会很自然地提出这些问题。

1997年费孝通教授在另一篇文章《简述我的民族研究经历和思考》中，把"中华民族多元一体格局"理论的主要论点进一步概括为：（1）"中华民族是包括中国境内56个民族的民族实体，并不是把56个民族加在一起的总称，因为……56个民族已结合成相互依存的、统一而不能分割的整体，在这个民族实体里所有归属的成分都已具有高一层次的民族认同意识，即共休戚、共存亡、共荣辱、共命运的感情和道义。这个论点我引申为民族认同意识的多层次论。"（2）"形成多元一体格局有个从分散的多元结合成一体的过程，在这过程中必须有一个起凝聚作用的核心。汉族就是多元基层

中的一元，由于它发挥凝聚作用把多元结合成一体，这一体不再是汉族而成了中华民族，一个高层次认同的民族。"（3）"高层次的认同并不一定取代或排斥低层次的认同……甚至在不同层次的认同基础上可以各自发展原有的特点，形成多语言、多文化的整体。所以高层次的民族可说实质上是个既一体又多元的复合体，其间存在着相对立的内部矛盾，是差异的一致，通过消长变化以适应于多变不息的内外条件，而获得这共同体的生存和发展。"（费孝通，1997：10）

费孝通教授这段话中的核心，即是"多元一体"格局内部各族群之间存在着民族认同意识的多层次性。当然，存在决定意识，这个高层次"共同的民族认同意识"的基础是中华民族各民族在政治、经济、文化、人口分布诸方面已经形成了一个不可分割的完整实体。民族认同意识的多层次性反映的是我国民族结构的多层次性。

1. 如何看待"民族"群体，民族集团是否分层次

当我们谈"民族"的时候，是不是对于所有的族群都应当只使用一个概念、定义？同样以"民族"来相称的族群是否都具有完全相同的内涵？换言之，在分析多民族群体时对于这些族群分不分层次？国外对"中华民族多元一体"理论所提出的不同意见，主要认为中国每个族群（汉族、蒙古族等）各自就是一个民族，"中华民族"的提法主要是一个政治概念，在对于民族的学术研究中没有意义。他们认为中国存在着几十个民族，但不存在一个"中华民族"，只有"多元"而没有"一体"。这是国外一些民族学、人类学学者所持的观点。

无论是国内或国外的任何民族群体的形成，都有一个历史的发展演变过程，不是在某一天里，一个民族就可以突发式地形成。在一个民族群体形成的过程中，往往是许多部落在一定的条件下（如外敌入侵、物资交换、首领通婚等）聚合在一起，成为一个族群。在各国历史文献中，均可以找到许多这样的记载。这些聚合在一

起、使用一个统一族群名称的各个部落群体（亚群体），会由于其群体人口规模和进入这一族群的时间长短，在一个时期内并在不同的程度上保持自己的语言、习俗甚至社会组织形式。应当说，这种与族群认同程度不同的现象就表明了在一个大的民族群体中，各"亚群体"居于不同的层次。如果这个大族群能够稳定地存在一个相当长的时期，这些"较低层次"的亚群体的文化、社会特征就有可能逐步淡化甚至消失。在实际生活当中，可能存在着两个、三个、四个甚至更多的层次。① 在研究中如何具体划分，则取决于研究对象的实际情形，取决于研究的具体目的和相应的分析方法。

人类社会十分复杂，我们使用的概念（如"民族"）② 应当是对于复杂的社会现实的归纳和概括，而不能用外在的抽象、简单的概念去人为地定义一个社会。所以在研究民族时，从事实出发，应当承认在民族族群中存在着"层次"，同时"层次"的结构随着时间推移有可能发生变化，积累起来的量变可能导致质变。这是辩证地看问题，而不是形而上学地、僵死地看问题。有了这样一个思维方法，在看待"中华民族"整体与国内各民族之间的关系时，就可以思考和分析这里是否有一个民族群体的"层次"问题。费孝通教授提出，我国的"五十多个民族单位是多元，中华民族是一体。它们虽则都称'民族'，但层次不同"。（费孝通，1989：1）"在现在所承认的50多个民族中，很多本身还各自包含更低一层次的'民族集团'。所以可以说在中华民族的统一体之中存在着多层次的多元格局。各个层次的多元关系又存在着分分合合的动态和分而未裂、融而未合的多种情状。"（费孝通，1989：18）只要不带着抽象概念的框框，而是去仔细观察周围活生生的现实，这些都是不难观察到的。而我们对于社会或"民族"现象的认识，就是应当从对这些活

---

① 如藏族中又可分为卫藏、安多、康三大方言群体，每个群体还可进一步细分下去；彝族内部还有诺苏、纳苏、罗武等不同自称的亚群体。

② 关于"民族"一词的定义及翻译，请参看本书《关于"民族"定义》一文。

生生的现象的理解和分析当中，逐步总结和提高。

对于"层次"的理解，也还有一个"名""实"之分。一些统一了中国的少数族群，在当时中原政治舞台上扮演了关键的角色，但实质上很快即成为中原文化的代表与推行者。①虽然这些非汉族建立的新王朝也会在中原文化上打上自己的文化烙印，但是深入分析地看，中原文化始终是"实"，而皇帝来自哪个族群，最终仅仅是"名"。

中国几千年的"改朝换代"，从来没有真正危及中原文化的延续与发展。那些抵制新朝的"遗老遗少"，一些人是为了报答旧朝皇族的恩，大多数是出于对中原文化遭破坏的担心。而开国的新皇朝，不论是来自哪一个族群，为了得到庞大中原人口及其精英的支持，也要拼命表示自己继承了前朝的"皇统"，将要全力去保护与发展中原文化。其中很有代表性的一件事，就是要按照历朝传统的格式，为前朝修史，完成这个"改朝换代"的程序。所以蒙古族的元朝朝廷要主持撰修《宋史》，满族的清朝要修《明史》。反过来，汉族的宋朝要修《五代史》，明朝要修《元史》。这是很有中国特色的，从文化角度看是"换汤不换药"的"改朝换代"，是皇帝家族的族籍和姓氏的更替，而不是文化和法统的更替。这十分不同于世界上其他地区的帝国或王国的覆灭。

2."汉族"的核心是"汉文化"

理解"中华民族多元一体格局"理论，需要理解"多元"与"一体"之间的关系，而要理解中国之所以能长期稳定保持"一体"，而且在欧洲人入侵的鸦片战争之前仍能不断扩展，就必须分析能够把许许多多族群凝聚在一起的核心族群，这就是"汉族"。我们现在

---

① 在少数民族统治汉族地区的时代，这些族群无例外地均被汉族文化所同化，其主要原因，一是汉族具有较高的生产力和生产组织；二是汉族拥有庞大的人口，如果不去适应汉文化而是去强迫汉族全盘接收异族文化，这些少数民族政权就无法统治和生存。

天天使用"汉族"这个词，但是它的来源和真实的含义是什么？

"民族的得名必须先有民族实体的存在，并不是得了名才成为一个民族实体的。"名称只不过是给予现有事物的一个标签，就像先诞生了孩子，再给孩子取名字一样。"民族名称的一般规律是从'他称'转为'自称'。生活在一个共同社区之内的人，如果不和外界接触不会自觉地认同。民族是一个具有共同生活方式的人们共同体，必须和'非我族类'的外人接触才发生民族的认同，也就是所谓民族意识。"（费孝通，1989：4—5）民族意识是民族研究中非常重要的一个专题，与民族名称密切相联。费孝通教授在这篇文章中认为"汉族这个名称不能早于汉代，但其形成则必须早于汉代。……汉人成为族称起于南北朝初期，可能是符合事实的"。（费孝通，1989：5）在汉朝之后的南北朝，人们开始采用"汉人"这一名称来称呼中原地区从秦汉因袭下来的农耕族群。

在历史上，北方各民族（鲜卑、契丹、女真、蒙古、西夏、满族）多次大规模进入中原农业地区，其结果是不断地为汉族输入了新的血液。如鲜卑人建立的北魏政权，曾采取强制手段对属民进行"汉化"，要求"胡人改汉姓"。同时汉族农耕地区也不断向南扩展，逐步把南方土著居民（东夷、吴、越、楚的后裔）中很大一部分吸收进汉族。① 这样汉族就成为一个以农耕文化为主体、不断融合其他族群而形成的一个十分特殊的民族集团，到今天汉族人口规模达到11亿，是全世界最大的族群。

在"中华民族多元一体"格局中，汉族与我国其他民族并不处在一个层次上。从基因和体质方面进行比较，北方汉族与蒙古族更为接近，而与南方汉族距离较大。所以构成"汉族"的最最重要的基础，不是体质特征和血缘基因的同源，而是文化层面的同化。广东人是汉族，但是广东人的体质特征与越南人相接近，而与北方汉

---

① 林惠祥把汉族的主要来源归纳为华夏、东夷、荆吴、百越四个系统。（林惠祥，1939）

人差别很大,广东话发音与汉语普通话的差别也很大。中原王朝在区分属民时,常用的范畴是"化内"和"化外"。所谓"化"在这里指的是汉文化的"教化",凡是接受"教化"的就被认同是"天子"的臣民。"化外之民"则是需要教育开化的"生番""蛮夷之属"。中原文化的另一个特点,就是认为"化内"和"化外"可以相互转换,"有教无类",所以古人也懂得辩证法。这里充分体现了汉文化对其他文化的宽容态度和自身极强的包容力。从儒家、道教、佛教、藏传佛教、伊斯兰教、基督教、各类民间宗教(崇信关公、土地、城隍、妈祖及各行业的保护神)都可以在中华文化圈内和平共处,即体现出了汉文化的包容力。

汉族的这种"文化取向",即以"文化"内涵来确定族群"认同"的观念,也不可避免地给"中华民族"各个族群以及当权皇朝的意识形态与政策目标打下烙印。艾森斯塔得称中华帝国是"文化性取向"的官僚体制国家,① "这种文化取向,导致了对政治—集体性目标——如领土扩张、军事强盛和经济增长相对较少的重视",(艾森斯塔得,1992:5—6)而对各族群之间的文化融合和矛盾协调则十分看重。

在与国内其他民族的交往中,汉族的民族意识比起其他民族要淡得多,这在族际通婚、申报民族成分、日常交往等方面都能反映出来。所以这样一个以文化为基础的、在"教化"中积极吸收其他族群的、具有极大包容力的"汉族",也许不应当被看作是与其他民族属于同一层次的族群。与我国其他民族群体相比,汉民族也许可以被看作是以文化层面为核心(这一汉文化又以几千年相对发达的农耕经济为基础)的高一个层次的族群集团。为了更深刻地理解中华民族凝聚力的形成与发展,关于汉民族发展演变的研究应具有特殊的意义。

---

① 他把历史上的官僚体制国家政权的政治取向分为四大类:(1)"文化性的";(2)"政治性的";(3)"政治—集体性的";(4)"经济—社会性的"。中国属于第一类,"中国的政治意识形态认定,文化和伦理的规范包含了有关正当的政治行为和政策的所有教条"。(艾森斯塔得,1992:237)

当然，在与其他民族的交往过程（被迫或自愿）中，一些汉族民众也不可避免地被融合于其他民族。在各个地区，其他各个民族之间也存在着相互融合的过程。通婚是民族融合的一个重要方面。所以费孝通教授说，"从生物基础，或所谓'血统'上讲，可以说中华民族这个一体中经常在发生混合、交杂的作用，没有哪一个民族在血统上可以说是'纯种'"。（费孝通，1989：11）

在中国的史书上，极少在族群集团的名称上直接使用"某某族"的提法，通常是称"汉人""蒙古人""藏人""苗人"等。而"族"则多用于异文化群体的泛指，如"异族""非我族类"等提法。对我国的族群直接使用"某某族"的称呼，主要是近代以来受西方和日本文化的影响。在我国历史的族称上为什么不是这样称"某某族"？这也许反映出我国传统上在"中华神州"范围内的族群划分中对于"文化"（教化）的重视和对于族源血统的相对轻视，因为这里的"族"在很大程度上是以"文化"来划分的。体现出了汉文化"有教无类"的极大包容性，同时也可以说明，为什么汉族在与国内少数民族接触中自身的"民族意识"非常淡漠，而当他们在与欧美人接触时，心中被唤起的是强烈的"中国人"的民族意识。[①] 这种民族意识的层次感十分清楚地反映在汉人的意识和态度中。关于中文里"民族"一词的定义以及民族意识的产生与延续等问题，我们在本书《关于"民族"定义》一文中将做较为详细的讨论。

3. 中华民族的凝聚力在形式上主要体现在对于中原地区和中央政府的"向心力"

出现了汉族集团这个凝聚核心之后，它的凝聚作用是如何发挥出来的？

[①] 例如在国外学习的汉族留学生与我国各少数民族留学生之间有着同属"中国人"的高度认同感。

首先，几千年以来，中原地区始终是汉族人口的集中聚居地，是东亚大陆农耕经济的中心地带，也是手工业和贸易的核心地区，在此经济基础上建立起来的大都市，也随之成为科学技术和文化艺术的中心，换言之，中原地区是整个华夏文明、汉文化的中心。所以四周各族群都以中原地区的文明作为仿效的典范，积极接受和学习中原地区的汉文化，争取中央朝廷的赐封和爵禄，各族首领最大的抱负，就是"入主中原"。一旦侥幸成功，就千方百计地使中原百姓接受自己为继承华夏文化的"正统"王朝。这种心态，也说明了他们在内心里对汉文化的认同和对中原地区的向心力。有的学者认为，正是汉族的"这种较高文明作为民族凝聚力和稳定性的基础"在中华民族的形成过程中发挥了重要作用。（陈永龄，1989：12）

其次，中原地区精耕细作的农耕经济十分繁荣与发达，周边少数民族从事的或者是草原畜牧业，或者是山区狩猎、采集和粗放农业，生产规模小而且产品品种相对单一。这样，与中原地区的贸易和物资交换就成为少数民族地区经济不可缺少的补充，如中原农区与北部、西部牧区之间的"马绢互市"和"茶马贸易"一度是中央王朝控制游牧民族的手段。汉族农业地区成为东亚大陆的经济中心，从而对周边地区的族群产生吸引力，从少数民族的角度说就是"向心力"。这种"向心"的活动发展到一定程度并使一些少数民族也接受汉族的农耕文化之后，这些族群就逐渐地被融入了汉族，如历史上北方的契丹人和女真人，近代的部分蒙古人和满人，以及居住在南方的越人、楚人等。费孝通教授曾说，"如果要寻找一个汉族凝聚力的来源，我认为汉族的农业经济是一个主要因素。看来任何一个游牧民族只要进入平原，落入精耕细作的农业社会里，迟早就会服服帖帖的主动地融入汉族之中"。（费孝通，1989：17）发达先进的农业，是中原地区对周边族群具有凝聚力的经济基础。

最后，在几千年人口迁移的过程中，汉族能工巧匠凭借其在农业、手工业、建筑、医学、水利等各方面的先进技艺，汉族商人凭借中原地区丰富物产和发达的商业网络,大量迁移并定居在少数民族地区的城镇和乡村。①"在少数民族地区的交通要道和商业据点一般都有汉人长期定居。这样汉人就大量深入到少数民族聚居的地区,形成一个点线结合,东密西疏的网络,这个网络正是多元一体格局的骨架。"(费孝通,1989:16),正是这样一个网络,把中华民族各民族、各地区与中原地区和中央政府密切地联系起来,形成了凝聚力和向心力的人口基础。而这个网络的核心部分,就是中原地区和中央政府。

综上所述,从中国几千年发展历史来看,中华民族族群内部的凝聚力,还不是简单地以同样的强度平行地存在于各个族群之间,而主要体现在各少数民族地区对于中原地区和中央政府的"向心力"。

三、历史上中华民族多元一体格局发展的三个阶段

当我们基本认同"中华民族多元一体格局"作为理解我国民族关系特点的一个理论框架之后,我们就可以进一步分析其历史发展进程。我们可以大致地把这个基本格局在整个历史上的发展过程划分为三个阶段。

1. 第一个历史阶段是这一格局的形成时期

根据考古的发现,可以说明在中国这块辽阔的大地上,在远古时代就逐步形成了许许多多的民族集团和文化区。这些民族集团又经过了长期的相互交往、征战和融合,到秦汉时期形成了并立和相互依存的南北两大统一体,分别以农业和畜牧业为各自主要的经济活动。之后,或者是北部游牧民族集团部分或全部地征服南部(如

---

① "民族迁移和流动促进了民族间的交往以至于融合、同化,促进了中华民族文化的融合和形成,也促进了中华民族在血缘上的融合和形成,从而成为中华民族凝聚力形成的一个重要历史途径。"(陈育宁,1994:12)"民族迁移是凝聚力发展的催化剂。"(陈育宁,1994:219)

南北朝时期和元朝），或者是南部农业民族集团把北方游牧民族远远赶向漠北和中亚（如汉、唐王朝的全盛时期），只有到了清朝中叶，汉、满、蒙古、回（主要指新疆各少数民族）、藏等各大民族集团统一在清朝的统治之下，才真正结合成一个稳定的政治、经济和文化实体。满族在各族群的拥戴和支持下，为统一祖国、奠定祖国的疆域做出了重大贡献。

  费孝通教授认为，中华民族多元一体格局的形成过程，可以划分为三步。"第一步是华夏族团的形成，第二步是汉族的形成……从华夏核心扩大而成汉族核心"①，第三步，"两个统一体的汇合才是中华民族作为一个民族实体进一步的完成"。（费孝通，1989：5）而这两个统一体的汇合，体现了游牧经济与农业经济之间相互依存、密不可分的关系。

  应当指出，"统一"本身也是个发展的概念。统一体中各部分与中央政权之间的关系也随着历史的发展不断变化着。统一的过程就是各边疆民族集团对中原文化逐步接受与认同的过程，在经济上向汉族学习而逐步农耕化的过程，由于中原王朝自秦汉以来建立了封建的中央集权制，也是一个在政治体制上"封建化"的过程。大致地说，统一的过程是个以文化为基础的政治、经济、文化三合一的"同化"演变过程。

  满族兴起在我国东北部，那儿有丰美的草原和茂密的森林，也可以开垦出肥沃的农田。满族的生产活动起初是以狩猎为主，兼营畜牧业，后来向汉族学习，逐步发展了农业。从某种意义上，也许可以说满族是介于农牧两大统一体之间的民族集团，它既能理解中原农业民族的经济活动、社会组织、文化和民族心理，也能理解北方游牧民族；它一方面大量学习吸收汉族的文化，另一方面又努力保持北方狩猎民族的风俗习惯和传统文化，也正因为如此，满族最

---

① 在秦汉时代，中原地区以汉族为核心实现了农业区的统一的同时，北方游牧区形成了以匈奴为核心的统一体。

终能同时被两方面所接受。而在历史上，无论是把华北农田变成牧场的元朝王公，还是奋力把匈奴部落驱向漠北的汉武帝，只是凭靠武力逞一时之雄，都没能做到把中华民族的农牧两大集团真正地结合到一个实体之中。如果没有西方帝国主义的侵略（鸦片战争），清朝在东亚地区的权威仍未受到挑战，还可以继续发展。

2．第二个历史阶段是这个格局的危机时期

这一时期大致是从鸦片战争到中华人民共和国成立的一百年。当多元一体格局于清朝中叶最终形成之后，由于西方帝国主义势力的入侵，这个民族统一体就开始面临新的危机。危机首先来自海上的帝国主义侵略。在鸦片战争和太平天国战争中，清朝势力急剧衰落。随后沙皇俄国和新兴起的军国主义日本等也加入了瓜分中国的行列。他们的一个重要手法就是鼓动边疆少数民族脱离中华民族大家庭。在当时的世界政治秩序中，帝国主义国家瓜分殖民地和势力范围的武装侵略与强权干预，打乱了亚非拉许多落后国家原有的政治疆域、经济体系和民族格局。

在这个危机时期，在经济上，由于西方先进生产力和商品的冲击，中国传统的生产组织和经济活动受到沉重的打击；在文化方面，西方价值观和基督教也伴随着西方商品进入了中国；由于军事上的失败，中国一再地割让领土，以致部分少数民族脱离了祖国。辛亥革命以后，清王朝崩溃了，全国陷入军阀割据混战的分裂状态。此时中华民族的多元一体格局面临着解体的严重威胁。而日本帝国主义发动的直接武装侵略，更是妄图消灭我国，逐步要把东北地区、内蒙古地区、华北地区、华东地区、华南地区等纳入"大日本帝国"版图。所以正如《义勇军进行曲》中所唱，当时"中华民族到了最危险的时候，每个人被迫着发出最后的吼声"。中国共产党联合了各民族、各阶层、各党派和海外侨胞中的爱国人士和热血青年进行抗战，日本帝国主义的侵略唤醒、激发了中华民族大家庭全体成员的民族主义精神和对这一多民族共同体的凝聚力。自在的

中华民族在外来力量的冲击下成为自觉的中华民族。

3. 第三个历史阶段是多元一体格局在中国的重建时期

这即是自 1949 年至今的这个时期。在中华人民共和国的旗帜下，中华民族大家庭中的各个民族又重新统一起来了。这一次是在中国共产党的领导下，在马列主义民族理论的指导下，努力重新缔造一个在形式与内容方面与以前都不相同的新的"多元一体"结构。

马列主义民族理论的原则是民族平等和民族进步，首先从立法上确立各民族在政治上、法律上的平等地位，然后为了达到"事实上的平等"（社会、经济、文化发展水平上的平等）制定了一系列扶助各少数民族发展的优惠政策。中国在各少数民族聚居区实行区域自治的制度，以保障少数民族自己当家做主的权力。新中国的统一与封建皇朝制度下的统一有质的不同，这是在民族平等基础上和社会主义制度下的统一。而旧中国的统一是在民族压迫制度下的统一，统一的趋势往往伴随着压迫和反抗。经过近四十年的努力，虽然其间也经历了许多曲折，但是我国各少数民族确实取得了很大的进步，中华各民族的团结和统一得到了巩固与发展。当然目前还存在着许多问题和矛盾，但总趋势是团结而不是冲突，是统一而不是分裂。香港已于 1997 年回归祖国，澳门也于 1999 年回归祖国，台湾海峡两岸政治、经济、文化交往迅速发展的大潮流是任何政治势力所无法阻挡的，这些也都从另一些侧面反映出这个统一的大趋势。

四、重建中华民族多元一体格局面临的新的历史条件

原来的多元一体格局之所以会出现危机，主要是由于中华民族所在的东亚大陆的政治、经济、文化环境在近代发生了重大的变化。新中国成立以来重建这一格局的历史条件与几千年前初创这一格局的历史条件是很不相同的，其主要的不同点可以归纳为三点。

1. 鸦片战争之前，以汉族为代表的中华文化是东亚大陆的文化中心

几千年来，以汉族族群为代表的中华文化和中原地区，在社会组织、经济活动、生产技术、文化教育各方面的发展均领先于各少数民族，是东亚大陆的文化中心。这种情况使各少数民族集团存在着仰慕汉族和汉文化的很强的向心力。在经济上，各少数民族都可或多或少地依赖于中原汉族农业的工铁产品，"茶马贸易"是牧区各族人民经济生活中不可缺少的补充。在行政上，中原王朝的行政体制是复杂和有效的，并拥有强大的武力，边疆地区的各少数民族往往仿效内地的行政组织形式，但始终无法在军事上与中原王朝竞争。在文化上，中原地区的文学、医学、教育、算术、绘画、手工艺品、音乐舞蹈、冶金、陶瓷、丝织、建筑、种植技术等各方面都很繁荣，长期被各少数民族视为文化中心，那时不但中国各少数民族仰慕中原王朝，连日本、朝鲜、越南等邻国的学生都以到中国的京城学习为荣。近代的清王朝虽然由满族建立，但基本上保持了汉族的传统文化，汉语在实际上仍是通用语言，儒教伦理占据统治地位。

自鸦片战争以后，西方文明进入东亚大陆，体现出它在许多方面特别是科学技术、制造工艺、管理方法等方面优于汉文化。这样，在传统的中华文化圈内，西方文明成了一个外来的新的文化势力，在中国的各民族集团（也包括汉族）面前展现了一个新世界。虽然历史上在中国的邻邦里也曾存在过其他的文明中心（如印度），但中华民族的各个民族集团总的来说承认汉文化的优越性。现在连汉族都在积极学习欧美语言，我国各少数民族集团或早或迟也都会被卷入到这个开放、学习、改革的大潮中来。中国必须进入世界，过去区域性单一的文化中心已变成全球性的多元的文化中心，汉文化在总体上已失去了原有的绝对统治地位，文化的向心力也因此而大大削弱。过去相对封闭的东亚大陆在帝国主义、殖民主义的军事、经济与文化侵略的冲击下，已经不得不逐步融入一个更大的世界体系中。东亚大陆在汉文化圈内的"一体",现在成了新的全球"一体"格局中各种区域文化"多元"中的"一元"。新中国成立后,在重建中华民族多元一体结构时,与历史上相比,这是客观条件的一个重要的变化。

2. 历史上中央政权长期实行的是以汉族为核心、周边地区层层淡化的管理体制

无论是多元一体格局最终形成之前的南部统一体还是这一格局形成之后的整个中国,基本上是以汉族为核心组成了一个行政上多层次的中央王朝。汉族省份是这个王朝的腹地,有着严密的行政管理机构,直辖于皇帝。在汉族与少数民族杂居地区,行政组织就松散一些,一些少数民族的领袖人物被任命为地方官吏。在邻近汉族地区的少数民族区域(如内蒙古、川西、青海、云南、贵、广西),则是通过本民族的世袭王公贵族、土司头人来治理。再往外层,地方政权的权力就更大一些,如西藏即是由噶厦地方政府治理,中央只派驻藏大臣来实施监督。最外一层是清王朝的藩属国,如当时的朝鲜、琉球、安南等,是独立的国家,但向清朝纳贡并承认清朝为其宗主国。由于当时中原皇朝力量强大,在各少数民族和各邻国中对于汉文化的向心力很强,当时这种行政控制权力层层淡化的结构,即是在这种历史条件下形成的。

自鸦片战争后,情况逐步发生了变化,在中国的四周有了强邻:东面是侵占了朝鲜的日本,南面是侵占了安南的法国,西南是侵占了印度和缅甸的英国,北面是吞并了一系列中亚小国的俄国。为了抗御帝国主义势力的侵略战争,为了维护国家的统一,中央政权对边疆少数民族地区的行政控制需要加强,需要重新调整原来多元一体格局在行政制度方面的原有形式,转变成一种核心地区(首都和重要城市)控制紧、边疆地区控制紧、中层地带控制松的行政管理结构。但是进行这样的调整并不是件容易的事,这种努力经常会引起当地少数民族领袖人物的不满,因为他们传统上享有的自治

权力被削弱了，这必然会给多元一体结构的重建带来困难。晚清时期在北方实行的"移民实边"、在西南实行的"改土归流"、在西藏推行的"新政"等政策均曾引起地方首领的不满和抵制。

3. 历史上中央政权实行的是保持汉族中原地区在社会发展水平方面优势地位的政策

在历史上，为了保持以中央王朝皇帝和中原文化为核心的多元一体格局的稳定，需要保持中原地区在社会、经济、文化、教育各方面的优越地位，使各少数民族始终处于落后地位。这实际上是历代中央王朝和国民党政府的政策目标。这种差距在客观上确实加强了经济和文化的向心力，有利于当时多元一体格局的稳定。

但是，新中国成立后，中央政府则必须认真考虑各少数民族的社会、经济、文化发展和如何使他们现代化的问题。如果汉族地区与各少数民族地区在社会、经济发展水平上的差距是在逐渐扩大，这种情形在今天非但不能巩固向心力和稳定中华民族的多元一体格局，反而会加强离心力，造成这一格局的解体。在近年我国实行改革的过程中，沿海各汉族省份经济上发展很快，与边疆各少数民族地区的差距迅速扩大，这一趋势令人十分忧虑。正因为对这种局面的担心，自1985年以来许多有识之士一再强调在中国现代化的过程中，一定要做到"各民族共同繁荣"。如何在高度竞争的现代世界经济体系中使中华民族大家庭中的每个民族集团都能走上现代化之路，这是中华民族几千年历史中所面临的新问题，可借鉴的历史经验十分有限，我们只能在实践中不断摸索前进。

总结以上几点，可以看出在重建我国各民族多元一体结构的历史阶段，我们面临着新的历史条件，汉族与各兄弟民族之间，中央政权与各少数民族聚居区之间的行政、经济、文化等方面的关系因而需要在许多方面进行必要的调整，只有这样才能真正形成一个长期稳定和不断发展的多民族共同体。

在我国现代化的过程中实现各民族的共同繁荣，应当是重建中华民族多元一体结构进程的战略目标。要真正实现这一目标，需要许多切实可行的政治、经济、文化、教育等方面的措施。由于各少数民族的情况与汉族相差很大，在制定具体政策时，主观愿望与客观效果很可能不一致，所以需要做大量的调查研究工作，考察历史、了解现状、总结经验、积极地探索使各少数民族发展的新道路，并在广泛占有资料的基础上进行理论总结，这正是社会科学工作者义不容辞的责任。

自20世纪80年代后期以来，苏联和东欧国家发生了重大变迁，有许多经验教训值得我们总结与深思。苏联建国70多年，在"十月革命"后爆发的短暂内战后，长期没有出现大的民族分裂活动，即使是在希特勒德国占领了大片领土使苏联中央政权面临最大危机的时刻，也没有出现真正严重的民族分裂。那么是什么原因导致了苏联在90年代初的全面解体？

近年在欧洲的发展趋向是东欧和苏联在分裂，而西欧却不断推进联合的进程。为什么同在一个大陆，会出现如此之大的反差？

西欧各国有几百年发展资本主义和实行市场经济的历史，加上在体制上与之一致的美国与日本，它们是当前世界经济体系和国际市场的主角。世界发展到今天，科技、生产和贸易等领域的活动都已经国际化了，欧美在这些领域里所占据的巨大优势和领先地位，使得西欧各国国内的各族群的利益冲突相对淡化，而发展欧洲同盟，统一货币，协调市场，取消关税，加快和方便技术、资金、劳动力的相互流动则成为各国和各族群争取最大经济利益的有效途径。数量与规模都在不断扩展的跨国公司使得国界失去了其原有的某些意义。当然，国与国之间、国内各族群之间的隔阂并未消失，摩擦依然时有发生，但是从大趋势看，争夺行政权力的矛盾在程度上有所减弱，政治色彩在淡化，西欧和北美的经济在加速全球化的过程，所以在这些国家发展的趋势是走向联合。

东欧和苏联长期在政治和经济领域实行中央集权和计划经济体制，由政府控制资源与经济，同时这些国家在经济方面受国际市场的影响很小，这使得各国内部各族群、各利益集团的注意力集中在政治体制层面，努力通过在政治上取得权利（自治、独立）从而控制各种资源的占有与分配。这仍然反映出这些国家中长期占统治地位的计划经济的体制与思路，所以一旦中央政府的权威受到削弱或发生动摇，政治体制出现大的动荡与变化，就有可能出现民族分裂的企图。同时，在今天的世界发展形势和信息传播条件下，外部政治势力在鼓动东欧和苏联民族分裂主义活动方面的影响，也发挥了不可低估的作用。

美国两位社会学家认为，今天的"民族群体"在很大程度上所体现的是"利益群体"，在现代社会中，在宗教、语言、文化等方面的歧视与历史上的情况相比已大大减弱，而经济利益的冲突则有所加强，所以在经济利益方面的冲突时常借助族群矛盾的形式体现出来。（Glazer and Moynihan, 1975: 7—8）这一观点可以启发我们的思路。

中国正在发展社会主义市场经济，正在与国际经济体系和国际市场逐步接轨，在这方面，中国可以说走在了东欧各国和苏联的前面。我国如果能够从原来与东欧国家相似的计划经济成功地发展到与西欧国家相似的市场经济，就有可能在经济利益迅速发展的形势下，减弱各族群对改变政治结构（国家统一体）的关注，增强各族群之间的联合和凝聚力。但是在这个过程基本完成之前，在国家政治体制方面的任何根本性变动，都有可能导致在苏联所发生的严重后果，导致现代化进程的全面倒退和民族冲突的无尽的灾难。而只要我们保持政治稳定，加快发展市场经济，逐步提高社会发展和人民收入水平，在国际经济中占有不可替代的位置，我们这个拥有12亿人口的多民族共同体，将会体现出它在自然资源、生产力和市场规模等方面的独特优势。①

---

① 拥有众多的民族和多元文化，在新的条件和思路下将会成为各民族共同拥有的丰富的文化资源和发展旅游业的资源。

五、"中华民族多元一体格局"理论和凝聚力特征的进一步研究

"中华民族多元一体格局"是近年提出的理解我国民族关系发展历史与现状的重要理论框架,可以帮助我们从总体上把握我国民族问题的大脉络,但是在许多细节方面,这一理论还需要不断充实与发展。分析中华民族凝聚力的根源、内容和表现形式,可以帮助我们分析民族关系现状和存在问题,从而从积极的方向进行引导,有助于巩固我国的民族团结和社会发展。我们觉得,今后社会科学工作者们可以在以下几个方面继续开展有关的研究工作。

第一,进行历史经验的总结。根据历史资料和前人的研究成果说明中华民族的多元一体格局在历史上是如何形成的、如何延续的,这个格局在不同的历史时期采取了哪些形式,在什么条件下曾经出现过重大危机,中华民族凝聚力是如何体现出来的。

第二,通过实地调查,了解我国各民族在社会、经济、文化、教育等各方面发展的历史过程和现状,找出它们各自的特点,研究目前促进和阻碍其发展的各种因素,探讨各民族发展道路的普遍性和特殊性。

第三,通过实地调查,了解我国各地区、各民族之间交往、交融的实际过程,分析各地区、各族群间交往、交融的特点及促进、阻碍民族交往的因素,总结归纳其规律性。

第四,继续对我国有关民族关系的重要专题开展调查研究,如语言使用、迁移与居住格局、文化与宗教差异、社会结构差异、心理意识、各民族成员的深层次交往、族际通婚、各民族经济形态变迁与经济交流,等等,在这些重要研究领域中不断得到新的研究成果,将有助于对我国民族问题的深入理解。

第五,费孝通教授特别指出:"理论上值得进一步论证的是以民族认同意识为民族这个人们共同体的主要特征,进而引申到民

认同意识的多层次性。"（费孝通，1997：11）而且，这种认同意识是动态发展的，随着各族群的兴衰存亡和分裂融合而不断在变化，同时在近代还在不同程度上受到境外参照系和宣传的影响，需要我们结合实际调查深入分析研究。

第六，在当今世界各国之间人员交往频繁、国际新闻媒体的宣传遍及每一个角落的时代，我国实行对外开放政策，这就使得国际上各种力量对我国民族关系的影响成为一个不可忽视的重要因素。我国有部分的跨界民族，还有一些居住在境内或境外的民族分裂分子企图使纯属我国内政的问题"国际化"，他们的企图得到了那些害怕中国强大的国外政治、宗教势力在各方面的支持。对于这方面的研究工作需要加强。

第七，中国的民族关系有着出于自己国情的特性，但在许多方面也存在着与其他国家的种族、民族问题相似的共性。所以为了更深入地理解我国民族关系的发展规律，有必要借鉴其他国家社会科学家的研究成果和其他国家政府处理国内民族问题的经验与教训，开展民族关系问题的国际比较研究。特别需要分析总结苏联和东欧国家在民族问题方面的经验教训。[1]

第八，无论在我国的历史上还是现行体制下，政府的政策导向对我国的民族关系的发展都发挥着关键的作用。在以上各项研究工作的基础上，分析探讨我国中央政府与各少数民族聚居区之间各种关系在新形势下应有的调整以及相关的政策，是非常重要的。

譬如，（1）在行政方面如何处理好地方自治权与中央权力这一对矛盾，一方面要有一定程度的集权以维系国家的统一，另一方面又要给地方一定的自治权力以满足少数民族的自治要求。（2）在经济方面如何在新的生产力水平和商品经济体系中重建一种新的相互依赖关系，如从传统的"茶马互市"转变到新的商品市场体系，建

---

[1] 中国社会科学院民族研究所已经在这方面进行了不少研究工作。（郝时远、阮西湖，1993；郝时远，1993）

立汉族与各少数民族之间某种新型的分工合作关系，形成在"互利"基础上的"谁也离不开谁"的新体系。（3）在文化方面如何形成一种积极的多元一体格局。仅举语言为例，我们需要研究在各民族有使用自己语言的权利的条件下，分析民族间往来中语言的变化，怎样促进语言上的相互适应来加强各民族间的信息沟通，所以一方面要保护和发展少数民族的语言文字，另一方面又要鼓励作为"中华民族共同语"的汉语的推广，使它成为全国通用的语言以适应商品流通和传播科学技术的客观需要。其他方面如干部政策、税收政策、人口政策等都是需要研究的有关政策导向的专题。

第九，结合对各民族发展道路特点的研究，结合对民族交往特点和相关专题调查研究的结果，借鉴其他国家处理民族关系的经验，总结新中国成立以来中央政策对各少数民族地区的在区域自治、财政支持、行政与生产组织、文化教育等方面实行的各项政策的实际效果，为了进一步加强中华民族凝聚力、促进各民族共同繁荣、加速中华民族的现代化这个大目标，提出在各个方面的有关改进意见。

中华民族的多元一体格局，是一个客观的历史发展的产物。经过了几千年的相互交往、征战和融合，才逐步发展成为一个统一的政治实体，也正因为各民族之间存在着强大的凝聚力，才能够渡过困难的危机时期，迎来了各民族携手并肩向着现代化道路前进的新形势。今天，无视中华各民族之间的凝聚力而妄想分裂祖国的人是徒劳的，同时无视多元一体格局的历史长期性、不顾各民族的特点而想用一种模式来"发展"少数民族也不会得到预期的结果。多元一体格局是我们中华民族历史上乃至今后相当长的一个历史时期的客观现实。无视或者轻视这个现实，不处理好各民族之间的关系并做到共同繁荣，就谈不到中华民族的现代化。费孝通教授提出"多元一体"格局这个思想，高度概括了中华民族的历史发展特点，并与当前中国的现代化问题联系起来。这个思想的重要性已远远超出了社会学和人类学的学术领域，对当前少数民族研究工作和少数民族地区社会与经济发展的研究工作具有指导意义。

参考书目：

艾森斯塔得：《帝国的政治体系》(S. N. Eisenstadt, 1963, *The Political Systems of Empires*, Glencoe: The Free Press)，阎步克译，贵阳：贵州人民出版社，1992年。

陈连开：《中华民族研究初探》，北京：知识出版社，1994年。

陈永龄：《我国是各族人民共同缔造的统一的多民族国家》，国家民族事务委员会政策研究室编：《中国民族关系史论文集》（上集），北京：民族出版社，1982年，第249—260页。

陈永龄：《探索汉族民族学研究的几个问题》，袁少芬、徐杰舜主编：《汉民族研究》第一辑，南宁：广西人民出版社，1989年，第9—15页。

陈育宁主编：《中华民族凝聚力的历史探索》，昆明：云南人民出版社，1994年。

费孝通：《中华民族的多元一体格局》，《北京大学学报》，1989年第4期，第1—19页。

费孝通：《简述我的民族研究经历和思考》，《北京大学学报》，1997年第2期，第4—12页。

郝时远、阮西湖主编：《苏联民族危机与联盟解体》，成都：四川民族出版社，1993年。

郝时远主编：《南斯拉夫联邦解体中的民族危机》，成都：四川民族出版社，1993年。

林惠祥：《中国民族史》，北京：商务印书馆，1939年。

马克思：《不列颠在印度统治的未来结果》，《马克思恩格斯选集》（第二卷），北京：人民出版社，1972年，第69—75页。

马戎：《重建中华民族多元一体格局的新的历史条件》，《北京大学学报》，1989年第4期，第20—25页。

宁骚：《民族与国家——民族关系与民族政策的国际比较》，北京：北京大学出版社，1995年。

王锺翰主编：《中国民族史》，北京：中国社会科学出版社，1994年。

袁少芬、徐杰舜主编：《汉民族研究》第一辑，南宁：广西人民出版社，1989年。

Grazer, N. and D. P. Moynihan(eds.), 1975, *Ethnicity: Theory and Experience*, Cambridge: Harvard University Press.

关于"民族"定义[*]

关于人们观念中的"民族"定义及有关基本理论所涉及的领域很广，从最基本的方面看，大致可以概括为三个方面的内容：一是对"民族"如何定义——我们使用的"民族"一词的含义是什么？不同的民族群体是根据什么标准相互区别开的？每个研究者在进行理论探讨和具体研究时，都必须事先对自己的研究对象（即"民族"）做一个界定，这是与前人文献和其他人的研究成果进行学术对话的前提条件。二是民族意识的产生和传递。人并非天生而有族群和自己民族身份的意识，那么这种意识是如何获得的？这种意识又如何在代际之间、在人们交往过程中相互传递、延续和变化？三是民族群体之间、各民族的成员之间在交往中的关系，这些关系体现在哪些方面？受哪些因素影响？在这些交往中，族群意识如何具有象征性意义并影响个人与群体行为？我们在研究群体关系的同时，需要特别关注分属不同群体的个人之间的关系，在研究中把各个族群内部整体与个体两个层次之间的互动和族群之间整体与个体的交叉互动既有所联系，又有所区分。

换言之，世界各地有如此众多的人类群体，他们如何界定自身和相互界定？学者如何来界定它们？学者进行这种界定的基础是什么？人们出生后通过什么途径得到有关自己民族族属的意识？有了这种意识之后，人们又如何处理自己与其他人（本族或其他民族的成

---

[*] 本文原刊载于《云南民族学院学报》，2000年第1期。

员)的关系?譬如一个汉族农民,他从南方农业区迁移到了北方蒙古族草原牧区,定居下来,他怎样界定自身与当地的蒙古族牧民?如何与他们交往与共事?这些关系是如何处理的?又如在美国生活的中国移民及其后裔,作为黑头发黄皮肤的族群,他们的族群意识是怎样获得和演变的?他们如何与白人、黑人族群交往和共事?

无论是从宏观(群体)的层面上还是微观(个体)的层面上,这三个部分的研究是社会学的民族研究特别予以关注的。除此之外,尚有两点应当引起我们的注意:第一,人类的起源在这个地球上是多元的,各个群体的发展在相当长的历史时期中是相互隔绝的,各自有着各自的发展轨迹,形成了不同的观念系统,包括群体界定的观念,这些观念体系之间存在共同之处又有各自的特殊性,所以需要从多元的角度来认识世界上的民族现象与民族概念;第二,民族群体的界定和民族意识的产生、延续是一个动态的过程,它的内涵与外延都随着外界场景和内部结构的变化以及两者之间的相互影响而处于不断的变迁之中。

首先,我们来讨论一下有关"民族"定义的问题。

应当如何定义中文中使用的"民族"这个词汇,有关定义如何与国外学术界使用的概念以及社会上人们通用的概念之间相互衔接,这一定义如何能够科学地反映我国族群和民族关系的客观现实,这是我国学术界长期讨论的一个核心问题。

一、新中国成立以来我国学术界对于"民族"定义的认识

第一,斯大林的"民族"定义。

这是新中国成立以来最流行的、最具权威性的定义。虽然马克思、恩格斯在他们的著作中也曾多次谈到民族和民族的发展,但是从来没有专门讨论过"民族"的确切定义。苏联和国内学术界长期以来奉为经典的,是斯大林于1913年提出的"民族"定义,即人

们今天仍经常引用的"四个特征":"民族是人们在历史上形成的一个有共同语言、共同地域、共同经济生活以及表现于共同文化上的共同心理素质的稳定的共同体。"(斯大林,1913/1953:294)

斯大林在题为《马克思主义和民族问题》的文章中,对这四条逐一加以说明,并且把"民族"区别于"种族"和"部落",强调"民族不是普通的历史范畴,而是一定时代即资本主义上升时代的历史范畴"(斯大林,1913/1953:300)。在他的这些有关"民族"的论述中,他努力建立一套完整的逻辑和概念体系,其核心是依据历史唯物主义的社会发展阶段论(原始社会、奴隶社会、封建社会、社会主义社会、共产主义社会)来定义各个历史阶段的"民族"含义与性质。

同时斯大林坚持,要成为或被"定义"为一个"民族",这四条标准缺一不可,"只有一切特征都具备时才算是一个民族"。这样他就把"北美利坚人"算为一个民族,他称"英吉利人、北美利坚人和爱尔兰人……是三个不同的民族"。(斯大林,1913/1953:294)同时他不承认犹太人是一个民族,因为犹太人"在经济上彼此隔离,生活在不同的地域,操着不同的语言",①(斯大林,1913/1953:295)同时"波罗的海沿岸边区的日耳曼人和拉脱维亚人"也不是民族。也是基于同一理由,他坚持说中国的回族因为没有独立的语言,不能算是民族,而只能算是一种宗教集团。

从这里我们可以看出,斯大林作为一般规律来定义现时历史时期的"民族"时,多少带有与当时俄国政治形势有关的政治性的考虑。20世纪初的俄国,布尔什维克面临"民族文化自治"和以民族划分来分裂无产阶级政党的民族主义思潮,斯大林当时提出的"民族"定义是当时政治形势的需要。(阿拉坦等,1989:31—33)苏联建立之后,这些问题依然存在,德国的日耳曼人是一个民族,在苏联境内的日耳曼人算不算一个民族?否则是不是也要在"东普

---

① 对于这些具体论断,也存在不同意见。(参见金炳镐,1994:75—76)

鲁士"（即加里宁格勒市所在的地区，俄罗斯联邦的一块飞地）成立"日耳曼自治（加盟）共和国"呢？这种政治上的考虑使得斯大林特别强调"共同地域"。而且用"四个特征缺一不可"这条原则，在强调语言因素和地域因素的时候，实际上淡化了文化因素（包括语言、宗教）和心理意识因素在民族形成和延续中的重要作用。

斯大林如此强调"共同地域"，也反映了沙皇俄国在短短200年中从一个单一民族的内陆小公国扩张成为横跨欧亚大陆的多民族政治实体这一过程的特点：沙皇俄国的对外移民拓展了俄罗斯的政治疆土，但各主要少数民族仍然居住在各自传统的地域上，其他各民族进入俄罗斯地区的移民数量十分有限。强调"共同地域"对俄罗斯是有利的，对于其他在传统居住地域内人数较多的少数民族（如其他建立加盟共和国的族群）也没有太大伤害，可以保持政治稳定。同时对于境内的"跨境族群"和小族群如日耳曼人、犹太人、拉脱维亚人，可以通过不承认他们为"民族"而剥夺其争取自治方面的各种权利。而论断"北美利坚人"是一个民族，中国的回族不是一个民族，不过是这种"民族"划分标准应用于其他国家的可笑的延伸。①

关于民族的演变过程，斯大林把历史上人们共同体的发展程序表述为：氏族—部落—部族—民族。"部族"指的是奴隶社会、封建社会的人们共同体，"民族"则是资本主义上升时代形成的人们共同体。国内把这一程序表述为：氏族—部落—古代民族—现代民族。（马寅，1995：155）这种表述对人类社会形态演变历史进程的划分多少带有公式化的色彩。其实，居住于不同的地区的不同族群，面临不同的自然资源和发展条件，他们的社会各自演进的程序与各时期的发展特点，相差可能会很大。如阿拉斯加冰原上的爱斯基摩人，热带夏威夷群岛的土著人，北美大草原上的印第安人，云

---

① 直至20世纪50年代苏联学者还认为我国的汉民族形成于19—20世纪，此前的汉族是部族而不是民族。（陈育宁，1994：21）

贵高原上的少数民族，黄河流域平原上的汉人、大草原上的蒙古人，他们的发展条件就很不相同，是否能够被套入四种社会发展形态和"人们共同体"的四个发展阶段，完全属于应具体讨论和研究的问题。在总结一般性规律的同时，如果对各个族群的特殊性没有给予充分的关注，可能会得出荒谬的结论。

《中国大百科全书·民族卷》中关于"民族"的词条认为："氏族、部落是以血缘关系为纽带的人们共同体，而民族则是以地缘关系为基础的人们共同体。……种族属于生物学范畴，而民族则属于历史范畴。"（1986：302）"部族"与"民族"的差别，是否仅仅是"血缘关系"和"地缘关系"之间的差别？不同民族之间差别的基础，是否只是缘于不同的"地缘关系"？文化因素在民族的形成与延续中扮演什么角色？从部落发展成为民族，是否一定需要具备斯大林提出的四个条件？这些也都是需要进一步讨论的问题。

第二，正因为与社会现实之间存在差距，对于如何看待斯大林关于"民族"定义的四个特征，国内的学术界始终存在着争议。

在争议中有一种观点完全赞成斯大林的定义，并且在这些标准应用的历史时期和地域方面加以拓展，持这种观点的人认为，"不论在哪一个历史发展阶段，要形成为一个民族，必须具备斯大林讲的那四个条件（也叫四个特征），缺少任何一个条件，是不可能形成为一个民族的"。（牙含章，1982：1）应当说，这与斯大林提出的"民族不是普通的历史范畴，而是一定时代即资本主义上升时代的历史范畴。封建制度消灭和资本主义发展的过程同时就是人们形成为民族的过程"（斯大林，1913/1953：300—301）的论断相违背。既然使用斯大林的定义，也就必须遵守斯大林提出的该定义的前提条件。

在认定一个民族所需的各项特征方面，宁骚指出民族具有"原生形态"和"次生形态""再次生形态"等，一个民族的原生形态具有这些特征，而次生形态可能只具备其中的一部分特征。（宁骚，1995：20）在人类历史长河中，尤其是近现代各民族交流、冲突、迁移、混居、融合的复杂过程中，一些族群或族群的一部分很可能丧失其民族特征的某些部分，但仍保持民族意识和部分特征，也应当被承认其作为独立族群的存在。① 关于对"原生形态"和"次生形态"进行区分的观点有助于我们从动态的角度在理论上认识这些复杂的民族演变现象。

其实，真正的争议应当是对这四个条件适用性的普遍意义提出质疑。任何概念的产生，都有一个社会历史环境，是提出这一概念的人对自身所生活的社会环境特点的抽象性概括。斯大林的"民族"定义，可能主要是从20世纪初俄罗斯族群和沙皇俄国的实际情况中总结出来的，这一个定义，就不一定完全适用于有几千年文化传统和族群交往历史的国家，如中国和印度，也不一定适用于新兴的移民国家，如美国和澳大利亚。所以，许多学者对此提出不同的观点，有的认为民族的基本特征应当有六个（增加"形成历史""稳定性"两条）（宁骚，1995：16—19）；有的认为"共同地域"和"共同经济生活"是民族形成的条件，而不是民族的特征（纳日碧力戈，1990）；有人认为民族具有"自然（族体）""社会""生物（或人种）"三种属性（金炳镐，1994：78）；还有人提出民族具有11种属性（吴治清，1989；郑凡等，1997：49）。这些看法反映出我国学术界对于如何认识民族定义与民族属性的积极探索。

第三，为什么我国少数民族都统称"民族"？

我国政府把各个少数民族都称作"民族"，其理论根据还是斯大林的定义和民族产生的历史阶段的观点。中国的这些"很弱小和经济十分不发达的民族，他们之中有许多停滞在资本主义以前的阶段，没有具备民族的四个特征，但是他们的历史环境已经改变为资产阶级时代了"，由于这些族群已经在不同的程度上"被卷入资本主义旋涡中，已经不同于古代民族，而是又一种类型的现代民族"（马寅，1995：160），所以也把他们统称为"民族"。

这里坚持了斯大林关于"民族形成于资本主义时代"的观点，

---

① "欠缺部分特征也是民族过程中可能发生的自然现象。"（金炳镐，1994：76）

而在他的"四个特征、缺一不可"的论断上打了折扣，使用这样的逻辑推理可以解释为什么把我国各少数民族群体称为"民族"。这里的逻辑是：如果认定中国处于无产阶级革命的历史阶段，就不能不把处于这一革命中的汉族定义为"民族"；而既把汉族定义为一个"民族"，也就不得不把同时居住在中国境内的其他族群也定义为"民族"，因为从逻辑上讲，一个国度里的各个族群是生活在同一个社会大环境中，他们之间不应该有社会形态方面的根本性的隔阂和断裂，否则他们之间也就没有联系、没有需要共同面对的问题了。当然，各个族群的实际社会发展水平可能会有很大的差距，如云南、四川、西藏等地区（特别是偏远山区）的少数民族中还存在着一些社会形态发展落后于汉族地区的情况，但是在新中国成立前，各民族确实面临着反对帝国主义侵略和推翻封建制度统治的共同历史任务。从这一点上说，也可以把中国所有的民族族群都称为"民族"。

但是真正实事求是的思考，则应当更进一步，突破一些"经典著作"中提出的"民族"概念和"社会发展形态"概念这些人为思维定式范畴的束缚。当我们对"民族"定义及其含义的理解遇到问题与矛盾时，"没有想到在汉语原有的'民族'一词的基础上，总结民族识别的经验，形成自己的理论体系，而是在斯大林民族定义的圈子里打转转，不敢越雷池一步"。（孟宪范，1988：5）思想上的束缚使我们的学术研究和对社会现实的理解无法向前推进。

事实上，20世纪中国各地区不同的民族群体，其社会发展的水平阶段是不同步的。他们确实在不同程度上受到资本主义的影响，又同时共同面临反抗帝国主义侵略的任务，但是这个大的历史环境，并不能用来证明他们都进入或接近了资本主义社会。而在"社会发展形态"上，也不必有明确的阶段划分，有时一个社会当中有一些组成部分是处于两种形态混合状态或从一种形态向另一种形态演变过程之中的，不同地区的社会发展类型很可能是多元的，而且实际生活中的人类社会也是在不断地演变和发展的，因此也不必把"部族"和"民族"之间划分得那么明确，各个民族族群可以分为不同的类型和层次，民族群体的特征也在不断地演变和发展。谁能说得清楚是在历史上的哪一天，一个"部族"变成为"民族"？谁又能说得清楚为什么两个各方面特征很相似的族群，一个在这个国家被划为"部族"，而另一个在邻国被划为"民族"？

总之，我们不应当拘泥于现有概念和定义的束缚，而要从活生生的现实出发，要从多元、演变、互动和辩证的角度来分析和把握复杂的客观事物，各种概念和定义不过是我们自己从现实中抽象出来帮助我们理解和分析客观世界的工具。进一步的问题是：在对世界各地族群的研究中，是否需要一个如自然科学研究对象那样的抽象、统一的"民族"概念？如果需要，那么建立这一概念的努力对于我们实际研究工作的意义何在？

二、国内有关"民族"译名的讨论

如何给外文著作特别是马克思主义经典著作中与"民族"有关的词汇进行翻译，看似简单，事实上是个非常复杂的问题。因为这不仅仅是不同语言之间具体词汇如何对应翻译的问题，词汇是对社会现象的抽象性描述，各国语言关于"民族"的词汇其内涵的不同，实际上反映的是不同社会中不同的民族现象。而我国学术界关于"民族"定义的长期争论，在很大程度上是起因于国外术语在译成中文时的各种译法所造成的混乱。

在20世纪50年代，我国民族理论界曾经专门讨论过汉民族的形成问题，在60年代又开展了关于"民族"一词如何翻译的大讨论，都未能取得一致的意见。下面简要地介绍一下在讨论中有关的各种意见。

第一，1962年的一次民族理论方面的座谈会，决定把经典著作中有关民族的词语统一翻译为"民族"，不用"部族"或其他译名。持这种主张的人认为，这样"不仅解决了汉民族的形成问题，同时也解决了中国五十多个少数民族的形成问题，而且也解决了全

世界一般民族的形成问题"。(牙含章、孙青,1979:8)

这里存在着两方面的问题。一是在马克思、恩格斯的德文原著中,在讲述有关民族问题时,使用过四个不同的德文词,在列宁、斯大林的俄文原著中,使用过五个不同的俄文词。(马寅,1995:145)既然在不同的地方使用了不同的词,每个词必然有其特殊含义,表示作者希望对它们明确加以区别。如果在中文里统统译为"民族",显然忽略或者抹杀了它们之间的区别。二是任何人文科学、社会科学的概念,都是随着社会历史和人类认识的发展在不断地变化的,在这些原著中使用不同的词,也表明了作者在反映族群特征的变化和人类对民族问题认识的发展方面所做的努力。简单地使用"民族"一个词作为统一译名,就把复杂的人类社会、复杂的历史动态发展过程和复杂的认识过程简单化了。统一译名的结果,在翻译中就出现了这样的句子:"……民族(нароцность)就发展成民族(нация),而民族(нароцность)的语言也就发展成为民族(нация)的语言",(斯大林,1950:526—527)最后只好采用页下注的办法来加以解释和说明,不然读者就无法读懂这些句子究竟是什么意思。①

第二,汉语中的"民族"一词,出现于近代,"它一直是个多义词,指现代民族,也指国内外、由古至今、处于不同社会历史发展阶段的人们共同体,类似德语中的 volk,俄语中的 нароц,英语中的 people。我国的'民族'一词具有广泛含义,显然不能确切反映人们共同体在各个不同历史发展阶段的特殊性质"。(马寅,1995:147)

在我国的史书上、历史文献中,一般都称呼不同的族群为"×人"而不是"×族",史书上的记载都是"汉人""胡人""夷人""藏人""满人"等,而用到"族"字时,或者是泛指,或者称为"部族"(见《宋史》卷四百九十六)。《中国大百科全书·民族卷》介绍说:"在中国古籍里,经常使用'族'这个字,也常使用

---

① 关于"民族"译名问题的详细讨论,请参看林耀华《关于"民族"一词的使用和译名的问题》(1986)和牙含章《关于"民族"一词的译名统一问题》(1984)。

民、人、种、部、类,以及民人、民种、民群、种人、部人、族类等字。但是,'民'和'族'组合为一个名词则是后来的事。1903年中国近代资产阶级学者梁启超把瑞士—德国的政治理论家、法学家 J. K. 布伦奇利的民族概念介绍到中国来以后,民族一词便在中国普遍使用起来,其含义常与种族或国家概念相混淆,这与西欧的民族概念的影响有密切关系。"(1986:302)这一词条由牙含章先生撰写。据中国社会科学院民族研究所韩锦春、李毅夫两位的研究,最早使用汉文"民族"一词的是王韬,他在《洋务在用其所长》(1882)一文中称:"我中国……幅员辽阔,民族殷繁",(韩锦春、李毅夫,1985:22)但仍属泛指,并没有与一个具体族群相联系。后章太炎在介绍外国国情时,曾多次使用"民族"一词,显然是受到西方文献和日本译法的影响。

把我国的各个族群称为"民族"(1901),看来梁启超是最早的学者,而且他还将其与"民族主义"并用。(韩锦春、李毅夫,1985:27)由于近代许多欧洲文献引入中国,往往通过日译本作为中介,"民族"这个中文词汇似乎来自于日文。①如1896年《时务报》一篇《土耳其论》使用"民族"一词,而该文译自日本《东京日报》。而日本人在把欧洲文字译成日文时,难免受到日本历史上对本国各个族群称谓的影响。而最早对中国各族群冠之以"汉族""藏族""蒙古族"这样的称谓并与境外民族并列的,可能是黄遵宪,他在《驳革命书》(1903)中称"倡类族者不愿汉族、鲜卑族、蒙古族之杂居共治,转不免受治于条顿民族、斯拉夫民族、拉丁民族之下也",(韩锦春、李毅夫,1985:33)黄遵宪长期出使日本,可能在民族概念上受到日本文献词汇的影响。

与此同时"中华民族"这个词汇也开始使用。梁启超先生在1902年正式提出"中华民族"概念。(梁启超,1902/1989:2)关于

---

① 关于使用汉字的日文中如何先于中文出现"民族"一词的讨论,参看金天明、王庆仁的文章:《"民族"一词在我国的出现及其使用问题》(1981年)。

"中华民族"一词的由来，孙中山先生在早期言谈中一度把"中国人"称为"一个民族"，"中国人的本性是一个勤劳的、和平的、守法的民族"。（孙中山，1904/1981：90）他后来又提出"合汉、满、蒙、回、藏诸地为一国，即合汉、满、蒙、回、藏诸族为一人——是曰民族之统一"，（孙中山，1912/1981）即是当时流行的"五族共和"的提法，把中国各族群称为"族"，合在一起称为"民族统一"。

以上介绍至少可以说明，中文里有关民族的各种提法和词汇，在使用上显然有某种"多元"的局面，不断受到境外因素的影响，而且其各自内涵也在不断变化之中。

不管汉文"民族"一词是源自欧洲还是日本，这样的称谓，从中国实际国情来说，把居于不同层次的：多族群共同体的"中华民族"、以文化为核心在"教化"过程中"滚雪球"滚出来的"汉族"、汉族以外其他各个少数民族，都统统放到了一个层面上，这很难说符合几千年中国社会、文化发展和民族融合进程的实际特点。

第三，把经典著作中的有关词汇统译成"民族"，并不能解决"汉民族的形成问题"的争论。范文澜先生曾提出："汉族自秦汉以下，既不是国家分裂时期的部族，也不是资本主义时代的资产阶级民族，而是在独特的社会条件下形成的独特的民族。它不待资本主义上升而四个特征就已经脱离萌芽状态，在一定程度上变成了现实。"（范文澜，1957：13）马寅的文章根据恩格斯《家庭、私有制和国家的起源》中的论述，说明使用统一译名的办法，不仅不能解决汉民族的形成与相关的定义问题，而且不利于理解经典著作中民族发展演化的论述，他充分肯定了范文澜先生和史学界学者们的"那种从大量史料出发，认真分析中国封建社会不同于西欧封建社会的特殊情形，勇于探索真理的严肃科学的态度"。（马寅，1995：151）范文澜先生虽然接受了斯大林"四个特征"的观点，但他的论述的核心和基础是大量丰富而雄辩的史料，并且提出了如何理解中国的民族形成的实际问题。

这一争论很有典型意义，一方是引经据典在名词的译法上做文章，另一方是根据大量史实提出问题，而不拘泥于经典文献。中国的封建社会与西欧的封建社会，当然很不相同，马克思自己也提出过"亚细亚生产方式"来分析亚洲社会，以与欧洲社会的结构和发展特点相区别。中国各民族的形成、民族族群的结构和层次，也与欧洲的情况很不相同。在分析与解释中国历史上与现代的族群变迁时，同样不应简单套用西方的民族概念和定义。

第四，关于中文"国族"的提法，最早见于孙中山先生1924年的《民族主义第一讲》，他把"nation"表述为"国族"，称"中国人的民族主义就是国族主义"。（孙中山，1924/1986：617）宁骚据此提出与国家概念密切相连的"国族"（nation）和作为国族组成部分的"民族"（nationality, ethnic group）两个相互区别的概念，认为中华民族因此可以定义为"国族"。（宁骚，1995：5）由于在西欧的主要"民族—国家"（nation-state），"国族"与"民族"两者在相当的程度上是重合的，所以把欧洲的概念应用于中国这样的历史悠久的多民族国家，很容易引起概念上的混乱。同时，"美国人""澳大利亚人"这类基于国家的身份认同，也可以归类于"国族"（nation）。

有的日本学者也曾提出过，如用"国民"的概念来替代"中华民族"的概念，在思维逻辑上可以避免"中华民族"与各个"民族"（如汉族、蒙古族等）在名称概念上的矛盾。①"国民"提法与"国族"的思路是相似的。把中华民族称为"多民族统一体"或"多民族共同体"，还是称之为"国族"，这两种提法都考虑到了国家概念和疆域因素，②在学术上有相通之处。

关于"国族"的讨论由来已久。早在20世纪30年代，袁业裕即提出"国族者即居住同一区域、生产技术相同，以及其他各

---

① 虽然日本北方的阿伊努人和琉球群岛土著人与占日本人口主体的"大和民族"在许多方面不同，但是日本官方不把他们称为"民族"，不进行"民族识别"，也不对其人口进行分别统计。日本制定这样的国策必然有其考虑。

② 同时，如恩格斯所说，"没有一条国家分界线是与民族（nationalities）的自然分界线即语言的分界线相吻合的"。（恩格斯，1866/1964：382）国家的建立通常（也有例外，如非洲国家的版图大多是由殖民主义者划定）以民族为基础，但政治、外交、军事、迁移等因素往往也发挥着重要作用，所以绝对的单一民族的国家是不存在的。

方面均相类似者谓之国族。民族为历史进行中自然演成之社会的形态，系由共同血统、生活、语言、宗教与风俗习惯而结合一致之群众集体"，而在译法上"nation 大概系指有主权政治国家之人民，而 nationality 一字则专指同语言与同习俗之民族"，（袁业裕，1936：19—21）表示出把"nation"译作"国族"的意向。潘光旦先生 1936 年指出："有三个名词是很容易相混的：一是国家，二是种族，三便是民族。'国家'容易和'民族'相混，例如西文的 nation 一字，便有人译作国家，民族，或国族。……国家的意义是政治的、法律的、经济的；种族的意义是生物学的与人类学的；民族则介乎二者之间"。（潘光旦，1995：48）"nation"既有生物学、人类学（体质、文化）含义，在欧洲还具有政治实体（国家）的含义。① "state"更多的是具有政府机构的含义。

英国学者吉登斯（Anthony Giddens）认为，"nation"（现通常译作"民族"）是"指居于拥有明确边界的领土上的集体，此集体隶属于统一的行政机构"，"nation"和"nationalism"（现通常译作"民族主义"）"均是现代国家的特有属性"。（吉登斯，1998：141）据此来看，把"nation"译作"民族"与我国通常关于"民族"的理解存在一定距离，也由此导致了许多概念上的混乱。一些研究认为，"当初要是'国族'得到学术界的重视和公认，它就正好与 nation 所包含的国家及现代民族两层意思相对应了；而'民族'一词也就可以只按民族学 ethnology 的标准去用它，专指 ethnic group 所包含的传统民族之义——那样的话，我们今天对两种民族概念的辨别也属多余了"。（郑凡等，1997：60）② 无论如何，关于"国族"

---

① 如"national policy"应当译作"国家政策"，译作"民族政策"就有些不妥。

② 但是郑凡等把"中华民族"定义为"现代民族"，把 56 个民族定义为"传统民族"，两者同时处于一个时空里，（郑凡等，1997：63）这种区分尚有待斟酌。也许"中华民族"的概念只是在西方冲击下受现代政治国家观念的影响而产生的一个特殊术语，我国的各个族群（汉族、蒙古族等）与国外学术界研究的民族"ethnic groups"（如美国的各族群）仍然可以相互对应。同时，恐怕不能说美国的这些族群是"传统民族"，因为其中一些还是在近代人口迁移过程中形成的。

与"民族"相区分的观点打开了理解和应用"民族"概念的一个新思路。

三、当前西方社会科学研究中的"民族"定义

国内关于民族理论的研究文献中，较多的情况是直接援引马克思主义经典著作特别是斯大林有关"民族"的论述，然后加以发挥，而对经典著作中所用的"民族"这一词的内涵很少进行讨论。还有些研究是从人们一般理解意义上的"民族"概念出发来讨论有关的问题，完全不去触及"民族"定义。这与西方社会科学界的情况很不一样。

在西方的出版物中特别是英文的有关民族和族群研究的文献中，首先要面对的也还是一个专用术语定义的问题。我们在阅读这些文献时会注意到两点：一是在不同的著作、文章中可能使用不同的词；二是同一个英文词，在不同的著作中可能具有不同的含义。西方学术界有关民族研究的专著有一个共同特点，就是在开篇明义的时候，作者首先对自己所使用的有关"民族"（nation）或族群（ethnicity）的术语进行明确的自我定义，说明其内涵与其他著作中同一词的内涵是否相同，然后从自我定义的概念出发进行论述。

西方研究文献中有关"民族"的各种概念未必都准确科学，但是在讨论一个问题之前，先把自己使用的关键概念的含义阐述清楚，这样就遵循了科学研究的基本方法。由于不对大家使用的名词定义和概念内涵强求一致，所以又避免了无谓的名词概念之争。

在英文文献中，与"民族"相关而又常用的有三个词。

第一个是"ethnicity"，在1933年版的《牛津英语字典》（*Oxford English Dictionary*）中尚没有收录这一词，该词出现在这部字典1972年版的"补遗"（Supplement）和《美国传统英语字典》（*American Heritage Dictionary of the English Language*）1973年版中。据说第一个使用这个词的是大卫·瑞斯曼（David Riesman），

时间是 1953 年。这个词是用来表示一个族群（an ethnic group）的性质或特征的。（Glazer and Moynihan, 1975: 1）"ethnicity"通常并不用来指某一个具体的族群，在英文文献中表示族群最常见的词语是"ethnic groups"，中文中可译作"族群"。

第二个是"race"，可以简单地译作"种族"，强调的是人种的区别，如白种人、黑种人、黄种人之间在体征上的明显区别。美国的《哥伦比亚百科全书》关于"race"的词条是这样解释的："组成人类的一种群体，种族之间的差异纯粹属于生理上的不同并且通过遗传的体质特征表现出来。……大多数人类学者认为（世界上）存在三个种族：白色人种（the Caucasoid），蒙古人种（the Mongoloid）和黑色人种（the Negroid）。"（Bridgwater and Kurtz, 1963: 1757—1758）贝瑞（Brewton Berry）曾经讨论过在不同文献中提出的八种关于"种族"的定义，发现使用不同定义的学者对于现时世界上存在着的种族数目的观点也不同，大多数的学者对于世界上种族总数目的观点，一般是在三个种族到七个种族这个范围之间。（Berry, 1965: 39—41）

第三个是"nationality"，也可以译作"民族"。但是这个用法多见于 20 世纪 50 年代以前的著作，在 60 年代之后的英文文献中就很少见了。但是在 60 年代以来在美国出版的有关马列主义经典著作的英译本中仍时常使用，原因是苏联的学者自己把"民族"译成英文时都统一译作"nationality"。中国组织的英文翻译，承袭苏联的译法，也把"民族"统一译为"nationality"，把少数民族译为"minority nationalities"。

自 60 年代以来，在西方研究民族—族群问题的英文文献中出现最多的是"ethnicity"和"ethnic groups"。我们把有关著作中关于"民族"定义的论述大致归为 14 种有代表性的观点（包括斯大林和国内的观点）列在表 4-1 中。

表 4-1 有关民族、种族的定义和内容

	Ethnic Minority （少数）族群		Ethnicity 族群
Wirth （1945）*	1. Physical 体质 2. Cultural 文化	Gordon （1964）	1. Land space 地域 2. Government 政府（认定） 3. Culture 文化 4. Racial 种族（体质）
Fairchild （1947）	1. Cultural 文化 2. Value 价值观		
Wagley and Harris （1958）	1. Segment（整体社会）之部分 2. Physical or cultural 体质或文化 3. Self-conscious 自我意识 4. Descent transmission 血统遗传 5. Endogamy 族内婚	Parsons （1975）	1. Territory 领土 2. Physical 体质 3. Cultural 文化 4. National origin 籍贯国家
	Nation 民族	Yinger （1976）	1. Segmental(整体社会)部分 2. Origin 籍贯 3. Culture 文化 4. Activities 行为
斯大林 Stalin （1913）	1. Language 语言 2. Territory 地域 3. Economic life 经济生活 4. Consciousness 心理素质		
Smith （1991）	1. Historical territory 历史领土 2. Common myths and historicacmemories 共同传说与历史记忆 3. Common mass public culture 共同公共文化 4. Common legal rights and duties for all members 共同法律权利和对于全体成员的责任 5. Common economy with territorial mobility for members 共同经济和全体成员地域流动	Simpson and Yinger （1985）	1. Language 语言 2. Religion 宗教 3. Orihin 籍贯 4. Culture 文化 5. Race 种族（体质）
		Mast （1974）	Objective: 1. Physical 体质（客观） 2. Cultural（文化） Subjective: 1. Conscious 意识（主观） 2. Racial（种族）

续表

	Ethnic Minority（少数）族群	Rau 种族	Ethnicity 族群
Berry（1965）	—	Physical 体质	1. Culture 文化 2. Territory 领土
Blalock（1982）	—	Biological 生理	Cultural 文化
梁启超"民族"（1903）	1. 同居一地 2. 同一血统 3. 同肢体形状 4. 同语言 5. 同文字 6. 同宗教 7. 同风俗 8. 同生计（经济）	—	—
我国当前"民族"定义（1986）	1. Language 语言 2. Territory 地域 3. Economic life 经济生活 4. Consciousness 心理素质	Physical 体质	—

* 表中各学者有关文献具体出处均见本章参考书目。

从这张表里，我们可以看出不同的人对于"民族"的定义和区别不同民族的标准方面差别极大，有的只讲"民族"但使用不同的词（ethnicity，nation 或者 nationality），有的把"族群"（ethnicity）和"种族"（race）放到比较中来进行定义，有的区分开确定民族标准的"主观"和"客观"两个方面，有的不做这种区分。在区分不同族群的标准数量和内容方面，也各不相同。有的只强调"文化"因素，有的强调"体质"因素，有的把政府政策因素也考虑在内，有的把"婚姻"取向（是否偏重"族内婚"）也考虑在内，有的从美国国情出发强调移民的"籍贯国籍"。由此可见，要在"民族"的定义及其内涵方面形成共识，达到完全统一的认识，是非常不容易的。由于各人所需要研究分析的具体对象和关注点各不相同，也许我们也不需要在族群的定义上和区分不同族群的标准方面强求一致。

在我国，现在常用的两个汉语词是"种族"和"民族"，前者与英语的"race"相对应，后者在应用于我国的少数民族时，在实际内涵方面与英语的"ethnicity"或者"ethnic groups"较接近。但是我国的官方正式译法，"民族"通常译成"nationality"，这样有时就与国际上现时的用法（国籍）相混淆。

尽管我国学术界的主流在谈到"民族"定义时始终坚持斯大林的四条标准，但是在实际运用（如我国的民族识别工作）中，各个族群在宗教、习俗、传统文化方面的不同以及群体间历史上的联系和族群的自我意识，应当说都得到了一定程度的考虑。

在美国，尽管不同的学者关于"民族／族群"定义的认识不同，但是在谈到一个具体的族群的时候，这些分歧立刻就不见了，很少见到他们在讨论一个具体民族时，因定义或识别问题而争论。为什么呢？我们认为，这是因为美国的族别问题在历史发展的进程中已经明朗化了。在欧洲资本主义发展过程中，逐步形成了一批民族国家（如德国、丹麦、法国）或几个民族联合的国家（如英国、瑞士），来自这些国家的人们移民到了美国，他们的籍贯（国家—民族）是清晰的，美国土著印第安人的体质特征是很明显的，其他移民（如黑人、亚洲的黄种人）体质特征是清楚的，根据籍贯和语言做进一步的族群区分也并不困难（如把黄种人进一步区分为中国人、日本人、朝鲜人等），在对族群群体进行研究而不是对少数种族（民族）某个个人进行研究时，这些移民团体在原居住国里所存在的"民族识别"问题是完全可以忽略的。

正因为"民族识别"在美国基本上不成其为问题，而且"民族融合理论"（即 Melting Pot Theory）曾经一度成为美国民族关系的发展目标，所以美国学者们在"民族"定义上也就缺乏深入细致的讨论和统一的认识。这体现出美国人的实用主义态度，他们把关注的目光和研究精力投入到对于美国社会的稳定和发展更为重要的"族群关系"的调查与研究中去，而不是去争辩一些抽象概念或进行琐屑的考证。一个黑人的祖先是来自扎伊尔北部的 A 部落还是来自刚果中部的 B 部落是不重要的，尽管人类学家将证明 A 部落和 B 部落在语言发音习惯和习俗上有所差别，社会学家们更关心的是芝加哥或纽约的黑人群体是否与白人群体发生暴力冲突。从这样的角度来看问题，就可以理解为什么在"民族"定义上美国学者们的观点如此纷杂，但这一点丝毫不影响他们对族群问题的现实研究。我国的学者从中也可以悟出一点道理出来。

四、我国 20 世纪 50 年代的民族识别

我国 20 世纪 50 年代开展的民族识别工作之所以重要，[①]有两个原因。一是在一些边疆地区的民族族群比较复杂，如我国西南的滇贵川桂地区，过去对这些族群缺乏长期、科学、系统和深入的调查研究，了解和识别他们是增强对他们现时社会组织发展形态的认识，并使他们逐步整合进入现代社会的一个条件。二是 1949 年以后我国（以及苏联）实行户籍制度并把贯彻民族平等政策与之相联系，每个居民必须申报、填写自己的正式"民族成分"，填报后如没有得到政府批准不能改变原报的"民族成分"，每个人的"民族"成分必须十分明确，不能含混处之。这种政策环境下，如果对现有的各个民族族群不进行详细识别确认，就无法进一步明确每个成员的具体"民族成分"，而政府关于民族平等的各项政策也就无法具体落实。

1978 年，费孝通教授在全国政协会议上有一个发言，专门谈我国的民族识别问题，介绍了 50 年代初期开展民族识别工作的社会形势，分析了需要加以识别的八种族群情形，并且举例说明当年识别工作的具体实施情况，特别介绍了费孝通教授及其他学者如何根据具体国情，在实际过程中灵活运用经典著作提出的各项识别标准。[②]（费孝通，1988）从我国当年开展的民族识别工作的实践来看，把西方含有国家意义的"nation"译为"民族"与我国实际情况之间的距离是明显的。

[①] 我国的 55 个少数民族当中，得到正式确认的最后一个民族是基诺族（1979 年）。
[②] 关于民族识别工作，参见江平、黄铸，1994：43—47。

到了跨世纪的今天，回顾四十多年来走过的这一段历史，如何重新看待 50 年代的民族识别工作，并不是一件容易的事。任何事物的发生，都有产生它的历史条件和社会环境。新中国成立初期，倡导民族平等，这无疑是件好事，但是由于各民族长期受旧社会封建制度的压迫和占统治地位民族的压迫，有一种获得解放的感觉，过去积压的情绪也有了公开表达的机会，提出独立的族名，申请建立自己的区域自治机构，应当说是争取平等的重要手段，所以在 1953 年，汇总登记下来的自报民族名称有 400 多个。过去在辛亥革命时期提出的（汉、满、蒙、回、藏）"五族共和"，说中国只有 5 个民族，无疑是不符合实际情况的，但要说有 400 多个民族，不知道根据是否充足，所以开展民族识别工作就势在必行。由于在民族识别工作当中强调民族平等，十分重视群众的自我意愿，在这种情势下，有些原本不必区分开的族群，很可能就此分成了独立的民族。

50 年代民族识别中的族属认定，是十分复杂的过程，但是我们在以下有关调查报告中，还是可以看出其中具有一定的偶然性和主观程度：

> 解放前，乐尧山区陇人（山地壮族之一支），自己是不知道是什么族的，部分群众认为是汉族，个别群众也有说是瑶族，一般都自称是陇人。解放后，政府工作人员认为陇人生活苦，又居住在山区，可能是瑶族。1952 年，平果县召开各族各界人民代表会议，便以瑶族名义通知乐尧山区代表参加，虽未正式承认其为瑶族，但瑶族之名便叫出来了。
> 据 1953 年 7 月桂西壮族自治区民族工作队实地调查的材料云："有很多人不知道自己是什么民族，如参加桂西壮族自治区成立大会代表潘德茂说：我去参加开会是以瑶族身份为代表……其瑶族的根据，我也不懂，以后我做代表回去，也跟着宣传是瑶族。因此，乐尧山区群众说自己是瑶族是由此而来的。这次到县参加学习的积极分子也说：我们自己也不知道是

什么族，政府给我们定什么民族，我们就做什么民族。"

这次调查，潘德茂代表参加了我们的工作，他最初表示：叫瑶族没有什么根据，叫壮族也可以。但后来又表示：群众要求承认为瑶族，迫切希望建立瑶族自治区。现在综合平果县民政科负责同志和二区区委、区长的报告以及我们实地调查了解到的情况，乐尧山区乡干部和积极分子迫切要求承认为瑶族，一般农民群众则无所谓，但也希望做瑶族，不过没那么迫切，老年人和部分群众认为叫什么族都可以。

要求承认为瑶族的主要是从两点出发：一是从经验观点出发，认为居住山区、生活苦，不是瑶族是什么？只有承认瑶族，才能得到政府的特别照顾。……二是从政治要求出发，认为承认为瑶族，便可区域自治，自己当家做主。（广西壮族自治区编辑组，1987：216—217）

从这个具体而生动的事例可以看出，20世纪50年代各个地区的民族识别工作中确实存在着偶然性和民族科学定义之外的其他因素（经济利益、政治权利）的实际考虑。

民族识别尽管是发生在40多年前的事，我们在今天仍然需要思考它之所以发生的道理，而且我们今天依然必须面对它所留下来的结果。历史上的事之所以发生，都有它的原因，但是对于事情发生的具体形式、发展轨迹和结果，人们并不是不能有所作为的。民族问题在不同的程度上涉及一个社会的每一个人，又深入到人的感情中，而感情有时会胜过人的理性，所以是一个必须认真研究、妥善处理的大问题。民族理论，对民族问题的研究工作有指导性的意义，对于抽象概念的研究必须联系国情和社会具体实际情况。而对于经典著作中的观点，不仅要知其然，更要知其所以然。我们在民族研究工作中需要借鉴西方国家处理种族、族群问题的经验教训，但是由于我国的民族理论和民族政策长期受到苏联的影响，当前更重要的是注意吸取东欧国家和苏联处理民族问题的经验教训。

参考书目:

阿拉坦等:《论民族》,北京:民族出版社,1989年。

陈育宁主编:《中华民族凝聚力的历史探索》,昆明:云南人民出版社,1994年。

恩格斯:《工人阶级同波兰有什么关系》(1866),《马克思恩格斯全集》(第十六卷),北京:人民出版社,1964年。

范文澜:《自秦汉起中国成为统一国家的原因》,《汉民族形成问题讨论集》,北京:生活·读书·新知三联书店,1957年。

费孝通:《民族与社会》,北京:人民出版社,1981年。

广西壮族自治区编辑组:《广西壮族社会历史调查》(第七册),南宁:广西民族出版社,1987年。

韩锦春、李毅夫:《汉文"民族"一词考源资料》,中国社会科学院民族研究所民族理论研究室印,1985年。

金炳镐:《民族理论通论》,北京:中央民族大学出版社,1994年。

吉登斯:《民族—国家与暴力》(Anthony Giddens, 1985, The Nation-State and Violence, London: Polity Press),胡宗泽、赵力涛译,王铭铭校,北京:生活·读书·新知三联书店,1998年。

江平、黄铸主编:《中国民族问题的理论与实践》,北京:中共中央党校出版社,1994年。

金天明、王庆仁:《"民族"一词在我国的出现及其使用问题》,《社会科学辑刊》,1981年第4期。(参见《民族理论和民族政策论文集》,北京:中央民族学院出版社,1986年,第61—72页)

梁启超:《论中国学术思想变迁之大势》(1902),《饮冰室合集》(第1册)文集之七,北京:中华书局,1989年,第1—104页。

梁启超:《政治学大家伯伦知理之学说》(1903),《饮冰室合集》(第5册),北京:中华书局,1989年。(参见韩锦春、李毅夫,1985:51)

梁启超:《中国历史上民族之研究》(1922),《梁任公近著第一辑》(下卷),上海:商务印书馆,1923年,第43—45页。(参见韩锦春、李毅夫,1985:53—54)

林耀华:《关于"民族"一词的使用和译名的问题》,《民族理论和民族政

策论文集》，北京：中央民族学院出版社，1986年，第25—60页。（原载《历史研究》，1963年第2期）

孟宪范：《从斯大林民族概念的使用情况看我国民族学理论的发展》，《民族研究》，1988年第2期。

马寅：《马寅民族工作文集》，北京：民族出版社，1995年。

纳日碧力戈：《民族与民族概念辨正》，《民族研究》，1990年第5期。

宁骚：《民族与国家——民族关系与民族政策的国际比较》，北京：北京大学出版社，1995年。

潘光旦：《潘光旦民族研究文集》，北京：民族出版社，1995年。

斯大林：《马克思主义和民族问题》（1913），《斯大林全集》（第二卷），北京：人民出版社，1953年，第289—358页。

斯大林：《马克思主义和语言学问题》（1950），《斯大林文选（1934—1952）》，北京：人民出版社，1962年，第520—559页。

孙中山：《中国问题的真解决》（1904），《孙中山选集》，北京：人民出版社，1981年，第63—67页。（参见韩锦春、李毅夫，1985：41）

孙中山：《中华民国临时大总统宣言书》（1912），《孙中山选集》，北京：人民出版社，1981年，第90页。（参见韩锦春、李毅夫，1985：43）

孙中山：《孙中山选集》，北京：人民出版社，1981年。

孙中山：《孙中山全集》第九卷，北京：中华书局，1986年。

吴治清：《论民族本质的多维属性》，《中央民族学院学报》，1989年第3期。

牙含章：《论民族》，《民族研究》，1982年第5期，第1—10页。

牙含章：《关于"民族"一词的译名统一问题》，《民族问题与宗教问题》，北京：中国社会科学出版社、成都：四川民族出版社，1984年，第45—57页。

牙含章、孙青：《建国以来民族理论战线的一场论战——从汉民族形成问题谈起》，《民族研究》，1979年第2期，第6—10页。

袁业裕：《民族主义原论》，北京：正中书局，1936年。

郑凡、刘薇琳、向跃平：《传统民族与现代民族国家——民族社会学论纲》，昆明：云南大学出版社，1997年。

《中国大百科全书·民族卷》，北京：中国大百科全书出版社，1986年。

Berry, Brewton, 1965, *Race and Ethnic Relations*（3rd edition）, Boston: Houghton Mifflin Co.

Blalock, H. M. Jr., 1982, *Race and Ethnic Relations*, Englewood Cliffs, N. J. : Prentice-Hall, Inc.

Bridgwater, W. and S. Kurtz(eds.), 1963, *The Columbia Encyclopedia*（3rd edition）, New York: Columbia University Press.

Connor, W.,1984, *The National Question in Marxist-Leninist Theory and Strategy*, Princeton: Princeton University Press.

Fairchild, H. P., 1947, *Race and Nationality as Factors in American Life*, New York: Ronald Press.

Glazer, N. and D. P. Moynihan(eds.), 1975, *Ethnicity: Theory and Experience*, Cambridge: Harvard University Press.

Gordon, M. M., 1964, *Assimilation in American Life: The Role of Race, Religion, and National Origins*, New York: Oxford University Press.

Mast, R. H., 1974, "Some Theoretical Considerations in International Race Relations", Bell, W. and W. Freeman(eds.), *Ethnicity and National-Building*, Beverly Hills: Sage Publications, pp. 59-71.

Parsons, T., 1975, "Some Theoretical Considerations on the Nature and Trends of Change of Ethnicity", Glazer, N. and D. P. Moynihan(eds.), *Ethnicity: Theory and Experience*, Cambridge: Harvard University Press, pp. 53-83.

Simpson, G. E. and J. M. Yinger, 1985, *Racial and Cultural Minorities: An Analysis of Prejudice and Discrimination*, New York: Plenum Press.

Smith, Anthony D., 1991, *National Identity*, Reno: University of Nevada Press.

Wagley, C. and M. Harris, 1958, *Minorities in the New World: Six Case Studies*, NewYork: Columbia University Press.

Wirth, L., 1945, "The Problem of Minority Groups", R. Linton(ed.),*The Science of Man in the World*, New York: Columbia University Press, pp. 347-372.

Yinger, S. W, 1976, "Ethnicity in Complex Societies", Coser, L. A. and O. N. Larsen(eds.), *The Uses of Controversy in Sociology*, New York: Free Press, pp. 197-216.

论民族意识的产生[*]

"民族"一词应当如何定义,是学者讨论的问题,但是其现实基础(不同族群的区别与界定,对于"民族"的理解)是社会民众中广泛存在的民族意识、族群认同及其各种具体表现。学者与普通民众的认识和理解之间会有相同之处,但也可能各有不同的侧重。从现有学术术语的定义出发进行考证,是一种常见的研究途径,但是从存在于民间的普通人意识中朴素的观念和感情出发进行分析,运用访谈调查方法来了解实际生活中人们有关某种群体意识的产生与变化的生动过程,可以帮助我们从感性上理解这些学术术语的社会来源和发展进程中的变化,帮助我们更深刻地理解这些术语的社会含义。

一、"民族"是人类社会群组划分中的一种

古人说"食色,性也",这是说人类有一些方面具有与其他动物一样来自生理遗传的先天性本能,如对食物、水、性生活的追求,以此维系人类的生存与繁衍。群组(包括"民族")意识和观念并不是天生遗传而来,而是在后天环境中逐渐产生、明确和发展的。在人们的社会生活和交往中,有时需要把人类社会成员进一步划分为群组,不同的人会有不同的划分方法,而其划分的根据则各

---

* 本文原刊载于《云南民族学院学报》,2000年第2期。

有各的实用性目的，其中最主要的是对各自"利益"不同的群组加以界定，并处理群组之间的利益冲突。

对于人类社会中"群组"的划分，根据具体实用性目的可以有许多种方法，如划分为种族群体、民族群体、种姓群体、阶级、阶层、性别群体、年龄群体、行业群体、职业群体、政治群体以及各类自发或非自发形成的组织群体。① 这里有三点值得注意：第一，这种划分是"实用性"的，是在具体的社会场景中应具体的需求而出现的，因此在不同地域、不同社会环境中，这种"群组"的划分（标准、内涵）可能会不一样。第二，社会场景处于不断变化的过程之中，因此"群组"的划分标准也会随之演变而不是固定不变，"群组"之间的边界也在变动之中，甚至会出现位于"边界"的重合部分，如族际通婚夫妇会对双方群体都有一定的认同感。第三，在不同的社会场景中，不同划分方法确定的不同范畴的"群组"可能会出现部分重合交叉的现象，如一个人可能既属于一定的年龄群体，同时又属于一定的职业群体和一定的民族群体。

对于一个国家内各种"群组"的称谓，也存在几种情况。

（1）对于历史古老群组的称谓，是在本国社会发展与语言交流的过程中形成并沿袭下来的，如中国对佛教僧人称为"和尚"，对自秦汉以来中原的文化主体族群称为"汉人"，这些称谓都已有很久的历史。（2）随着社会变迁，从"引进"的社会结构中出现的新兴群组，其称谓有可能借鉴来自其他国家同样"群组"称谓的翻译，如中国近代社会中出现的"资本家""工人""干部"这样具有特定含义的群组称谓。（3）对于本国一些传统"群组"的称谓，也有可能会参照其他国家的"类似"群组的"翻译"而有所演变。我国过去传统上把各个族群称为"××人"，后来开始称为"××

---

① 在社会心理学中有"小群体"和"大群体"之分（小群体指其成员之间有直接的、个人之间的、面对面的接触和联系，大群体成员之间只是以间接的方式联系在一起），民族无疑属于大群体。十分可惜的是，现代社会心理学关于大群体的心理研究尚不多见。（周晓虹，1997：333）

族"或"××民族",也是从国外翻译过来的"日耳曼民族""大和民族"等族群称谓中借鉴而来。

民族称谓,正如费孝通教授所说,有一个从"他称"转变为"自称"的过程,从整个民族族群来说是如此,而对于每个个人来说也是如此。如一个小孩子出生在多族群城市的回族家庭里,需要其他人(如父母、邻居、同学)告诉他,他是"回族",与周围的汉族是不同的,告诉他不同的地方具体是些什么,他才能逐渐建立起"我是回族"的相应意识,这一意识也会在周围一些汉族和回族人的不断"提醒"(善意或恶意)中保持下来或发生变化。如果一个小孩子出生在草原上的蒙古族家庭,周围没有其他民族的成员,也许只有到了一定年龄才从书本上和其他人那里了解到还有"民族"这种区分和其他民族的存在,得知自己是蒙古族的一员,至于蒙古族与其他民族究竟有什么不同,在他亲身接触他族人员之前,也必然是模糊的。存在于不同民族之间的可以被人们察觉到的差别,可能很大很明显,也可能十分模糊,这样小孩子的民族意识也会随着族群差别的明显程度有着深浅或强弱的差别。如果父母属于族际通婚的情况,小孩子关于民族意识的获得和自身族群认同问题会依据具体情况(如父母之间的权威关系和生活社区的状况)而更为复杂。

梁启超先生曾说:"何谓民族意识?谓对他而自觉为我。'彼,日本人;我,一中国人',凡遇一他族而立刻有'我中国人'之一观念浮于其脑际者,此人即中华民族之一员也。"(梁启超,1922:43)他在这里强调的"民族意识",是中华民族层面的民族意识。费孝通教授说"同一民族的人感觉到大家是同属于一个人们共同体的自己人的这种心理"就是"民族的共同心理素质"或民族意识。(费孝通,1988:173)熊锡元认为民族意识包括:"第一,它是人们对于自己归属于某一民族共同体的意识;第二,在不同民族交往关系中,人们对本民族的存在、发展、权利、荣辱、得失、安危、利害等等的认识、关切和维护。"(熊锡元,1989:18)这里的第二个方面是第一方面的自然延伸，同时也说明在广大民众的日常生活中，他们的民族意识并不是抽象的，来自生活中的实践同时也表现在他们的行为之中，个体的民族意识和感情汇集成群体的情绪，而群体的情绪又会反过来影响个体的民族意识和民族感情。注意从个人的感受来分析民族意识的产生及其变化，从心理学和个体与群体心态及其互动的角度来研究民族意识与行为，应当引起我们更多的关注。

二、族群之间的差别

族群之间的差别是区分族群的基础，我们可以列举的主要差别有：（1）体质差异（包括外貌、肤色、毛发、体形等，体质差异是与血缘关系的远近密切关联的）；（2）文化差异（最突出的是语言差异，其次是宗教差异，还有价值观念差异、生活习俗差异等）；（3）经济差异（传统经济活动类型、经济活动中不同的角色、分配方式中的本质性差异等）；（4）居住地差异（不同的地域，或者同一个地区中不同的自然或人文生态区域、居住流动性等）。① 在我们把一个族群与另一个族群做对比时，它们之间可能同时存在着一个以上的差异。而且由于历史上或近代各族群之间所发生的密切交往和行政区划的复杂变迁，出现了许多"混合型"族群或某些族群中存在着一些"混合型"部分，这就使得族群鉴别和差异分析变得更为困难。

对于一个小孩子来说，最容易注意到的人们之间的差别是体质差别（长得一样不一样），其次是语言差别（说话能不能听得懂），再次是生活习俗差别（穿衣、饮食、器具等方面是否不同），经济活动中的差别不是小孩子容易观察到的，他们对于居住在其他地域的

---

① 孙中山先生曾提出，人类的分别造成种种民族的原因有：（1）血统；（2）生活（谋生方式）；（3）语言；（4）宗教；（5）风俗习惯。（孙中山，1924/1981：619—620）这些因素的归纳大同小异。

另一些族群也很少有感性接触的可能。正是在这些实际观察中并在成年人的启发教导下,小孩子们会逐渐产生对一部分人的"认同意识"(认同为"自己群体")和对另外一些人的"分界意识"(区别为"其他群体")。① 除了自身的感性了解之外,大人的讲述和阅读书本,也可以使小孩子获得有关族群及其特征的抽象知识和自我民族意识。

正因为中国绝大多数民族之间在体质外表上没有明显差别,又有着几千年的文化交流、经济交流、人员交流历史以及一定程度的族际通婚,中国各民族之间相互区别的意识与其他多民族国家的情况比较是相对淡漠的。汉族作为一个几千年发展过程中形成的一个"族群复合体",民族意识比较淡漠,其余那些能够讲汉语并与汉族生活习俗差别不大的少数民族成员,民族意识相对淡漠。总之,一个族群与周围其他族群具有差别的方面越多,差别程度越大,它的民族意识也就越强;反之,差别越少、越不明显,民族意识就越淡漠。一个民族内部,根据其人口居住地点的环境和与其他民族交往融合程度的不同,各部分成员的民族意识的强弱也会存在着程度的不同。所以应当把一个民族的成员们具有的民族意识的状况,看作是十分复杂、各自不同和不断变化的,而不是整齐划一的。

三、族群与实际利益

在实际社会当中有了族群的划分之后,在族群整体这个宏观层次和具体成员这个微观层次上都会存在"族群身份"对他们的利益所产生的正面(积极)影响或负面(消极)影响这一问题。社会学家在把"社会分层"(social stratification)的概念运用到族群关系时

---

① 这两者是一个对应的概念。(黎岩,1988)有些研究提出,"民族属性意识包括民族自我归属意识、民族认同意识、民族分界意识等三个层次"。(金炳镐,1994:86)其实三者之间是密不可分的,没有"分界"就无所谓"认同",而"认同"就是"归属"。

提出了"族群分层"(ethnic stratification)的概念(马戎,1997:168),说明在许多多族群国家里,各个族群在社会地位、经济收入等方面,存在着以族群为基本分野的社会阶层划分,即是说在一个国家内存在着各个族群之间在政治、社会、经济等方面的差别。一些族群由于种种原因而占据了社会中的优势地位,而另一些族群则处于劣势地位,甚至存在着以立法形式规定的族群歧视,如美国和南非曾长期实行的种族歧视政策,马来西亚的马来人和华人之间的不平等。

在那些存在着族群不平等和歧视政策的国家,在那些虽然在法律上承认族群平等但事实上存在着"族群分层"现象的国家,无论是占优势的族群,还是占劣势的族群,都会为捍卫或争取自己族群的利益而斗争。一个人属于哪个族群,仅仅具有这一身份就会使他在社会利益和机会的分配中享有特权或遭受歧视,在利益和机会分配方面的族群差别越大,族群之间歧视的程度越严重,优势族群捍卫自身特权和劣势族群力图改善自身状况的动力也就越强烈。在这种以族群划界的利益分配中,各个族群都把增强族群意识作为加强自身凝聚力和团结的手段,族群的象征性意义也在这种斗争中最鲜明地表现出来。

民族优待政策,在具体实践中是一种资源分配的不平等政策,在一些国家(如以前的南非)是占优势的民族(白人)保持自身优势的手段,在另一些国家(如中国)则是占优势的民族(汉族)通过对其他少数民族的优待而逐步消除历史上遗留下的民族差别的手段。两者的目的与结果截然不同,但在实践中所体现的都是族群间的不平等。

在群体之间为争取各种利益而相互抗争时,每个族群都会涌现出一些领袖人物,他们力争使自己被本族和社会其他部分接受为本族利益的代表者。族群领袖的利益与其所属族群的利益存在相同的方面,也存在不同之处。当族群的状况改善和提高时,领袖作为族群成员之一也获益。同时,作为族群领袖,他们在代表族群抗争和奋斗时也可能得到个人的特殊的政治或经济利益。领袖与本族民众之间存在着多种互动关系。领袖为了争取与巩固本族民众对他的支持，也会关心本族民众，为他们争取利益。由于这些领袖人物在政府中的权力增大后，可能会惠及所代表的族群，所以民众中也有拥戴和支持本族群领袖的动力。

在族群代表人物中不乏真正的民族领袖，他们视本族整体的利益为最高利益并不惜为此牺牲一切。但是，也有一些人以争取"民族利益"为旗帜，使自己成为各方面认可的族群代表人物，从而提高自己的社会知名度，在政府的政治格局中得到一定的地位，改善个人的社会地位和收入。在与政府之间的关系中，这些个人可以从正面和反面两个方面得到利益，如果与政府合作，他们可以在政府或议会中得到位置；如果作为反对派而活动，则可以从敌对的外国政府那里得到政治上和经济上的支持与资助，在极端的争取民族独立的斗争或内战中，甚至有可能成为新政权的领袖而掌握权力。

四、"民族"的象征性意义

不同的族群名称（如××民族）一旦确立之后，除了反映族群之间的实质性差别外，也会具有一定的固定形象（image）和符号象征（symbol）意义。在实际过程中，群体间实质性差别的消亡很可能早于群体名称象征意义的消亡，特别是对群体的划分予以制度化之后。例如，我国户籍制度中关于"民族成分"的正式登记会有意无意地提醒人们他们具有的"民族成分"和民族差别，而与"民族成分"相关的各种政府制定的优惠政策（生育、入学、就业、提干、福利等）则会在客观上强化人们（不管是汉族还是少数民族，不管是受惠的还是不受惠的族群）的民族意识，并必然会引导人们把"民族"作为争取政治权利和经济利益的手段。许多人在多年登记为汉族之后又要求改为少数民族，他们的"民族意识"中是把少数民族成分视为具有"含金量"的。

在民族意识和凝聚力增强的过程中，一些本族的古代传说（如黄帝对于汉族)、历史人物（如成吉思汗对于蒙古族）、与本族群有关的山水城市（如长白山对于朝鲜族）、本族独有的生活习惯、宗教信仰、歌曲舞蹈，等等，都可能被固定下来，不断加工或者神化，最终被人们视为本民族的象征。这些象征或者标志着本民族在历史上的辉煌，或者标志着本民族与其他族群的区别，成为向下一代进行民族意识教育的主要内容。有时族群差别在许多方面完全消失了，人们甚至很难指出两个族群之间的实质性差别，但由于抽象的"民族象征"仍未消失，人们的民族意识也依然存在。在缺乏实质性差别但是存在族群特殊利益的情况下，也许"民族象征"会被人们有意地强化，作为维持本族民众的族群意识的重要手段。

在族群关系长期处于矛盾冲突的状态下，或者政府有关政策有意或无意地不断强化族群界限和民族意识的情况下，这些具有民族象征意义的东西就会被人们强化，甚至创造出新的民族象征来。而当族群平等真正实现，族群融合成为大趋势和部分成为现实时，这些具有民族象征意义的东西就会逐步淡化甚至消失。所以，一个多族群国家内，对于民族象征物强弱演变的分析，也是理解族群关系变化趋势的一个重要视角。民族意识的产生，它在不同社会场景下的演变，"民族象征"在加强、保持民族意识方面的作用，都是我们应当研究的专题。

在 20 世纪 50 年代，中国少数民族获得了平等的政治地位，得到各项优惠，这种政策使民族意识和民族主义情绪在一定程度上有所发展，表现之一就是在进行"民族识别"时申报了 400 多个族名。这种情绪是在封建制度和国民党政府长期压迫中积累下来的，而在解放之后表露了出来。新中国成立 50 年来，如果做横向比较，我国部分族群（如与汉族差别较小、长期与汉族混居的满族等）和一些族群的部分成员（如在城市和政府就业、长期与汉族职工共处的人员）的民族意识在淡化，也有部分族群的民族意识有所加强。如果做纵向比较，在不同的历史时期，民族意识的发展趋势也不同，这些变化受到国内形势和政策的影响，也同样受到境外政治势力和国际外交的影响。

从世界和人类社会发展的大趋势来看，社会、经济、文化交流的深度和广度必然会不断发展，族群最终是会相互融合的。一个正常发展的社会，它的各个方面（包括族群关系）的发展方向应当与人类社会发展的总趋势的方向相一致。如果出现逆反的情形，这种短期的逆反也必然有它的道理，往往是在此之前一些外力压迫积累的结果。

从当前世界上的大局势来看，西欧在趋向于"合"，东欧和苏联在趋向于"分"。西欧是所谓"民族—国家"的发源地，在社会、经济、文化的发展达到一定的水平后，在"多元"的基础上探讨实行某种形式的"一体"。苏联和东欧国家长期自称是实现了民族平等、创造了和谐的"民族大家庭"的。但从近年表现出来的实际后果看，东欧和苏联的民族问题在社会主义体制下解决得并不好，不然不会在苏联解体后不久即以民族冲突和内战的形式表现出来，说明缺乏真实基础的"一体"最后仍可能向"多元"转化。

民族意识的产生与演变十分复杂，影响民族意识变化的因素也很多。对于民族意识的发展方向，民众与政府都在有意识地进行某种引导，民族象征的创造、在历史发展进程中的强化或弱化，都反映了一个国家族群关系的现状和发展趋势。因此也是我们在研究中需要特别予以关注的问题。在这方面的调查与研究工作亟待加强。

参考书目：

费孝通：《费孝通民族研究文集》，北京：民族出版社，1988年。

金炳镐：《民族理论通论》，北京：中央民族大学出版社，1994年。

梁启超：《中国历史上民族之研究》（1922），《梁任公近著第一辑》（下卷），上海：商务印书馆，1923年，第43—45页。（参见韩锦春、李毅夫，1985：53—54）

黎岩：《民族分界意识和民族认同意识》，《黑龙江民族丛刊》，1988年第 3 期。

马戎主编:《西方民族社会学的理论与方法》,天津:天津人民出版社,1997 年。

孙中山:《孙中山选集》,北京:人民出版社,1981 年。

熊锡元:《与刘克甫书再谈民族共同心理素质问题》,《民族研究》,1989 年第 4 期,第 14—18 页。

周晓虹:《现代社会心理学:多维视野中的社会行为研究》,上海:上海人民出版社,1997 年。

评安东尼·史密斯关于"nation"（民族）的论述[*]

民族问题是当今世界各地普遍存在的而且经常引发社会冲突的焦点问题，而对"什么是民族"（"民族"定义）的认识则是我们从理论上理解和分析民族问题的基础。关于这个方面，我国学术界在20世纪的不同年代曾经有过许多争论。（马戎，1999：35—47）争论当中的一个关键问题，就是如何理解在20世纪初期受西方文化影响而在汉语中出现并至今广泛应用的"民族"一词。（韩锦春、李毅夫，1985）以英文为例，"nation""ethnic"和"nationality"似乎都与汉语的"民族"一词有密切关系，通常也都被译作"民族"，但这三个相互区别的英文词显然具有不同的含义。

"民族"（或者依中国传统称呼为"族"）是人类社会发展过程当中出现的复杂的社会与文化现象。在不同地区，人类发展的自然条件不同，形成的社会组织形式与内涵不同，用以表现这些社会组织、文化现象的词汇也必然不同，各地人类群体在相互接触当中自发产生了当地的"群体称谓"与相应的族群观念，并各自用自己的语言和专用词汇来加以表述。

世界上各个人群之间存在各种不同程度的客观差异（体现在体质、语言、宗教、价值观念、人际关系、风俗习惯、经济活动、社会组织等方面），我们可以把这些差异看作一个多维度（每个方面作为一个维度）的立体"连续统"（continuum），每个维度从一端（没有差

---

[*] 本文原刊载于《中国社会科学》，2001年第1期。

别）到另一端（存在巨大差异），中间有无数的过渡阶段，"量变"逐渐累积而出现"质变"。当我们在对这些人群用"群体"概念在这个立体的"连续统"上进行划界时，就是在每个维度的"连续统"上寻找和确定"质变"的点，并把每个维度上的点综合起来，形成一个立体的"界"。在具体的点的确定与界限的划分过程中，无疑带有体现个体或群体意识的人为的主观因素，而且"群体"的内涵与外延随着时间的推移与社会的发展也处在不断变化之中。所以，作为人类社会群体之一的"民族"，其定义与分界也必然是多元和动态的。中国在几千年漫长历史中形成了自己的"族群"观，其他国家也有各自的"民族"观。为了理解国外"民族"观的实质性内容，我们需要对国外有关研究文献进行细致的分析和思考，把它们与我国的传统观念、当前流行的观念进行比较，这样既可以推动我国学术研究与国际交流，也可以为社会上混杂流行的各种观念提供必要的规范。

"nation"是我们在翻译和理解西方文献时最容易引起混乱的一个词，有时译成"民族"（如"nation-state"译成"民族—国家"），有时译成"国家"（如"the United Nations"译成"联合国"），在字典中对"nation"的主要解释有：（1）民族；（2）国家；（3）国民；（4）部落；等等。[①] 国内许多有关的翻译文献对于"nation"一词，时常根据译者的理解从以上译法中选择一个。同时，其他一些英文词如"ethnicity"和"nationality"也经常被译为"民族"，中英文之间的这种交错译法，导致了基本概念在应用中的混乱现象。

安东尼·史密斯（Anthony D. Smith）是任教于英国伦敦经济学院的著名社会学家，他发表了许多有关"nation"的研究著作，在西方学术界有着广泛的影响，他在1991年出版的《民族认同》（*National Identity*）一书里集中讨论了我们所关心的"民族"

[①] 参见《新英汉词典》（中文版）第857页，《英汉大词典》第1199页；英文的 *The American Heritage Dictionary of English Language* 第874页以及 *Macmillan Contemporary Dictionary* 等。（参见翟胜德，1999：68）

（nation）概念的产生与应用中出现的问题。

本文主要介绍他在该书第一章中针对"nation"这个概念所提出的观点，并结合自己在学习与研究工作中的体会给予评论，希望这些介绍和讨论能够引起大家的兴趣。我们在本文中先一律把"nation"译成"民族"，把"ethnic group"和"ethnic"译成"族群"，在凡是容易引起歧义的地方都标出原文中使用的英文词语，以便对照理解。只有准确地理解，才能有准确的表达，在本文的最后部分，我们再对这些词语的含义进行总结。

一、"nation"（民族）只是人们身份认同多种类别之一

安东尼·史密斯认为人们的"identity"（身份认同）包含了多重身份与角色：家庭（familial）、土地（territorial）、阶级（class）、宗教（religious）、族群（ethnic）和性别（gender），这些身份的基础是社会分类（social classification），而这些具体分类方法在历史发展进程中很可能会发生变化甚至被废弃。（Smith, 1991: 4）这是对如何认识"民族群体"划分的一个基本观点。人类社会中"群组"的划分，在社会活动实践当中根据具体实用性目的可以有许多种方法，如划分为种族群体、民族群体、种姓群体、阶级、社会阶层、性别群体、年龄群体、行业群体、职业群体、政治团体以及各类自发或非自发形成的组织群体，"民族"群体不过是分类方法之一。①

---

① 这里有三点值得注意：第一，这种划分是"实用性"的，是在具体的社会场景中应具体的需求而出现的，因此在不同地域、不同社会环境中，这种"群组"的划分（标准、边界、内涵）可能会不一样；第二，社会场景处于不断变化的过程之中，因此"群组"的划分标准也会随之演变而不是固定不变，"群组"之间的边界也在变动之中，这在历史上的民族融合现象中十分常见，甚至在同一个时空里也会出现位于"边界"地带的重合部分，如族际通婚的夫妇会对双方族群都具有一定的认同感；第三，在不同的社会场景中，不同划分方法确定的不同范畴的"群组"可能会出现部分重合交叉的现象，如一个人可能既属于一定的年龄群体，同时又属于一定的职业群体和一定的民族群体。（马戎，1999：57）

在各种分类当中，史密斯认为最明显和最基础的集体性身份认同是性别差异，其次是空间（或地域），再次是社会阶级。他认为把社会阶级作为集体性身份的基础是有一定困难的，原因是阶级在感情方面的吸引力有限，同时缺乏文化深度，"阶级群体与性别群体一样，通常被领土边界分隔开，主要属于经济利益群体，而且可以根据收入水平和技能高低进一步分为许多小群体，由于经济生活每时每刻在迅速波动，在一个以阶级为基础的社区里维持各个经济小群体的稳定，其机会是很有限的，人们在经济利益方面的自我考虑通常使阶级难以成为稳定的集体性身份认同"，所以阶级群体是不稳定和多变的。

对于"阶级"的认同，他也承认，"阶级是一种社会关系，在一个社会里总会有两个以上的阶级处于相互冲突之中，正如对于英国工人阶级文化的研究所发现的，这些冲突会使阶级差别和身份差异变得显著起来"。①（Smith, 1991: 5）换言之，在阶级矛盾激化的历史时期，阶级身份有可能成为重要的认同身份。

史密斯认为，假如在一块领土内出现了一个涵盖性更广的、包括了整个人口的集体性分类如宗教和族群（ethnic group），将会包含来自许多不同阶级的成员，（其界定）肯定会与基于阶级和经济利益的群体分类结果很不相同。阶级身份来自于生产与交换领域，宗教身份来自于交流和社会化领域。宗教和民族基于文化因素如价值、象征、神话和传统（体现于习俗与仪式），宗教身份时常与族群（ethnic）身份密切关联，大多数宗教社区都与族群社区相互重合。

他认为这两类文化的集体性身份必须有所区分，一个以族群—语言为基础的人口可能会划分成不同的宗教社团；而当人们信奉了世界性宗教如基督教和佛教之后，宗教的影响也可能销蚀和减弱信仰同一宗教的各民族群体之间的界限，但是一旦"民族主义"

---

① 但他强调说：在一个固定领土范围内的人口中，只有一部分人可以被包括在阶级分类中，(Smith, 1991: 5) 他认为阶级划分的人口涵盖面是不普遍的。但是他对这一观点未做进一步说明。因为这涉及另一个复杂的定义问题，即"什么是阶级"，我们在这里暂不讨论。

（nationalism）思潮在一个新的政治基础上把族群统一起来，就会出现强烈的民族意识。（Smith, 1991: 6-8）所以史密斯倾向于认为，"民族"和宗教群体的认同比阶级认同更为基础和稳定。

一位美国学者康纳曾经把资本主义和马克思主义对于"民族"问题的基本观点进行了比较，他认为资本主义强调民族和国家界限，视民族和国家的利益超过各阶级的利益，各国资本家和工人会携起手来为自己的国家和民族而战；而马克思主义强调阶级界限，提倡"无产阶级国际主义"，认为各国的工人阶级会联合携手去与各国资本家的联盟作战。（Connor, 1984: 5）是民族、国家利益优先还是阶级利益优先，这是两方面对立的观点。

在实际社会进程当中，我们可以观察到许许多多分别表现两个方面的例子。在抗日战争期间，事关中华民族的存亡，中国共产党提出"抗日联合统一战线"，认为抗击日寇侵略的民族利益高于中国内部土地革命和阶级斗争的利益，实行联蒋抗日；到了世纪之交，企盼两岸统一的民族感情又使许多昔日内战的敌手走到一起。新中国成立初期，在各个少数族群被压迫的奴隶和农奴获得解放、得到土地的年代，他们在"异族"阶级弟兄的支持下与本族的压迫者进行斗争，拥护共产党解放军，那是他们阶级意识最强烈、族群意识淡化的年代。而他们的第二代、第三代则由于缺乏那个时代的切身感受，在新的社会氛围中具有较强的族群意识。

也许我们可以说，阶级结构和阶级利益源自社会的经济结构，而社会的经济结构和生产关系随着生产力水平的发展处在不断变化之中，而且变化的速度越来越快，阶级结构的稳定性和各阶级成员身份的稳定性都在降低，所以阶级认同具有一定的历史阶段性。相比之下，族群和它所承继的文化传统可能具有更强的生命力，凝聚了更强的感情色彩，在时间上延续得更长久。① 所以，史密斯对于

---

① 从这个角度来看，说"民族问题的实质是阶级斗争问题"更是把两类完全不同性质的问题混淆了。（参见马寅，1995：100—101）

族群和宗教群体认同的重要意义和持久性的肯定是有一定道理的。

二、关于"nation"群体的认同

对于"nation",史密斯认为是除了性别、空间和阶级之外的在人类社会发展过程中根据各个地区的实际情况而出现的新一类群体和身份认同。由于"nationalism"的兴起,人类群体在一个新的政治基础上统一成为某种新的共同体,所以出现了一个"nation"(民族)的概念。这个概念基于西方国家的经验,而且今天在世界各国对于"nation"概念的运用有着重要的、实际上是主导性的影响。这个新政策(理性国家,the rational state)和新共同体(领土民族,the territorial nation)是首先在西方世界出现的,而且两者之间密切相关。(Smith, 1991: 9)

在前面谈到族群(ethnic)和宗教群体的划分与内涵时已经说明,与文化因素(价值观、象征、神话、传统习俗与仪式)相关联的"族群"是历史上存在的,所以史密斯的"族群"(ethnic)概念与中国历史上的"族"观念有相似之处。而史密斯讨论的"nation"(民族)概念则是一个新的历史时期出现的新范畴,这与列宁关于"民族是社会发展的资产阶级时代的必然产物和必然形式"(列宁,1914/1987: 413)的观点是一致的。

史密斯认为存在着一个西方的或者称之为"市民的'民族'模式"(a civic model of the nation),它首先是一个空间的或领土的概念,一个"nation"(民族)必须具有明确的地理边界,族群与其传统居住的土地(也许不是其最初发源地)之间有着密不可分的关系;第二个因素是"民族"是"具有单一的政治意愿的法律与制度的共同体"(a community of laws and of institutions with a single political will);第三个因素是共同体成员在法律上具有平等地位,如公共事务和法律权利、政治权利与义务、社会经济权利等各种各样的"公民权"(citizenship);第四个因素是"民族"(nation)

必须具有共同的文化（价值观和传统）和公民的意识形态（civil ideology）。综上所述，（1）历史形成的领土；（2）法律和政治共同体；（3）成员在法律和政治上的平等权利；（4）共同的文化和意识形态。这四条就是确定西方模式"民族"（nation）标准的组成部分。（Smith, 1991: 11）

史密斯认为，在亚洲和东欧地区同时还存在着另外一个"族群的'民族'模式"（an ethnic model of the nation），它强调的是人们出生的共同体和本土文化，是具有相同血统的共同体。在这个模式的标准中，（1）对血统和谱系的重视超过领土；（2）在情感上有强大感召力和动员效果（popular mobilization）；（3）对本土文化（语言、价值观、习俗和传统）的重视超过法律。这些方面在亚洲和东欧地区一些"民族"（nation）的形成过程中表现得十分清楚。（Smith, 1991: 11）

史密斯认为，在今天世界上的每个民族主义运动中都可以看到某种"双元"现象，在不同程度上都包括了"市民的'民族'模式"和"族群的'民族'模式"两方面的要素。他以法国为例，说明在同一个民族（nation）发展的不同历史阶段里，有时强调的是"公民的"和"领土的"因素，有时强调的是"族群的"和"文化的"因素，（Smith, 1991: 13）因此需要用一种辩证的和动态的眼光来看待和理解这两种"民族模式"（models of nation）之间的关系。

这里，史密斯承认世界上"民族"现象的"多元性"并提出了两个具体模式，可见不同地区自发产生的对于"民族"（nation）、"族群"（ethnic）的认识与定义可能是不相同的、带有地域性文化历史特点的。在实际社会当中，可能还存在史密斯提出的西欧、亚洲与东亚这两个模式之外的其他模式（如存在于非洲、拉丁美洲、大洋洲等地区的模式）。作为研究者，我们应当对来自不同国家的不同的"民族"定义根据其产生的不同场景、不同文化传统来进行分析，理解其之所以不同的原因，总结出若干有代表性的模式，从而有助于我们真正从实际社会生活中理解人类社会中最复杂的民族现象。

史密斯最后总结的"民族认同"(national identity)的基本特征有：(1)历史形成的领土；(2)共同的神话传说和历史记忆；(3)共同的大众文化；(4)所有成员所具有的法律权利和义务；(5)共同的经济。(Smith, 1991: 14)他在文章中又简略总结说，"民族认同"(national identity)和"民族"(nation)是复杂的建构，包含一些相互关联的组成部分："族群"(ethnic)、文化(cultural)、领土(territorial)、经济(economic)和法律—政治的诸方面。我们比较这两段论述，可以看到"族群"与"共同的神话传说和历史记忆"是相互对应的，体现的是族群的感情心理因素。他承认"民族认同"从根本上讲是多维度的，决不是由一个因素决定的，在不同的个案中这些特征各有不同的侧重。

我们看到，史密斯在承认"民族"现象的多元性并对两种区域性"民族模式"做出很有创见的论述之后，仍在试图总结出一个带有普遍意义的"民族"(nation)定义，他把实质上很不相同的两种"民族模式"的因素混杂在一起，最后总结出五条普遍性特征，这里多少带有几分牵强，也缺乏必要的论证。但是他还没有像斯大林那样，坚持这些标准"缺一不可"，而是在实际应用中为研究者在这些标准或特征中的取舍留下余地。

我们可以把史密斯关于组成"民族"(nation)成分的五个特征与斯大林关于"民族"定义的四个特征进行比较。斯大林认为："民族是人们在历史上形成的一个有共同语言、共同地域、共同经济生活以及表现于共同文化上的共同心理素质的稳定的共同体。"（斯大林，1913/1953：294）用史密斯的模式分类法，斯大林所表述的倾向于"族群的'民族'模式"，除了领土和经济因素外，强调了文化、语言和心理素质。史密斯在前面具体的（而非总结归纳的）论述中，强调的是"民族(nation)所有成员所具有的法律权利和义务"这个具有政治、法律和行政组织含义的特征，而把"族群"(ethnicity)只作为"nation"诸特征之一，实际上体现了西欧社会的特点，即"市民的'民族'模式"。

我们可以参照史密斯的两种"民族模式"的思路，把斯大林具有四条标准的"民族"定义也纳入世界上多元化"民族"现象与模式体系之中。斯大林提出的定义，实际上也是他主要根据俄国民族关系的发展历史与现实状况并借鉴其他国家国情而做出的理论总结，可以看作地区性"民族模式"之一。这个模式用于其他地区就可能出现许多问题，尤其是当他坚持这些标准对于"民族"来说"缺一不可"时，更是如此。（马戎，1999：37）

三、"民族"（nation）和"国家"（state）的区别

西方文献中常用的一个词是"民族—国家"（nation-state），这两个词显然各有不同的含义。按照史密斯的说明，西欧模式的"民族"（nation）包含有法律权利和义务并具有政治、法律和行政组织含义的特征，而人们通常把这些也理解为"国家"的特征，那么，"民族"（nation）和"国家"（state）之间的区别又在哪里呢？

史密斯认为，"国家"（state）指的是不同于其他社会机构的、在一块既定领土上垄断性地实施强迫和压制的公共机构（public institutions），而"民族"（nation）指的是凭靠文化和政治契约而统一在一起的一个政治共同体，成员们分享其历史文化和领土。"民族"（nation）的成员们分享共同的文化传统，这与"国家"（state）公民们之间存在的纯粹法律和科层制（bureaucracy）联系纽带是完全不同的。当然，在两者之间确实存在着重合的部分，如都强调领土，在民主国家中也都强调人们的权利。尽管许多现代国家都在同时使用民族和大众化的术语（如民族国家，the states of particular nations），但是其内涵和着重点是很不相同的。（Smith, 1991: 14–15）

"国家"主要指一整套具有公共认可的权威性社会行政管理组织体系，这套国家机器由于受执政集团控制，所以与执政集团的意识形态背景密切相关。但是具有不同意识形态的政治团体可能通过选举而执政，同时基本保留原有国家机器，即使是通过革命手段

取得政权，建立起一套新的国家组织，但其机构（尽管名称和形式可能有所改变）的内涵与功能基本上仍会相似，而这是由社会行政管理行为功能的客观需要所决定的。人们通常忠于自己的"民族"（nation），但不一定忠于现在执政的"国家"（state）政府，如维克多·雨果热爱"法兰西"，但因为痛恨执政的政府而流亡在外。

史密斯认为，"民族"（nation）在概念上包含了两组特征，一组是"公民的"（civil）和领土的（territorial），另一组是"族群的"（ethnic）和血缘家系的（genealogical）。而在实际社会的各个个案当中这两组维度是以各种不同的比例混合在一起，有的情况是第一组比重大，有的是第二组比重大。这种不同的比重，也反映在西欧和东欧、亚洲"民族"现象的不同上。这种多维度现象使得"民族认同"成为现代生活和政治中既灵活又顽固的力量，而且可以有效地与其他强有力的意识形态和运动相结合，同时并不失去自身的特征。（Smith, 1991: 15）

在一定程度上，"民族"（nation）这个范畴可以涵盖"族群"（ethnicity）。各地的"族群"（ethnic groups）由于都比较偏重于它们的文化传统与血缘联系，所以在"族群"定义的内容和词语翻译方面比较容易相通。而"民族"（nation）在不同地区、不同群体可能有十分不同的侧重而体现为十分不同的模式，因此在翻译和理解上对"民族"（nation）这个词需要特别仔细和小心。

四、"民族"（nation）的功能

考虑到"民族"（nation）所具有的这些维度，可以依据它们的功能把其客观效果分为"内部"和"外部"两类。"外部"功能包括领土、经济和政治方面的功能。"民族"（nation）"首先是一个明确的社会空间，其成员生活和工作在这个空间里，而且在历史的时间和空间上这个共同体有一个明确的领土范围"，"民族"（nation）在经济上要求控制领土内的资源，包括人力资源，倾向于民族在经

济上的自给自足。(Smith, 1991: 16)

在政治上,"民族认同"(national identity)加强了"国家"(state)及其机构的社会基础,政治代表人物和政府官员的选举也是基于"民族利益"(national interest)的标准。但是"民族认同"最重要的政治功能是赋予法制机构制定的有关法律的权利和义务以合法性,它确定了一个"民族"(nation)特定的价值和特征,反映人们的传统习俗和道德观念。(Smith, 1991: 16)

"内部"功能中最明显的是其成员作为"国民"(national)和"公民"(citizen)的社会化(socialization),这在今天的世界上是通过义务的、标准化的公共教育系统来实现的,国家权威希望通过反复灌输来培养对民族的忠诚和有特点的内部同一的文化,在"民族主义有关文化真实性和统一性观念"(nationalist ideals of cultural authenticity and unity)影响下,所有的政权都在努力实施这样的教育。(Smith, 1991: 16)"民族"(nation)也被认为通过其所提供给成员们共享的价值观、象征和传统而发挥了个人之间、阶级之间的社会聚合力的作用,通过使用一些符号(旗帜、国歌、制服、纪念碑、庆典)使成员们记得他们具有共同遗产和文化,使他们由于具有共同的认同和从属而感到强壮和骄傲,"民族"(nation)成为一个"信仰追求"的团体,通过共同努力去克服排除面前的困难险阻。(Smith, 1991: 17)史密斯在这里强调的,无论是"外部的"还是"内部的"功能,实质上都是具有意识形态色彩和政治意义的"国民认同"。

"民族认同"(national identity)还使得个人可以在这个世界上通过集体性的特征把自己清楚地与其他人区分开来,通过一种内部共享但与其他人相比有独特性的文化,人们能够知道在世界上"我们是什么人",通过对文化的"再发现",我们"再发现"我们自身——"具有可靠依据"的自身。所以"自我定义"和"定位"的过程既是理解"民族认同"的关键,也是造成大多数疑惑萌生和提出质疑的原因。

已知世界上人类群体之间的差别，我们对于不同地区的民族主义者所提出的各种"民族认同"标准和定位持有不同意见，这是十分正常的。这些怀疑既是哲学上的也是政治性的，因为各地"民族主义"（nationalism）在他们的活动中提出许多不同种类的"民族自身"（national self）的定义，所以人们批评民族主义的教义（doctrine）在逻辑上是自相矛盾或支离破碎的。史密斯认为，对于"民族"（nation）的观念，从最好的方面说也是粗略和难以捉摸的，而从最坏的方面说则是荒谬和矛盾的。（Smith, 1991: 17）

在知识界对"民族"定义提出怀疑的同时，还带有伦理意义上的谴责。在"民族认同"名义下，人们被说成自愿放弃他们自己的自由并去剥夺其他人的自由，去践踏本"民族"（nation）没有吸收进主流的那些族群的（ethnic）、种族的（racial）、宗教的少数群体的公民和宗教权利。（Smith, 1991: 17）来自西方国家的"民族观念"（ideal of the nation）散布到全球后，引起困惑、不稳定、冲突和恐怖，在那些族群和宗教混杂的地区尤为如此。（Smith, 1991: 18）民族主义的教义使得"民族"（nation）成为每个政治运动的目标，使得"民族认同"（national identity）成为衡量全部人类价值的尺度。自从法国大革命以来，"民族"（nation）观念对单一的人性（a single humanity）、对一个世界共同体和它的伦理统一性的整个思想提出了挑战。用以取代的是，民族主义提出一个有关政治共同体的褊狭和充满冲突的体系"nation"，使它具有合法性，它将不可避免地使不同的文化共同体之间相互冲突，在已知世界上存在着许多各种各样文化差异的情况下，这只能把人类引向一个政治上的"斯库拉"（Charybdis，即 Scylla，希腊神话中栖居在墨西拿海峡岩石上攫取船上水手的六头女妖）。（Smith, 1991: 18）

"民族主义"在各种各样的条件下发挥着作用，"民族"（nation）的观念和认同也因此具有许多群体性和个体性的功能，并将产生各种各样的社会和政治效果。我们应当对于民族主义所表现出来的积极方面给予重视：如对少数族群文化的保护、对正在消失的历史和文化的抢救、复兴文化的热情、对"认同危机"的化解、努力推动社区和社会团结的合法性、反抗专制的精神、关于民众主权和集体动员的主张,甚至经济增长方面的自给自足,等等,同时注意警惕和克服"民族主义"的消极方面。(Smith, 1991: 18)

从上面这些论述中,我们可以看出,史密斯一方面试图根据各个地区的社会实践来总结归纳"民族"(nation)的基本特征和主要功能,同时他也承认"民族"观念在实际应用中的混乱与模糊,承认"民族主义"在实际社会运动中具有两面性,当强调"nationalism"的政治和领土这个方面时可能对部分民众造成偏差与伤害,而强调其文化传统和血缘这个方面时则可能对少数族群文化起到一定保护作用。在后一种情况中,占主导的实际上应当被称作"族群主义"(ethnicism),而不是"民族主义"(nationalism)。

五、讨 论

以上这些论述,反映出史密斯主要基于西欧模式("市民的'民族'模式")而归纳出来的"民族"(nation)观念。他从不同角度讨论了"民族"的内涵和在现实社会中的各种功能,认为"民族"(nation)这个概念总的来说是模糊不清和矛盾的,其原因就在于人类的群体划分是多元和多变的,此地与彼地不同,此时与彼时不同。作为学术界一家之见,他所提出的观点对于我们的思考是会有所启发的。

国内其他研究也借助英文词典分析了"nation"的定义,说明以"nation"为词根的词语都与"国家""国民"有关。(翟胜德,1999:69)应当说,英文中的"nation"所表达出来的多重社会、政治与文化含义,是中文词"民族"(在使用这个词时,在许多情况下我们实质指的是"族群",即"ethnic groups")和"国家"之外的另一个我们不熟悉的范畴。"nation",既不是以政治制度和国家机器为代表的"国家",也不是主要反映血缘与文化传统的"族群",而是兼有"国家"内涵的领土、法制因素和"族群"内涵的文化、血缘因素的一个共同体。①

在我国传统思想范畴中,可能"中国"或"中原"这两个词的内涵与史密斯的"民族"(nation)比较接近。我们传统中讲的"中国"或"中原",包括了史密斯和多数英文词典中概括的"nation"的含义:(1)历史形成的领土("神州");(2)共同的神话传说和历史记忆(三皇五帝);(3)共同的文化传统(以儒学为代表的"教化");(4)所有成员所具有的法律权利和义务("普天之下,莫非王土");(5)共同的经济生活("士农工商"结构)。无论哪个族群"入主中原",这些要素都被仔细地保留下来。而对于"神州"各族群在文化、宗教各方面多样性的尊重与保护,也作为"中华"的文化传统之一,体现在中国的传统"族群"观念和历朝政策之中。

中国几千年的发展历史,形成了我们自己的反映本土国情的有特色的群体和相应观念。在世界各地复杂变幻的人类社会和反映各地观念的人文、社会范畴当中,要在不同的语言中找出完全对应的词是不容易的,而东亚与西欧相距太远,差别太大,沟通太晚,人文词语的对译也就更难。我们需要认识到,要想对"民族"这个词确定一个放之四海而皆准的"标准"定义是不可能的,需要做的是对来自不同国家的不同"民族"定义根据其产生的不同场景、不同文化传统来进行分析,理解其之所以不同的原因,找出基本含义相通、具有基本共性、可以在学术交流中达到沟通目的的若干基本词语,同时在学术交流中注意各自词语内涵的界定并在相互理解中不致出现重大歧义,能够达到这一点,就可以满足我们在研究和交流方面的基本要求。

在目前的具体应用方面,我们也许可以考虑在用语上进行一些调整,如采用国内一些研究者的观点,把"中华民族"译成英文的

---

① "在汉语里即找不到一个与 nation 对应的同时具有'国家'与'民族'以及'国际主义'与'族际主义'等两重含义的词。"(潘志平,1999:156)

"Chinese nation",(宁骚,1995:13—14;翟胜德,1999:69)使"民族"与"nation"对应起来;同时把"少数民族"改称为"少数族群"(ethnic minorities),从而把这些侧重文化意义的"族群"与"ethnic groups"对应起来,①而对56个原来称为"民族"的群体称为"族"(如汉族、蒙古族,而不再称"汉民族""蒙古民族")。②这与中国几千年来族群关系史中产生的传统的族群观相一致,而用西方的"民族"(nation)和"民族(政治)平等"思想来套用到中国社会中的各个族群,其实是很生硬的。此外,对于英文中的"state",我们仍译为"国家"。

阮西湖先生认为"族群"一词容易引起学术上的混乱,认为"人们共同体"的演进必然遵循"氏族—部落—部落联盟—民族"的路线,而"族群""显然是指那些尚未发展为民族的人们共同体"。(阮西湖,1998:80)上述的"民族演进路线"与"原始社会—奴隶社会—封建社会—资本主义社会—社会主义社会—共产主义社会"的"社会演进路线"在逻辑和思维方法上多少相近。人类社会中各地区的实际社会发展形态与各个形态之间的变化关系,也许要比这些公式化的概念和单线演变过程复杂得多。以此来否认"族群"一词的使用,根据尚不够充分。③总之,在学术研究中,最重

---

① 在这一点上,我赞成石奕龙先生的观点,认为可以把"ethnic group"译为"族群"。(参见石奕龙,1999:79)同时,有的学者认为,把我国的少数民族译成"ethnic groups"多少带有歧视性,违反了民族平等的政治原则。(朱伦,1997:3)我认为,学术术语定义和译法的探讨不会危及民族平等这个受到宪法保障和政府实行的基本政策。

② 宁骚教授认为:"在中国,只有一个民族才能称作民族(nation),这就是中华民族(the Chinese nation)。……现在,世界各国都普遍地在'全体国民形成一个统一的国族'这一含义上使用民族(nation)一词。"(宁骚,1995:13—14)把"nation"译成"国族"或"现代民族",把"ethnic groups"译成"民族"或"传统民族",是翻译这些词语时进行调整的另外两个思路。但是总而言之,把"nation"和"ethnic groups"统译作"民族"确实造成这些基本概念在理解上的混乱。

③ 阮西湖先生的另一个理由是联合国教科文组织研究的是"race"和"ethnic group",但在该组织的文件中未出现"族群"一词。这只说明该组织文件的翻译者没有把"ethnic group"译为"族群"而译为"民族",仍然是个翻译问题,恐怕不能作为反对在汉语中使用"族群"一词的根据。

要的是理解分析社会现象本身，词语和翻译不过是我们用以表述和交流的工具。

从上面提出的概念体系出发，中国也可以称作一个"民族国家"（a nation-state），而且是一个"多族群的民族国家"（a multi-ethnic nation-state）。当然，如果对于"民族国家"（nation states）的理解像一些人（如康纳）那样指的是"一个国家的界限与一个民族的界限是完全重合的，而且这个民族和这个国家的人口属于同一个族群文化（a single ethnic culture）"，（Smith, 1991: 15）我们就不能说中国是一个"民族国家"，因为中国各族群不属于同一个族群文化。① 也有学者认为"民族国家"理论已经过时，将被"多民族国家"（multi-ethnic state）理论所替代，（阮西湖，1999：80）这一点作为结论尚有待分析和讨论，但是我们可以说，由于 20 世纪特别是"二战"之后世界劳动力市场的迅速发展，所谓的"单一（族群）的民族国家"实际上已经不存在了。

近代中国各族人民团结一致反对帝国主义侵略的斗争是带有浓厚的"民族主义"（nationalism）色彩的，所以凡是以中华民族为主体的运动，称为"民族主义运动"。从这个思路出发，我们可以考虑不再把各少数族群的"族群意识"冠之以"民族主义"，也不再把我国各族群之间的矛盾称之为"民族问题""民族关系""民族矛盾"或"民族冲突"，而称为"族群问题""族群关系""族群矛盾"或"族群冲突"。

当我们这样把中国各少数族群不再定位为"民族"（nation）的时候，我们也就可以跳出斯大林设定的有关"民族"定义的四个特征（共同语言、共同地域、共同经济生活、表现于共同文化上的共同心理素质）的框架，更加实事求是地理解和分析我国的族群现象

---

① 我认为康纳把"nation"和"ethnic gouops"也混淆在一起了，不利于我们对"民族"概念的理解。另外，对于"多民族国家"还有一个对应的英文词是"the state of nationalities"，（参见郑凡等，1997：46）这里引入一个如何理解"nationatity"这个词的问题，我们将在其他文章中进行讨论。

和族群界限，我国的"族群识别"问题和其他涉及族群的各类问题也就不像过去的"民族识别"工作那样带有政治色彩，而是更多地强调文化和历史因素，而长期强调的"民族平等"这个政治问题也将从"各少数族群成员的公民权利"的角度来予以保障。

也许以上的思路调整可以多少解决在中文、英文专门词语互译中出现概念混乱的问题。但是正如许多学者指出的，在"ethnic""nation"等词的内涵上和其与汉语词语的对应上目前仍然存在着许多不同的看法，统一认识并达到用词规范化还需要一个过程。（参见周旭芳，1999：78—80）

关于这些问题的讨论无疑有益于学术观点的交流与发展，但是对于学术研究最重要的，是社会中的"实"而不是字面上的"名"。我们不应当拘泥于现有名词概念和定义的束缚，而要从活生生的现实世界中的人群出发，从多元、演变、互动和辩证的角度来分析和把握复杂的客观事物，包括"族群"和"民族"现象。用词表达的各种概念和定义，不过是我们人类群体从各自面对的社会现实中抽象出来帮助我们理解和分析客观世界的符号工具。在面对世界各地纷杂变化的各类族群形态时，应当承认世界上族群现象的多元性，从而承认由客观现象中抽象出来的"族群""民族"观念的多元性以及相应的定义的多元性。同时，我们应当借鉴国外学者在这些社会现象和发展规律方面的研究成果，找出基本概念之间的相通之处和差异，使我们使用的概念和范畴能够找到大致相通的对应词语，努力建立沟通中外学术界之间的桥梁。

参考书目：

列宁：《卡尔·马克思》（1914），《列宁论民族问题》（上册），北京：民族出版社，1987年。

马戎：《民族与民族意识》，马戎、周星主编：《中华民族凝聚力形成与发展》，北京：北京大学出版社，1999年，第34—67页。

马寅:《马寅民族工作文集》,北京:民族出版社,1995年。

宁骚:《民族与国家——民族关系与民族政策的国际比较》,北京:北京大学出版社,1995年。

潘志平主编:《民族自决还是民族分裂——民族和当代民族分立主义》,乌鲁木齐:新疆人民出版社,1999年。

阮西湖:《关于术语"族群"》,《世界民族》,1998年第2期。

阮西湖:《关于术语"民族国家"》,《世界民族》,1999年第2期。

斯大林:《马克思主义和民族问题》(1913),《斯大林全集》(第二卷),北京:人民出版社,1953年。

石奕龙:《Ethnic Group 不能作为"民族"的英文对译——与阮西湖先生商榷》,《世界民族》,1999年第4期。

郑凡、刘薇琳、向跃平:《传统民族与现代民族国家——民族社会学论纲》,昆明:云南大学出版社,1997年。

翟胜德:《"民族"译谈》,《世界民族》,1999年第2期。

周旭芳:《1998年"民族"概念暨相关理论问题专题讨论会综述》,《世界民族》,1999年第1期。

朱伦:《论"民族—国家"与"多民族国家"》,《世界民族》,1997年第3期。

Connor, W., 1984, *The National Question in Marxist-Leninist Theory and Strategy,* Princeton: Princeton University Press.

Smith, Anthony D., 1991, *National Identity,* Reno: University of Nevada Press.

中国各民族之间的族际通婚

在一个多民族的国家中如何处理好各个种族和族群集团之间的关系，始终是国家的政治领袖们非常关注的问题。古今中外，世界上有许多国家所发生的社会动荡，都在一定程度上导致经济停滞乃至倒退破坏，严重的甚至引发内战和国家分裂，而发生这些社会动荡的重要原因之一即是未能处理好本国的族群关系，从而导致族群冲突的升级与恶化，最终使国家和所有的族群都深受其害。从历史上到当代，从欧洲、亚洲到非洲，这样的例子举不胜举。也正因为如此，族群关系问题受到了各国社会学家们的普遍关注。而作为反映族群关系深层次状况的一个重要领域，族际通婚也就成为许多学者调查与研究的专题。

我们研究中国的族群关系，分析中华民族各民族之间凝聚力的产生与发展，也需要对我国的族际通婚问题予以特殊的关注。本文首先讨论分析族际通婚的理论框架，然后在20世纪50年代开展的少数民族社会历史调查资料和其他文献的基础上，试图系统分析影响我国族际通婚的主要因素及其变迁。最后，依据对内蒙古赤峰地区蒙汉通婚实地调查所获得的资料，我们试图比较系统地分析该地区蒙汉通婚的现状和影响族际通婚的各种因素。

一、婚姻与族际通婚

婚姻是一对配偶结合组成家庭，是人类社会的基本组成单元，也是分析研究社会变迁的重要切入点。所以对于婚姻与家庭的研究，始终是社会学的一个重要研究领域。族际通婚所涉及的不仅仅是一对配偶的关系，而且隐含着两个人所代表的族群的文化和社会背景。影响人们择偶与婚姻的因素很多，与一般的婚姻相比，族际通婚除了共性之外，有什么特性？

在图 7-1 和图 7-2 中，我们尝试把影响一般婚姻和族际通婚的诸因素表示出来。

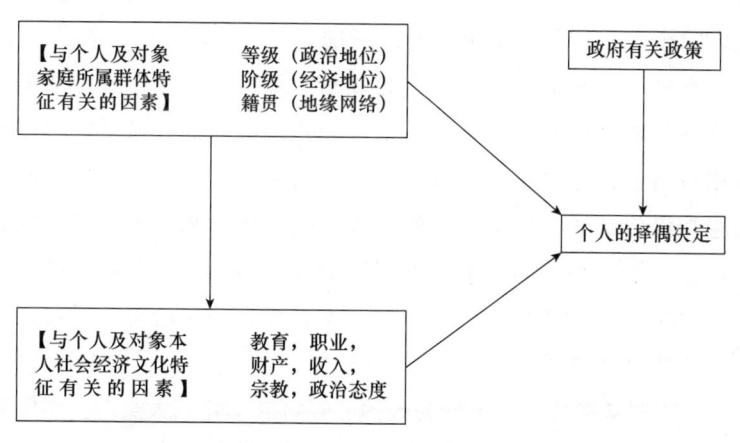

```
【与个人及对象           等级（政治地位）              政府有关政策
家庭所属群体特           阶级（经济地位）
征有关的因素】           籍贯（地缘网络）
                                                    │
         │                                          ▼
         ▼                                    个人的择偶决定
                                                    ▲
【与个人及对象本          教育，职业，
人社会经济文化特          财产，收入，
征有关的因素】            宗教，政治态度
```

图 7-1　影响同族通婚中个人择偶决定的诸因素

在图 7-1 中，我们区分开家庭所属群体的基本特征与个人的基本特征：每个人都出生并成长于某个固定的家庭，这个家庭在其所在的社会中，在社会政治地位（属于哪个阶级、阶层）、经济地位（收入、消费档次）和地缘网络（籍贯）等方面都具有自己的特征和位置，这些因素无疑对个人的成长和个人特征的形成（信仰什么宗教、持有哪种政治态度、受到什么教育、得到什么职位、收入和财产有多少等）具有重大的影响。当一个人考虑自己的婚姻对象时，也是一定会充分考虑对方家庭与自己家庭在各个方面的共性与差异，自己与被选择者在个人特征方面的共性与差异的。当然，对方的年龄、相貌、智慧、性情等非社会经济因

素是引起人们相互爱恋的重要方面，但一般大多数人还是在"门当户对"的前提下进行选择。由于这些非社会经济因素而冲破"门当户对"婚姻框架的爱情与婚姻，其数量终究是少数。

政府制定的一些政策对于婚姻对象的选择也会产生直接或间接的影响。除了政府《婚姻法》在结婚年龄等方面的规定外，长期以来我国"城市户口"和"农村户口"的区分以及相关的在就业、社会福利、医疗、子女入学等方面的区别对待，对于城乡居民之间的通婚无疑也存在着一定影响，既影响所在群体的态度，也影响个人在涉及通婚决定时的考虑。

族群之间通常存在着一定的政治、经济、文化差异，但是各个不同族群之间的差异程度不同。如我国的满族，与汉族的差异就相对较小，在语言、宗教、生活习俗方面几乎没有差别，而且普遍与汉族杂居。而维吾尔族与汉族的差异就相对大一些，他们有自己的语言和不同的生活习俗。所以在图7-2中我们在群体层次上提出了三组变量：（1）族群基本特征；（2）历史关系特征；（3）两族共处特征。

"族群基本特征"可分为政治、经济、文化三大类。在两个族群共处的过程中，各自"基本特征"之间的差异大不大，"族群分层"（马戎，1997a：18）达到怎样的程度，都可以直接影响族群之间"边界"是否清晰，以及两个族群之间在交往中的平等程度。"边界"模糊的、比较平等的两个族群，他们成员交往的深度和广度也会达到较高的水平，而且整体关系会比较和谐。

"历史关系特征"（也就是族群关系中的历史因素）主要是表示两个族群在历史上关系的融洽程度，这些历史上的事件和对族群关系所造成的影响会对现时和未来的族群关系继续发挥作用。例如以色列的犹太人和阿拉伯人之间的关系紧张，也是有其历史渊源的。

"两族共处特征"有两部分主要内容。一是政府制定的有关族群关系的法律，美国过去的"种族隔离法"以及禁止种族通

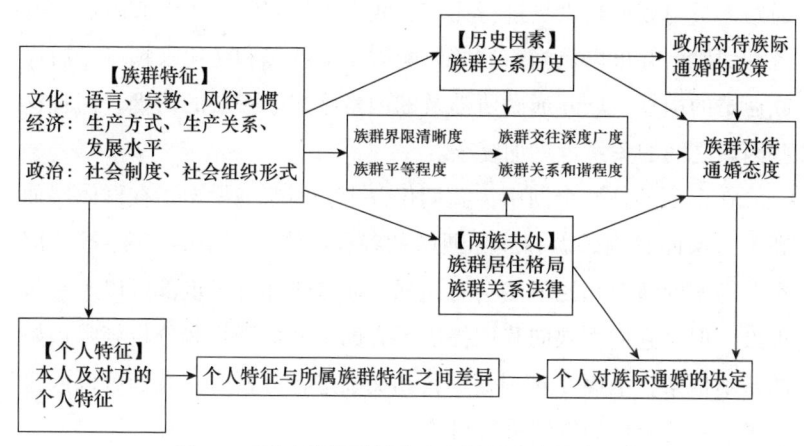

图 7-2 影响族际通婚中个人择偶决定的诸因素

婚、实行种族歧视的各种法律和规定无疑对于当时美国的族际通婚有着明显的消极作用。二是自觉或不自觉形成的族群居住格局，在一个城市中的各街区中，不同族群是混杂居住还是彼此隔离，也会影响族群之间交往的深度与广度，影响族群关系的和谐程度，并会影响族群对于自己成员与另一个族群缔结婚姻的态度。

除了族群的各类特征和整体性影响因素之外，具体个人所具有的个体社会、经济特征（如家庭背景、宗教信仰、受教育程度、职业、收入等）在考虑婚姻时也是不可忽视的。在图 7-2 中还特别提出"个人特征与所属族群特征之间差异"一项，某些个人由于其家庭或个人经历的特殊性，可能在基本特征方面与族群整体特征之间存在较大差异。如 A 族与 B 族之间在语言、宗教方面完全不同而且相互交往很少，但 A 族某些成员可能长期居住在 B 族地区，熟练掌握了 B 族语言并接受了其宗教，他们对于与 B 族成员结婚的态度可能会比其他 A 族大多数成员要积极。

通过对族群集团间通婚的实际情况的调查，通过对与异族结婚的人员的家庭背景、个人经历与社会、经济状况的分析，并把族际通婚人员与族内婚人员进行比较，我们可以归纳出影响族际通婚的各种因素，并可以从当前这些影响因素的状况和变化来预测今后民族通婚的前景。族际通婚所涉及的因素远多于一般的婚姻，而且这些因素之间的关系也更加复杂。

在上面的这两个图中，我们仅仅十分简略地设想了在群体层面和个人层面影响婚姻和族际通婚的各种因素，图中的"变量"（因素）与实际情况相比显然会有遗漏，而且表述方式也都可以进一步推敲，但是它们大致向我们提供了有助于我们理解和分析族际通婚的基本框架，下面在对调查资料和文献进行分析时，我们可以回过头来，对这个框架继续进行讨论。

二、民族关系与族际通婚

我们说族际通婚可以深刻地反映族群关系深层次的状况，这是因为族群之间的基本差异深植于人们的群体认同观念之中，从而使人们把周围的人群区分为"同族"与"异族"两类。而每一个人只有对另一个人在感情和心理上都认为"可以接受"和感到十分亲近的时候，才有可能考虑到与他（她）缔结婚姻的问题。而在族际通婚的情况下，这样的婚姻也标志着把一个"异族人"吸收进了"本族"的族群。正因为如此，族际通婚通常并不被本族群认为仅仅是通婚者个人的私事，在许多场景下，这种族群认同观念和相应的凝聚力会使本族的父母、亲属、家族、社区对于子女、族人的跨族通婚表示他们或者赞同或者反对的意见。两族成员之间的通婚愿望，是得到本族人群体的支持还是反对，在某种意义上被视作体现两族关系总体水平的重要标志之一。[①]

所以，除了个别案例之外，只有当两个族群的大多数成员在

---

① 历史上，不同族群首领家族之间的联姻，在许多地区都被视为在两个族群间建立友好关系的重要措施与象征。

政治、经济、文化、语言、宗教和风俗习惯等各个方面达到一致或者高度和谐，两族之间存在着广泛的社会交往，他们之间才有可能出现较大数量的通婚现象。从这个角度来看，族际通婚是族群关系融洽和谐所带来的结果。但同时，族际通婚又可通过结婚之后双方家庭之间的相互往来，反过来增进族群间的交往和友谊，因而成为今后促进族群关系进一步融洽的原因。所以，族群间的通婚情况是测度不同族群相互关系和深层次融合程度的一个非常重要的方面。[①]

正因为族际通婚如此重要，美国社会学家辛普森（Simpson）和英格（Yinger）在他们的研究中把族际通婚率视为衡量美国各种族、族群之间的"社会距离"和族群融合的一个十分敏感的指数。[②] 另一位美国社会学家戈登在他的著作《美国人生活中的同化》(*Assimilation in American Life*) 里，提出了研究和度量族群融合的七个方面（或七个变量），[③] 其中族际通婚被视为最重要的一个方面。他认为唯有当其他六个方面的族群关系都达到令人满意的程度时，大规模的族际通婚才有可能出现。"通婚是（族群间）社会组织方面融合的不可避免的伴生物。"（Gordon, 1964: 80）

影响族际通婚的因素很多，根据其他研究文献和我们实地调

[①] 正因为关于族际通婚的研究对于族群关系分析如此重要，美国社会学家进行了大量的实证研究，并不断发展关于族际通婚模式的理论。如在对族群融合的"熔炉"理论进行实证性研究时，曾经根据在康涅狄格州的调查结果提出了以宗教分界的"三元熔炉论"（Triple Melting Pot），其所使用的主要指标即是族际通婚的范围，表明各族群依其宗教信仰划分成新教、天主教、犹太教三个大的内部通婚群体。（Kennedy, 1944）

[②] Simpson, G. E. and J. M. Yinger, 1985, *Racial and Cultural Minorities: An Analysis of Prejudice and Discrimination* (5th edition), New York: Plenum Press, p. 296.

[③] 这七个方面是：1. 文化；2. 社会组织网络；3. 通婚；4. 族群意识；5. 族群偏见的消除；6. 族群歧视行为的消除；7. 价值观和权力冲突的消除。（参见 M. Gordon, 1964, *Assimilation in American Life: The Role of Race, Religion, and National Origins*, New York: Oxford University Press, pp. 70–82）

查的体会,我们试图把这些各种不同的因素在图7-2中表示出来。图中的这些因素表示的是从宏观认识上所理解的相互影响关系,而在具体的定量分析中,这些因素还须进一步转化为可实际测量的变量,对于这些代表各种因素的变量如何进行分析,我们在后面将以实例来进行讨论。

三、我国传统的族际通婚观

在中国几千年社会发展与族群演变的历史中,族际通婚是十分普遍的现象。这方面的例子举不胜举。这些客观存在的大量的社会现象,也不可避免地反映到人们的观念与意识之中。中原王朝与北方游牧部落首领之间、与西南高原部落首领之间的"和亲",即表示出汉人把族际通婚视为加强族群之间联系、促进友好关系的一种方法。① 这种皇室与外藩首领"和亲"的策略,后来被清皇室发展成为维系其与蒙古王公之间亲密政治联盟关系的"额驸"联姻制度。"有清一代满洲皇室公主(包括中宫抚养女)下嫁蒙古王公者32人","自清天命初至乾隆末,下嫁外藩蒙古的公主格格……合计71人"。(华立,1983:46、52)

而在民众中的族际通婚,在各个朝代都十分普遍。汉文化在东亚大陆长期保持先进地位,逐渐发展出来一种独特的"天下观"和"族群观"。中原的汉人在对待边缘地带的族群时,看重他们的动态的"文化"取向,轻视他们与汉人之间的体质差异,强调"有教无类"。这种宽容态度和汉人在文化技术方面的优越吸引了许多原来居住在边缘地带的少数族群,他们融合进了汉人群体,而居住在边缘地带的汉人,在各个朝代也都存在着融入当地族群的现象。如在

---

① 据《唐会要》卷六记载,唐朝与少数族群朝廷"和亲"共计27起。从汉朝至清朝,总计"和亲"131起,其中各少数族群间的"和亲"80起,汉族与少数族群"和亲"51起。(陈明侠,1993:18—19)

民族大迁徙的南北朝时期，北朝四部正史中所记载的族际通婚就有241例。(施光明，1993：48)唐代的族际通婚在皇室中也十分盛行。基于这样的一种注重文化层面的族群观，我国的大多数族群，特别是位于中原、人数众多的汉人，对于族际通婚是不歧视、不反对的。直至今日，我国的汉族对于与其他少数民族甚至与外国人通婚，总的来说，没有采取歧视和排斥的态度。

当然，在不同朝代，政府关于族际通婚的态度和政策也不一样，有时同一个朝代其政策在不同时期也有所变化。这在少数民族入主中原的朝代尤为明显。例如，"清初，满族婚娶重视民族高下，禁止满、汉通婚。……如果满人娶汉女为妻，就要取消他享有的满人特权，如不能上档（上册）和领红赏，也不能再领钱粮"；后来在民间满汉不婚的禁忌逐步被打破，顺治戊子二月清世祖下谕礼部，"方今天下一家，满、汉官民皆朕赤子，欲其各相亲睦，莫如缔结婚姻，自后满、汉官民有欲连姻者，听之"，光绪季年，曾降旨"令满、汉通婚"。①（杨英杰，1987：50）无论哪个王朝，一旦进入中原立足或成为统一中国的正统皇朝，为了得到各族民众的支持，或早或迟都会鼓励族群间的通婚。

在鸦片战争之后近百年的反抗帝国主义侵略和社会动乱的岁月中，我国各个族群的地域流动和迁徙的规模大大超过了历史上任何朝代，这无疑促进了族群之间的交往和居住上的混居，随着生产和生活方式、语言文化等方面的趋同化，族际通婚在这些具有大规模移民的地区也逐渐普遍起来。特别是辛亥革命之后，政府机构开始在许多边远少数民族地区逐步得以建立，国内市场的发展也使许多商人和手艺人深入偏远地区，族际通婚在这样一个大的历史和社会发展背景下也伴随着增加起来。20世纪50年代在许多地区开展的

---

① 也有人认为，"清初曾提倡满汉通婚。……清中叶以后，情况发生了很大变化，满汉通婚在实际生活中成为不法行为了"。（杨学琛，1981：20）但到顺治年间，满汉通婚得到了正式许可。

社会调查都证实了这一点。

四、20世纪50年代我国少数民族社会历史调查中所了解的族际通婚情况

在20世纪50年代，我国政府为了深入地了解各个少数民族地区的社会发展情况，曾经组织了大规模的少数民族社会历史调查。这些调查报告，在80年代作为"少数民族五种丛书"之一的《中国少数民族社会历史调查资料丛刊》系列重新编辑出版，共出版146本。在这些调查报告中，有些记载了当时调查中了解到的各个少数民族的婚姻、家庭和族际通婚的情况，成为我们分析50年代及以前一个时期族际通婚的宝贵史料。

由于50年代调查的主要目的是了解当时各族的社会制度、经济制度、文化习俗等情况，而不是族群关系，所以虽然几乎每篇报告都介绍了当地族群的婚姻与家庭，但是为了反映各个族群婚姻家庭的"典型"形态，介绍的主要是族内婚的情况，只有很少数的报告提到了族际通婚，而且记述得也十分简单。因此我们对于当时各族的族际通婚情况，无法从这些报告中得到一个完整的图画。但是由于50年代这些调查的普遍规模和系统性，这些调查报告中所包含的信息，仍然构成了一组特定的宝贵历史资料，值得我们进行系统分析与研究。

我们把《中国少数民族社会历史调查资料丛刊》中摘录出来的有关族际通婚的资料分族群进行了初步的汇集。（参见附录1）其中有的族群（如瑶族、壮族、彝族）分布于不同省份和地区，而各个地区调查报告中关于该族的族际通婚情况并不完全相同，所以在这种情况下，我们把调查报告的有关内容在各族群之下又按地区加以区分。这些反映当时各地族际通婚状况的信息，整理后在表7-1中可以更清楚地表示出来。

表 7-1 20 世纪 50 年代社会调查报告中反映的族际通婚状况

族际通婚状况		民族（共计 43 个）
很少与外族通婚		珞巴、佤、彝、苗、黎、鄂伦春（6）
在一定程度上与外族通婚	无特殊选择	藏、土、柯尔克孜、仫佬（4）
	有族属选择	傣、哈尼、白、拉祜、德昂、布依、阿昌、布朗、独龙、傈僳、景颇、普米、壮、仡佬、侗、水、门巴（17）
	有宗教选择	维吾尔、回、哈萨克、塔吉克、撒拉、东乡、保安（7）
	有性别选择	瑶、布依（2）
与外族通婚较多		满、纳西、怒、京、畲、达斡尔、蒙古（7）

由于在此之前的实地调查数量少而且不系统，50 年代所进行的社会历史调查就成为了研究我国少数民族社会、经济、文化发展历史的重要资料来源。许多其他的研究也以这批调查资料为基础，但是对于族际通婚的分类方法和对一些族群族际通婚状况的判断，不同学者的观点是不同的。如陈明侠把各族群的通婚分为三类：（1）限制与外族通婚，实行族内婚制（9 个族群）；（2）允许在一定条件下与外族通婚，实行不严格的族内婚制（11 个族群）；（3）对族际通婚不加限制（15 个族群）。在严汝娴主编的《中国少数民族婚姻家庭》一书中介绍了 55 个少数民族的情况，其中在 25 个族群的介绍中提到了有关族际通婚的情况。这两个研究关于各个民族对于族际通婚情况的判定与分类参看表 7-2。

我们把表 7-1 中的各类族群与表 7-2 中的各类族群做一比较，会发现存在很大的不同。由于这两个研究没有提供所用资料的具体来源，我们无法进一步分析产生这些差异的原因。表 7-2 中的研究者，除了利用 50 年代调查资料外，很可能还参考了其他的调查文献。同时由于新中国成立后的族群关系有了很大的改善，一些族群的族际通婚程度可能也在提高，所以表 7-2 有可能在一定程度上反映了近期的发展。

表 7-2 其他研究中关于族际通婚情况的分类

研究者	族际通婚状况	族群
陈明侠	限制与外族通婚，实行族内婚制	东乡、彝、瑶、朝鲜、高山、藏、普米、拉祜、畲（9）
	一定条件下与外族通婚，实行不严格的族内婚制	傣、苗、黎、鄂温克、德昂、哈尼、达斡尔、土、回、维吾尔、塔吉克（11）
	对族际通婚不加限制	俄罗斯、满、仡佬、白、门巴、珞巴、普米、壮、阿昌、京、柯尔克孜、羌、纳西、毛南、土家（15）
严汝娴	限制与外族通婚	朝鲜、维吾尔、布依、侗、畲（5）
	一定程度上与外族通婚	回、柯尔克孜、锡伯、塔吉克、塔塔尔、门巴、哈尼、阿昌、苗、仡佬、瑶、黎（12）
	与外族通婚较普遍	满、俄罗斯、羌、白、壮、毛南、京、土家（8）

资料来源：陈明侠，1993：20—24；严汝娴，1986。

五、影响 20 世纪 50 年代族际通婚的因素分析

从本文的附录所提供的报告摘录中，我们可以分析影响族际通婚和在通婚中各种选择（如性别选择）的各种因素。下面按照表 7-1 的分类来进行讨论。

1. "很少与外族通婚"的族群

我们在表 7-1 中看到，对于 6 个民族（珞巴、佤、彝、苗、黎、鄂伦春）的调查报告认为它们在实际上是很少与外族通婚的。这几个族群的具体情况并不相同：（1）四川、广西和贵州的苗族一般与外族通婚，云南和贵州个别县报告有少数通婚的情况，而且存在性别选择（汉男娶苗女）；（2）彝族是等级制很严格的奴隶社会，而且

大量奴隶掠自邻近的其他族群,①彝族的"不与外族通婚"实际上指的仅是上层的黑彝;(3)在云南三县的佤族调查中,除沧源县报告与汉人移民通婚外,其他调查均称无通婚现象;(4)黎族并无通婚限制,但因无接触条件,"事实上通婚者极少";(5)关于鄂伦春族通婚的介绍和说明很少。

2."一定程度上与外族通婚"的族群

这些族群可进一步分为四组。第一组是在通婚中"无特殊选择"的族群(藏、土、柯尔克孜、仫佬),这些族群在调查中认为没有通婚限制,而是在实际接触中与相邻的族群有通婚现象。②

第二组是在通婚中"有族属选择"的族群(17个民族),在有关这些族群的通婚介绍中,大多认为反映出族群之间的"等级"和歧视,即处于当地社会"高层"的族群与"低层"的族群不通婚。

第三组在通婚中"有宗教选择"(7个族群),这些是主要信仰伊斯兰教的族群,由于宗教和生活习惯(饮食禁忌等)方面的差异,这些族群主要是在伊斯兰教信徒中通婚。

第四组在通婚中表现出"性别选择"的特点(瑶、布依)。瑶族有许多支系,散布在广西、广东、云南、湖南诸省区,各地的情况很不一样:(1)广西金秀、南丹、兴安、凌云、巴马、恭城、西林、都安等县和云南金平县的瑶族极少与外族通婚;(2)广西环江、贺县、全州、灌阳、龙胜、上林等县的瑶族则分别与壮、汉、侗、黎族通婚;(3)广西荔浦、田林、上思,广东连南,湖南江华等县的瑶族在通婚中"只进不出",即外族女子嫁到瑶家或外族男子到瑶家入赘,将其称为"性别选择"并不十分确切。

在调查中发现,贵州镇宁、安龙两县的布依族在通婚中,主要是娶进外族女子,本族妇女则不嫁给外族男子。

---

① 据调查介绍,汉族在一些彝族地区的奴隶中所占比例达到80%以上。
② 陈明侠把藏族列为"限制与外族通婚"的一类,可能根据的是其他调查资料。

3. "与外族通婚较多"的族群

在表 7-1 中，有 7 个族群被列入这一类。各省的满族普遍与汉族和其他族群通婚。纳西族的"阿注"婚姻范围据调查包括了许多其他族群的成员。云南的怒族普遍与邻近的各族通婚。广西防城县京族与汉族通婚达到三分之一。广东、江西的畲族与汉族通婚十分普遍，浙江、福建、安徽的畲族则通婚较少，表现出地区差异。陈明侠把畲族列为"限制与外族通婚"的族群，可能根据的是局部地区的情况。严汝娴主编的书中则强调畲族通婚中的性别限制。由于相互交往密切，达斡尔族和蒙古族与其他族群通婚普遍。从以上情况看，这些通婚较多的族群各自的情况也都有自己的特点。

陈明侠和严汝娴把白族归类为"普遍通婚"的族群。但我们从 20 世纪 50 年代调查资料分析，白族通婚存在着明确的族群选择，如丽江的白族只与纳西族和汉族通婚，维西的白族不和彝族通婚。在通婚程度上，不同的研究可能有不同的标准，在各类的划分与分组方法上也可能不同，这些都可以在今后的研究中加以讨论。上面的这些介绍，有助于我们认识到在我国各个地区、各个族群的通婚状况千差万别和族际通婚研究的复杂程度。

六、我国 1990 年人口普查结果中反映出来的族际通婚

在公布的 1990 年以前历次全国人口普查的资料中，都没有关于族际通婚的统计数字。1990 年第四次全国人口普查结果公布的资料中，有省、直辖市、自治区一级区分开"全户汉族"、"全户少数民户族"和"汉族与少数民族混合户"这三类的户数和人口数。（见表 7-3）

在我们分析表 7-3 的时候，有两点需要注意。首先，在各省、自治区、直辖市都居住着多个少数民族的成员。我们可以注意到，

在一些省和自治区，某一个少数民族占据了该地区少数民族人口的绝大多数（如藏族在西藏自治区，回族在宁夏回族自治区），但在另一些省份，人数最多的少数民族与位居第二的少数民族可能相差不多（如在湖南省，位居首位的土家族有179.5万人，第二位的苗族有156.9万人），因此，在后一种情况的省份中，少数民族户中包括了各个少数民族成员，而汉族与少数民族混合户中的少数民族的相当部分有可能并不是数量居首位的族群。表中最后一栏混合户与少数民族户比例也可能无法说明这一比例的高低是否代表数量居首位的族群（表中右侧第二栏）在通婚中的特点。

其次，一些在观念上不反对与他族通婚并在事实上与其他非汉族的少数民族通婚的民族，由于地理居住格局特点在客观上可能并没有与汉族接触的实际可能性，所以通婚比例不高也不能完全说明这些族群排斥与汉族通婚。但是，就大体情况而言，这个比例还是有助于我们对一些人口规模较大的族群在通婚方面的总体水平情况进行分析的。

混合户与"少数民族户"比例比较高，说明对于少数民族而言该地区族际通婚的实际水平也比较高。当比例为1时，说明平均在3个少数民族已婚人口中，有1个是与汉族通婚，其他2人与本族（这种情况为多）或其他少数民族通婚。在表中，30个省市自治区中有10个这一比例超过1，其中4个省市的主要少数民族为回族（京、晋、沪、苏），① 3个省的主要少数民族为畲族（浙、闽、赣），2个省主要少数民族为满族（辽、黑），1个自治区主要少数民族为壮族（桂）。

在这4个通婚程度较高的族群中，满族和畲族在20世纪50年代调查结果中即明显地表现出普遍与他族通婚的特点，壮族普遍与汉族通婚。回族的情况则比较引人注目。回族在90年代普查结果反映出来的如此高比例的与汉族通婚的情况，说明自50年代后回族在与汉族通婚的观念上发生了重大变化，即在坚持通婚者要皈依伊斯

---

① 安徽的比例为0.97，该省也以回族为其主要的少数民族。

表 7-3 省、自治区汉族和少数民族家庭的户数和人口数（1990）

地区	全户汉族 户数	%	汉族与少数民族混合户 户数	%	全户少数民族 户数	%	总计 户数	%	少数民族人口%	人口最多的少数民族及所占总人口%		混合户与少数民族户%
北京	2932795	94.6	101234	3.2	67636	2.2	3101665	100.0	3.8	回	1.9	1.50
天津	2466128	97.1	27103	1.1	46055	1.8	2539286	100.0	2.3	回	1.8	0.59
河北	14567878	95.2	333707	2.2	400512	2.6	15302097	100.0	3.9	满	2.8	0.83
山西	7115421	99.6	14779	0.2	13911	0.2	7144111	100.0	0.3	回	0.2	1.06
内蒙古	4177711	79.2	502345	9.5	593090	11.3	5273146	100.0	19.4	蒙古	15.8	0.85
辽宁	8768728	81.1	1077717	10.0	964081	8.9	10810526	100.0	15.6	满	12.6	1.12
吉林	5453020	86.9	386512	6.1	437628	7.0	6277160	100.0	10.2	朝鲜	4.8	0.88
黑龙江	8215979	92.4	395296	4.4	283800	3.2	8895075	100.0	5.7	满	3.4	1.39
上海	4038939	99.3	18384	0.5	7951	0.2	4065274	100.0	0.5	回	0.4	2.31
江苏	17743978	99.6	55711	0.3	16236	0.1	17815925	100.0	0.2	回	0.2	3.43
浙江	11602929	99.3	51150	0.4	30636	0.3	11684715	100.0	0.5	畲	0.4	1.67
安徽	13217590	99.2	50514	0.4	51997	0.4	13320101	100.0	0.6	回	0.5	0.97
福建	6417573	97.6	113225	1.7	46749	0.7	6577547	100.0	1.5	畲	1.2	2.42
江西	8281 5892	99.5	40175	0.5	3236	0.0	8329303	100.0	0.3	畲	0.2	12.42
山东	21727499	99.3	41934	0.2	105016	0.5	2187449	100.0	0.6	回	0.5	0.40
河南	19453347	98.6	96761	0.4	185006	1.0	19735114	100.0	1.2	回	1.0	0.52

续表

地区	全户汉族 户数	全户汉族 %	汉族与少数民族混合户 户数	汉族与少数民族混合户 %	全户少数民族 户数	全户少数民族 %	总计 户数	总计 %	少数民族人口 %	人口最多的少数民族及所占总人口 %	混合户与少数民族户 %
湖北	12328822	94.8	296796	2.3	377516	2.9	13003134	100.0	4.0	土家 3.3	0.79
湖南	14306053	91.4	503673	3.2	839050	5.4	15648776	100.0	7.9	土家 3.0	0.60
广东	13299040	99.0	101763	0.7	35314	0.3	13436117	100.0	0.6	壮 0.2	2.88
广西	5093990	57.6	809824	9.1	2944095	33.3	8847909	100.0	39.1	壮 33.7	0.28
海南	1164136	84.0	42252	3.0	179938	13.0	1386326	100.0	17.0	黎 15.6	0.23
四川	27236564	95.6	333061	1.2	905599	3.2	28475224	100.0	4.6	彝 1.7	0.37
贵州	4537226	62.9	635259	8.8	2037879	28.3	7210364	100.0	34.7	苗 11.3	0.31
云南	5239965	65.8	580072	7.3	2144158	26.9	7964195	100.0	33.4	彝 11.0	0.27
西藏	15963	4.0	2639	0.6	383839	95.4	402441	100.0	96.3	藏 95.5	0.01
陕西	7712341	99.3	20124	0.3	30305	0.4	7762770	100.0	0.5	回 0.4	0.66
甘肃	4398331	92.2	36527	0.8	336656	7.0	4771514	100.0	8.3	回 4.9	0.11
青海	557424	60.8	37192	4.1	321774	35.1	916390	100.0	42.1	藏 20.5	0.12
宁夏	678771	68.4	14915	1.5	298551	30.1	992237	100.0	33.5	回 32.8	0.05
新疆	1405653	42.0	35398	1.0	1907825	57.0	3348876	100.0	62.4	维吾尔 47.4	0.02
总计	254159686	91.8	6756042	2.4	15996039	5.8	276911767	100.0	0.8	汉 92.0	0.42

资料来源：国务院人口普查办公室、国家统计局人口统计司，1993a：804—805。

兰教这一传统要求方面，已经有了相当大的改变。这也从另一个角度反映出部分回族群众自身的宗教观念有所减弱，在北京、上海这样的大城市和江苏这样城市化水平高的省份尤为如此。在江苏，这一比例高达3.43%，少数民族人口的79.3%是回族，如果我们假定该省其他少数民族在与汉族通婚方面水平相似的话，江苏平均每11个已婚回族人口中，就有7个与汉族联姻，只有4人为族内通婚。但是在宁夏和甘肃的回族中，与汉族通婚的比例很低，这说明在这两个地区的回族在很大程度上仍然坚持传统的通婚观念（如族内婚和对宗教信仰的要求）。

我们可以把其他省区分为四类：（1）混合户与少数民族户比例在0.66或以上，这类中有安徽、陕西（都以回族为主）、河北（满族为主）、吉林（朝鲜族为主）、内蒙古（蒙古族为主）和湖北（土家族为主），说明朝鲜族、蒙古族和土家族在与汉族通婚方面也属于程度较高的族群；（2）混合户与少数民族户比例在0.33至0.66之间，这类有天津、河南、山东（都以回族为主）、湖南（土家族为主）和四川（彝族为人数最多的族群，但只占该省少数民族人口总数的36.5%）；（3）混合户与少数民族户比例在0.1至0.33之间，有贵州（苗族为主）、广西（壮族为主）、云南（彝族为主）、海南（黎族为主）、青海（藏族为主）和甘肃（回族为主）；（4）混合户与少数民族户比例在0.1以下，有宁夏（回族为主）、新疆（维吾尔族为主）和西藏（藏族为主）。

从以上分类情况来看，各省、自治区的少数民族与汉族通婚的程度是很不相同的，这一"比例"的数值从最低的0.01到最高的12.42，而且同一个族群在不同省区也表现出不同的通婚行为（如回族）。对于许多人口较少的族群，混合户与少数民族户比例在以省、自治区为单位的通婚统计中则无法加以表现和分析，所以，全国人口普查数据只能为我们对于族际通婚的整体水平和一些人口多的大族群的分析提供帮助，在应用中存在着局限性。我们如果要对人口较少的族群进行通婚方面的分析，就需要在基层该族群聚居的局部地区进行更为深入的调查并收集当地分族群的详细统计资料。

在1990年人口普查所得到的资料中，有关于2个民族混合户、3个民族混合户、4个及以上民族混合户的数字；由于4个及以上民族混合户数量非常少，我们把其合并到"3个及以上民族混合户"一列中，并把汉族与少数民族混合户的数字引入进行对比。①（见表7-4）我们可以归纳出几条规律：（1）2个民族混合户是民族混合户的主体，其所占比例都在97%以上，其中22个省区在99%以上；（2）凡是"2个民族混合户"与"汉族与少数民族混合户"比例差别较大的，说明该省区少数民族之间的通婚在2个民族混合户中有一定规模；（3）在少数民族间通婚较多的省区，3个及以上民族混合户所占比例也相对大一点，在黔、滇、川、湘、青、藏、桂7省区尤为明显，这样的户可能包括汉族；在这些省区中的主要少数民族为苗、彝、土家、藏、壮5个民族，据50年代调查并不属于"与外族通婚较多"一类（表7-1），②也许表明在过去30多年里，这些族群的通婚情况有所变化；（4）甘肃和新疆的情况则属于另一类："2个民族混合户"与"汉族与少数民族混合户"比例差别较大，而3个及以上民族混合户在民族混合户整体中比例则很低，反映甘肃的回族和新疆的维吾尔族与当地其他信仰伊斯兰教的族群通婚相对普遍，而很少与汉族通婚。③

从总体来看，1990年我国的"族际通婚家庭"（民族混合户）在所有家庭户中的比例为2.7%，同年少数民族人口在总人口中的比例为8.1%。与之相比较，苏联1970年"异族通婚家庭"的比率为13.5%，非俄罗斯民族人口为46.6%；美国1980年不同种族通婚夫妇占所有已婚夫妇总数的1.3%，在美国总人口中"非白人"占15.4%。（马戎，1997a：128；1997b：382）如果我们使用"相对通婚率"（族际通婚户在所有户中比例除以少数民族人口在总人口中比例），1990

---

① 我们不能排除在汉族与少数民族混合户统计中也包括3个及以上民族混合户的情况，但由于后者整体规模很小，所以我们粗略假定汉族与少数民族混合户基本上属于2个民族混合户，并可相比较。

② 但土家族和壮族在陈明侠和严汝娴研究中是列为"通婚普遍"。（参见表7-2）

③ 在我国大多数地区，如果有3个族群共同混居，其中之一通常为汉族。

表7-4 各省、直辖市自治区民族混合户情况（1990年）

地区	民族混合户合计		2个民族混合户		汉族与少数民族混合户		3个及以上民族混合户		"2个民族混合户"与"汉族与少数民族混合户"%差额	人口最多的少数民族及所占总人口%	
	户数	%	户数	%	户数	%	户数	%			
北京	102378	100.0	101862	99.5	1011234	98.9	516	0.5	0.6	回	1.9
天津	27209	100.0	27152	99.8	27103	99.6	57	0.2	0.2	回	1.8
河北	344274	100.0	3423110	99.4	333707	96.9	1904	0.6	2.5	满	2.8
山西	14896	100.0	14853	99.7	14779	99.2	43	0.3	0.5	回	0.2
内蒙古	523503	100.0	518897	99.1	502345	96.0	4606	0.9	3.1	蒙古	15.8
辽宁	1108884	100.0	1101830	99.4	1077717	97.2	7054	0.6	2.2	满	12.6
吉林	389548	100.0	388352	99.7	386512	99.2	1196	0.3	0.5	朝鲜	4.8
黑龙江	401305	100.0	399778	99.6	395296	98.5	11527	0.4	1.1	满	3.4
上海	18431	100.0	18399	99.8	18384	99.7	32	0.2	0.1	回	0.4
江苏	55793	100.0	55718	99.9	55711	99.9	115	0.1	0.0	回	0.2
浙江	51213	100.0	51189	100.0	51150	99.9	24	0.0	0.1	畲	0.4
安徽	50611	100.0	50566	99.9	50514	99.8	45	0.1	0.1	回	0.5
福建	113433	100.0	113239	99.8	113225	99.8	194	0.2	0.0	畲	1.2
江西	40243	100.0	40208	99.9	40175	99.8	35	0.1	0.1	畲	0.2
山东	42064	100.0	41985	99.8	41934	99.7	79	0.2	0.1	回	0.5
河南	97101	100.0	96945	99.8	96761	99.6	156	0.2	0.2	回	1.0
湖北	330589	100.0	326906	98.9	296796	89.8	3683	1.1	1.1	土家	3.3

中国各民族之间的族际通婚   165

续表

地区	民族混合户合计		2个民族混合户		汉族与少数民族混合户		3个及以上民族混合户		"2个民族混合户"与"汉族与少数民族混合户" % 差额	人口最多的少数民族及所占总人口 %	
	户数	%	户数	%	户数	%	户数	%			
湖南	578721	100.0	568675	98.3	503673	87.0	10046	1.7	11.3	土家	3.0
广东	102775	100.0	102317	99.6	101763	99.0	459	0.4	0.6	壮	0.2
广西	903723	100.0	892978	98.8	809824	89.6	10745	1.2	9.2	壮	33.7
海南	43352	100.0	43132	99.5	42252	97.5	220	0.5	2.0	黎	15.6
四川	378870	100.0	371989	98.2	333061	87.9	6881	1.8	10.3	彝	1.7
贵州	816406	100.0	794890	97.4	635259	77.8	21516	2.6	19.6	苗	11.3
云南	668854	100.0	653811	97.8	580072	86.7	15043	2.2	11.1	彝	11.0
西藏	3702	100.0	3652	98.6	2639	71.3	50	1.4	27.3	藏	95.5
陕西	20288	100.0	20247	99.8	20124	99.2	40	0.2	0.6	回	0.4
甘肃	53207	100.0	52762	99.2	36527	68.7	445	0.8	30.5	回	4.9
青海	43376	100.0	42677	98.4	37192	85.7	699	1.6	12.7	藏	20.5
宁夏	15323	100.0	15272	99.7	14915	97.3	51	0.3	2.4	回	32.8
新疆	54487	100.0	54142	99.4	35398	65.0	345	0.6	34.0	维吾尔	47.4
总计	7394559	100.0	7306793	98.8	6756042	91.4	87766	1.2	7.4	汉	92.0

资料来源：国务院人口普查办公室、国家统计局人口统计司，1993c：524。

年中国的这一比率为 0.333，1970 年苏联为 0.290，1980 年美国为 0.084。由于可供利用数据的限制，这些数据来自不同的年代，在比较时会有误差，但我们可以大致地说，中国各族群之间通婚的整体程度，高于苏联，更是远远高于美国。这多少说明中国的族群关系比苏联的民族关系和美国的种族关系要紧密得多。

七、从赤峰蒙汉通婚研究中所得到的启示

通过对普查资料进行的宏观分析，我们可以对我国的族际通婚概貌有一个印象。对 20 世纪 50 年代社会调查资料的回顾，可以帮助我们对当时各个局部地区的通婚情况和影响因素有一些理解。但是普查资料毕竟过于粗略，难以提供可供深入分析的信息。而 50 年代调查报告中所介绍的族际通婚信息，并不是通过科学的方法来系统搜集的，大多是得自访谈中所得到的印象和观察到的若干个案所做的归纳，有些具有偶然性与局部性，这些都是难以避免的。为了对我国的族际通婚进行更为科学的研究，使用社会学的方法对一些地区实际的通婚状况进行调查分析，是使我们的研究工作进一步深入的主要步骤。

正是出于这一考虑，北京大学社会学人类学研究所在研究赤峰地区蒙汉民族关系时，特别注意调查了当地蒙汉通婚的情况。我们于 1985 年夏天在内蒙古赤峰地区（原昭乌达盟）的农村和牧区调查了 41 个自然村，访问了 2089 户当地蒙古族、汉族居民，采取了开座谈会和户访问卷调查相结合的方式，对当地蒙汉关系从语言、社会交往、居住形式、族际通婚等几个方面进行研究。这些研究结果，可以帮助我们通过一个具体的案例来理解研究族际通婚中需要关注的主要问题。

我们首先把调查对象按民族分组，对蒙古族和汉族从户主个人、社会、经济等特征和社区（以自然村为单位）结构特征两个层次来分析一下当地通婚的规模和特点。最后使用一个路径分析模型（Path analysis model）来检验各种因素对当地族际通婚的影响。

在 2089 被调查户当中，有 50 户的户主未婚，除了这一小部分

外，有 14% 的户主与其他民族成员通婚。一般来说，在城镇工厂当中，族际通婚会比较多些，① 而在农村牧区，达到 1.4% 的异族通婚率应当说是相当高的。汉族男性户主中有 13.2% 娶了蒙古族女性为妻，蒙古族男性户主有 15.2% 娶了汉族女性。蒙古族男子的异族通婚率略高于汉族。被调查户依照户主及其配偶的性别、民族成分以及男方的社会、经济情况分成几组，各组的通婚情况见表 7–5。

表 7-5　被调查已婚户户主的婚姻情况

丈夫的人口、社会经济状况	婚姻类型（夫—妻）					
	汉—汉 %	汉—蒙 %	合计 %	蒙—汉 %	蒙—蒙 %	合计 %
年龄：						
30 岁以下	86.0	14.0	100.0	25.2	74.8	100.0
30—39 岁	88.1	11.9	100.0	18.6	81.4	100.0
40—49 岁	88.5	11.5	100.0	11.2	88.8	100.0
50—59 岁	85.7	14.3	100.0	8.4	91.6	100.0
60 岁及以上	84.3	15.7	100.0	8.9	91.1	100.0
教育水平：						
文盲	86.6	13.4	100.0	10.2	89.8	100.0
小学	87.6	12.4	100.0	16.4	83.6	100.0
初中	88.1	11.9	100.0	18.2	81.8	100.0
高中以上	81.1	18.9	100.0	20.3	79.7	100.0
生产活动：						
农业户口	89.4	10.6	100.0	38.0	62.0	100.0
牧业户口	77.5	22.5	100.0	8.3	91.7	100.0
职业：						
农、牧民	87.3	12.7	100.0	15.5	84.5	100.0
退休干部、退休工人	83.3	16.7	100.0	20.0	80.0	100.0
手艺人、技工	93.9	6.1	100.0	5.0	95.0	100.0
教师	85.7	14.3	100.0	15.4	84.6	100.0
国营或集体企业职工	80.0	20.0	100.0	21.7	78.3	100.0
干部	65.4	34.6	100.0	9.9	90.1	100.0

---

① 据苏联卡拉卡尔帕克自治共和国 20 世纪 70 年代的调查，城市的异族通婚率为 25.6%，远高于农村的 10.7%。（托尔斯托娃，1986：2）

续表

丈夫的人口、社会经济状况	婚姻类型（夫—妻）					
	汉—汉 %	汉—蒙 %	合计 %	蒙—汉 %	蒙—蒙 %	合计 %
迁移情况： 本地出生 移民	84.6 88.1	15.4 11.9	100.0 100.0	13.4 17.4	86.6 82.6	100.0 100.0
总计： 调查户数 %	1071 86.8	163 13.2	1234 100.0	122 15.2	683 84.8	805 100.0

根据国外社会学有关文献的介绍和我们在赤峰实地调查中得到的印象，个人的人口、社会、经济诸因素中可能影响到其与另一个族群的成员通婚的有：（1）年龄（反映不同历史时期社会、经济、文化和民族政策的变化）；（2）教育水平（反映学校体制、教学内容对民族意识的影响和对民族政策的理解）；（3）职业（反映本人的社会、经济地位和工作与居住环境）；（4）收入（反映本人经济地位与消费水平）；（5）户口登记类别（分为牧区、农村和城镇三类，反映居住环境和传统的生产活动）；（6）迁移情况（由于本地移民多为汉族，反映了移民—本地户关系如何影响族群关系）；（7）掌握对方语言的能力（反映相互思想交流、文化交流的程度）；（8）邻居中是否有其他族群的朋友（反映族群之间的社会交往）。前四项常见于西方族群关系研究文献，[①]后四项主要是根据赤峰当地的实际情况提出来的。[②]

---

① 参考 K. Davis, 1941, "Intermarriage in Caste Societies", *American Anthropologist* (43): 376-395；

D. Heer, 1974, "The Prevalence of Black-White Marriage in the U.S", *Journal of Marriage and the Family* (36): 246-258；

P. Blau, 1977, *Inequality and Heterogeneity*, New York: Free Press；

R. Schoen and L. Cohen, 1980, "Ethnic Endogamy Among Mexican American Groups", *American Journal of Sociology* (86): 359-366。

② 苏联卡拉卡尔帕克自治共和国 20 世纪 70 年代调查中总结的影响族际通婚的因素主要有：（1）城乡差别；（2）宗教因素；（3）历史阶段（"二战"后许多少数民族战士从俄罗斯地区带回自己的新娘）；（4）性别选择。（托尔斯托娃，1986：2）

1. 年龄

由于人们一般在 20 岁至 30 岁之间结婚，人口中不同年龄组的通婚比例和类型变化，在一定程度上可以反映出不同时期社会、经济发展的整体情况、政府的民族政策、族群关系的变迁以及各族群对待通婚态度的变化。从表 7-5 可以看出，各年龄组中的汉族通婚比例变化不大，蒙古族的变化则比较明显，基本上可以说是越年轻的男性，与汉族女性结婚的比例越高。30 岁以下的蒙古族已婚户主中，竟有四分之一娶了汉族妻子，这与 50 岁以上年龄组的情况形成鲜明对比。这反映出新中国成立后特别是近十几年蒙汉族群关系的不断改善。

2. 教育水平

教育水平与族际通婚之间的关系可以从两方面考虑。在一般情况下，具有相近教育程度的人往往有较多的共同语言和更多的接触机会（在学校里或毕业后在工作场所），这种认同感和结识的客观条件增加了通婚的可能性。另一方面，具有较高教育水平的人一般接受民族政策的教育多一些，族群偏见少一些，他们与其他族群通婚的可能性也因此增加。从表 7-5 来看，教育水平与通婚之间的关系对汉族来说不明显，只是具有高中以上教育水平的汉族男性户主（90 户）娶蒙古族妻子的比例较高，达到五分之一。其他三组的情况是教育水平越低，通婚比例越高，但变化幅度很小。

在蒙古族当中，随着教育水平的增加，与汉族女性结婚的比例呈线性增长。受到较多学校教育的蒙古族男青年，眼界较开阔，对祖国民族大家庭和党的民族政策有更多的了解，同时在学校中他们也学习了汉族的语言，接触了汉族的文化，这是与汉族女青年进行思想交流和共同生活的基本条件。

3. 职业

职业常常与人们的工作性质和收入有密切关系，因此可能间接影响人们对配偶的选择。表 7-5 反映出蒙汉两族在通婚的职业特征上有相近的地方。如技工和手艺人都很少与外族人通婚。这些人是村里的电工、瓦工、木匠、司机等，收入高，在村里受人尊重，很容易在本族中找到妻子。又如在国营或集体企业的职工当中，蒙汉两族的通婚率都较高，他们的工作场所和工作性质有助于蒙汉男女青年之间的相互接触和结婚。

蒙汉两族的基层干部在通婚方面却存在着很大差别。三分之一的汉族干部娶了蒙古族妻子，与之相比只有不足 10% 的蒙古族干部与汉族女性结婚，这个差别值得注意。由于赤峰属民族自治地区，旗县干部和群众中蒙古族比例很大，对于乡以下的各级汉族干部，有一个蒙古族妻子，对自己开展工作是十分有利的。而蒙古族一方面是本地的主体族群，在权力结构上处于优势，没有汉族干部类似的考虑；另一方面在人数上逐步变成少数，[①] 心理上容易产生被汉族在文化上同化的担心，这两方面的结合便有可能导致蒙古族干部的族内婚倾向。

4. 户口登记状况

这项指标实际上反映的是生产活动类型：是农业劳动还是牧业劳动。汉族传统的生产活动是农业，蒙古族是畜牧业。汉族熟悉土地耕作和栽培技术，在掌握农业时令、选种施肥、防治病虫害等方面有一定经验。从晚清到新中国成立之前，河北、山东汉族农民曾大量迁入赤峰地区，开垦荒地，变草场为农田。留在这些新开垦农业地区的蒙古族则逐渐开始务农，与此同时，深入到北部牧区的汉族农民也入乡随俗，学习从事畜牧业。户口登记状况反映了这种种变迁。由于蒙古族在畜牧业生产中具有优势，又是牧区居民的多数，所以在牧区的汉族男户主与蒙古族结婚的比例是农区的两倍多。而在农区的蒙古族男户主则有 38% 娶了汉族妻子，大大高于牧区的蒙汉通婚比例（8.3%）。

---

① 1985 年，赤峰地区蒙古族占总人口的 13%。

5. 收入

初看起来，对男性户主来说，族际通婚似乎利于汉族而不利于蒙古族，汉—蒙通婚家庭人均收入为398元，稍高于汉族夫妇的385元，而蒙—汉通婚家庭人均收入为386元，低于蒙古族夫妇的446元。但如区分开农业地区和牧业地区，两者之间就暴露出了差距。在农业地区，最富裕的家庭是汉族夫妇，收入最低的是蒙古族夫妇，娶了汉族妻子的蒙古族男子，其家庭收入明显高于蒙古族夫妇。汉族妻子的娘家及其亲友时常会在生产、生活各个方面给予蒙—汉家庭许多帮助，这就是在农区的蒙古族男性中娶汉族妻子的比例较高的原因。在牧业地区，没有家底和生产技能的汉族夫妇收入最低，蒙古族夫妇收入较高，但人均收入最高的是汉—蒙家庭。这类家庭往往在畜牧业上得到蒙古族岳父家的帮助，同时汉族丈夫本人总有一些特殊技能，如会开拖拉机、当电工等，自己也可以得到高收入。一般来说，没有特殊技能和高收入的保障，汉族男子在牧区是娶不到蒙古族妻子的。这类通婚家庭的人均收入甚至高于蒙古族夫妇。

6. 迁移情况

本地出生的汉族男子，娶蒙古族妻子的比例高于移民。这些人出生在本地，与当地蒙古族孩子一同长大，一起上学，其中不少会讲流利的蒙古语，这样自然就增加了他们与蒙古族通婚的可能性。与此相反，从外地迁来的蒙古族男子，在本地没有根基，一般也比较穷，与汉族女性通婚的比例高于本地出生的蒙古族男性。移民要进入当地的社会组织，并与当地人联姻，总是比当地出生者要困难。这次调查的大部分地区，当地的社区长期以蒙古族为主体，所以移民—本地户关系时常与汉—蒙关系相重合，体现了族际关系的另一个侧面。

7. 语言

从表 7-6 可以看出，在农业地区，96.3% 的蒙古族户主会讲流利的汉语，同时有 34% 的蒙古族户主已经完全不会讲蒙古语了。在牧业地区，有 47.2% 的汉族户主会讲一些蒙古语或蒙古语很好，而精通汉语的蒙古族户主比例也达到 73.2%。由此可见，在农区汉语是通用的语言，蒙古语已很少使用；在牧区的蒙古族内部，蒙古语依然是主要语言，但蒙汉之间交流多用汉语进行。熟悉对方的语言是族际通婚的必备条件，农业地区的通婚比例高，有其语言基础。

表 7-6　被调查户主的语言能力

使用语言	语言能力	农区居民		牧区居民	
		汉族 %	蒙古族 %	汉族 %	蒙古族 %
汉语	不会	0.0	0.0	0.4	6.8
	会一些	0.2	3.7	0.7	20.0
	很好	99.8	96.3	98.9	73.2
	总计	100.0	100.0	100.0	100.0
蒙古语	不会	89.1	34.0	52.8	2.2
	会一些	8.3	22.5	20.4	3.9
	很好	2.6	43.5	26.8	93.9
	总计	100.0	100.0	100.0	100.0

8．蒙汉民族混居和互交朋友的情况

在邻居和平时交往多的朋友当中，如有许多其他族群的成员，无疑会促进相互之间的了解并为通婚创造客观条件。在这里有三点值得注意。一是在实际过程中，族际通婚很可能又反过来促成族群混居并有助于与他族成员交朋友。二是调查中有关邻居的情况是客观可靠的，有关交友情况则是由被调查人提供的，与实际情况可能会有出入，但这里至少也可以反映调查人主观上希望的与其他族群成员的交往情况。三是交友受到客观环境的限制，当一个村子里没有蒙古族居住时，有蒙古族邻居是不可能的，与蒙古族交朋友也受到限制。

从表 7-7 中可以看出，农区与牧区族群混居和交友方面存在着

明显的差异。在农业地区，汉族在人数上和经济活动中处于优势，蒙古族居民中有 35.6% 的四邻中，三家以上是汉族，31.4% 宣称自己平时来往较多的朋友中汉族人比蒙古族人要多。这与农区的蒙古族人娶汉族人比例高是直接关联的。在牧区的汉族居民则有较多的蒙古族邻居和蒙古族朋友，虽然只有 41.3% 的汉族居民四邻中有一半以上是蒙古族人，但自称朋友中蒙汉各半和蒙古族人为多的有52%，这表明在牧区的汉族居民有积极与蒙古族人交流的倾向。在这种背景下，牧区的汉族人中与蒙古族人通婚比例较高也是十分自然的了。

表 7-7 被调查户主的蒙汉混居、交友情况

	民族比例	农区居民		牧区居民	
		汉族 %	蒙古族 %	汉族 %	蒙古族 %
邻居中	蒙古族为多数	8.9	45.0	32.0	89.2
	蒙汉各半	8.3	19.4	9.3	4.0
	汉族为多数	82.8	35.6	58.7	6.8
	总计	100.0	100.0	100.0	100.0
朋友中	蒙古族为多数	6.9	43.5	34.5	85.4
	蒙汉各半	13.0	25.1	17.5	8.7
	汉族为多数	80.1	31.4	48.0	5.9
	总计	100.0	100.0	100.0	100.0

9. 社区的结构特征与族际通婚

在赤峰，无论是在农村还是牧区，自然村是基层的社区单位。自然村的户数有多有少，但每个自然村都由耕地或草场把它与其他村子分隔开，形成一个天然的社区组织。各个村子具有的特征，如自然资源拥有情况、生产类型、交通条件、平均收入与消费水平、平均教育水平、民族结构等，构成了社区社会、经济、文化结构和成员之间的环境，对村内居民中的族际通婚，也具有很大

的影响。

我们使用六个变量来分析社区特征与社区内户主族际通婚比例之间的关系。这六个变量是：（1）蒙古族户主中与汉族人结婚的百分比；（2）汉族户主与蒙古族人结婚的百分比；（3）全村户主的平均上学年数；（4）生产类型（农业=1，牧业=2）；（5）全村总户数中蒙古族的百分比；（6）全村总户数和汉族的百分比。基层的社区单位是自然村，赤峰调查共包括了 41 个自然村，内有 17 个农业村和 24 个牧业村。由于农业村落一般比较大，户数多于牧业村，所以农业村数目虽少，但占被调查总户数的 57%，牧业村仅占 43%。

表 7-8 中为这六个变量之间的相关系数表。可以看出，蒙古族在村里户数中的比例（即"相对数量"或"相对规模"，relative size）对于蒙古族人与汉族人结婚具有决定性的意义，相关系数为（-.802），也就是说村里蒙古族人越少，与汉族人结婚的就越多，线性关系十分显著。在我们的调查中发现有三个村子都只有一户或两户蒙古族居民，他们的户主全部娶了汉族妻子。对于汉族，相对数量对族际通婚的影响大大小于蒙古族，相关系数为（-.289）。

表 7-8　41 个村与族际通婚有关变量的相关系数表

	蒙古族户主与汉族通婚 %	总户数中蒙古族 %	汉族户主与蒙古族通婚 %	总户数中汉族 %	全村户主的平均上学年数
总户数中蒙古族 %	-.802	—	—	—	—
总户数中汉族 %	—	—	-.289	—	—
全村户主平均上学年数	.004	.004	.271	-.004	—
生产类型	-.573	.769	.210	-.769	.111

由于蒙古族多居住在牧区，那儿的蒙古族人与汉族人结婚的就

比较少（-.573），而牧区汉族人与蒙古族人结婚的比农区汉族人要多（.210）。教育因素对汉族人与蒙古族人结婚还有一些积极影响（.271），对蒙古族人娶汉族人则基本上没有影响（.004）。

10．赤峰农村牧区蒙汉通婚分析模型及其检验

前面提到的路径分析模型仅包括六个变量，同时以村为统计分析单位，下面我们将介绍另一个以每个被调查户的户主为单位的路径分析模型（见图7-3），把户主是否与外族结婚作为因变量。自变量有两组，一组是前面分析过的户主个人特征，包括：（1）年龄；（2）上学年数；（3）职业；（4）户口登记类型；（5）是否移民；（6）掌握另一个族群语言的能力；（7）四邻中另一个族群成员

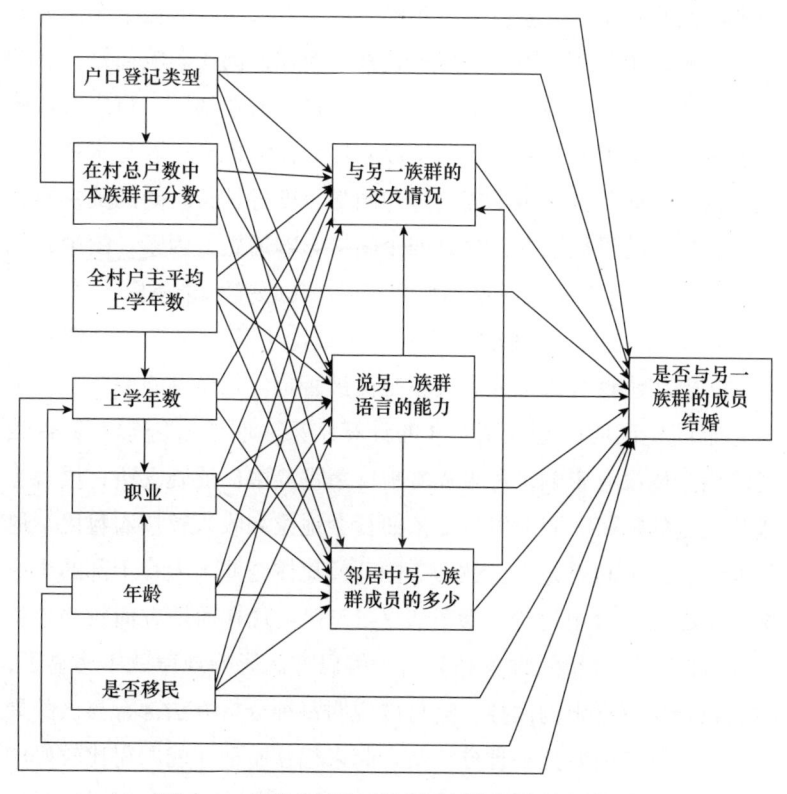

图 7-3 赤峰农村牧区族际通婚分析的理论模型

的多少；（8）与另一个族群成员的交友情况。另一组是社区特征，包括：（9）本族在村里的"相对数"；（10）村里户主的平均上学年数。图中的箭头表示不假定的影响方向。模型中之所以吸收以上变量，是想综合考察和检验一下所有这些对族际通婚有可能产生显著影响的因素，证明哪些因素实际上并没有影响，有影响的因素其作用是积极的还是消极的，影响力究竟有多大。

在蒙古族男子是否娶汉族妻子的变化方面，图7-4表明蒙古族男子与汉族女性结婚，最主要的两个因素是与汉族的社会交往（交朋友）和生产类型（本人生活在农区还是牧区）。与前面分析的结果一样，农区的蒙古族男子娶汉族女性的可能性比牧区要大，有许多汉族朋友也增加了蒙古族男子娶汉族女性的机会。第三个直接影响通婚的因素是年龄，蒙古族中年轻人与汉族人结婚的比中老年人要多。此外，还有四个因素通过影响社会交往而间接影响通婚：有较多汉族邻居有助于与汉族人交朋友；居住在农业地区、村中蒙古族比较少，增加了蒙古族青年与汉族女性交往的机会；教育水平高即在学校里（那儿有许多汉族老师和同学）度过较长时间的蒙古族青年也有较多的汉族朋友。这是四个间接影响通婚的因素。图中其他的因果关系由于与通婚关系不那么直接，在此就不讨论了。

在图7-4中被排除的因素有些是理论上认为应当对通婚有影响的，但在统计分析中因意义不足而被否定。在模型检验中，否定与肯定同样说明问题。图7-4的计算结果表明语言因素对蒙古族娶汉族全然没有影响，可见赤峰地区蒙古族多已通晓汉语，语言不成为交流的障碍。职业因素（依照社会地位和收入暂按农牧民、退休人员、技工和手艺人、教师、国营或集体企业工人、干部的次序编码）在前面分组讨论（参见表7-5）曾发现在通婚方面较为独特（如干部），但分析线性关系时由于编码方法影响规律就不明显了，因此完全从模型中淘汰掉。这可以说明每种分析方法都有自己的局限性，在研究中要把多种方法结合起来相互验证才能取得比较好的结果。教育水平对通婚的影响则反映了另一种情况，分组讨论时发

中国各民族之间的族际通婚

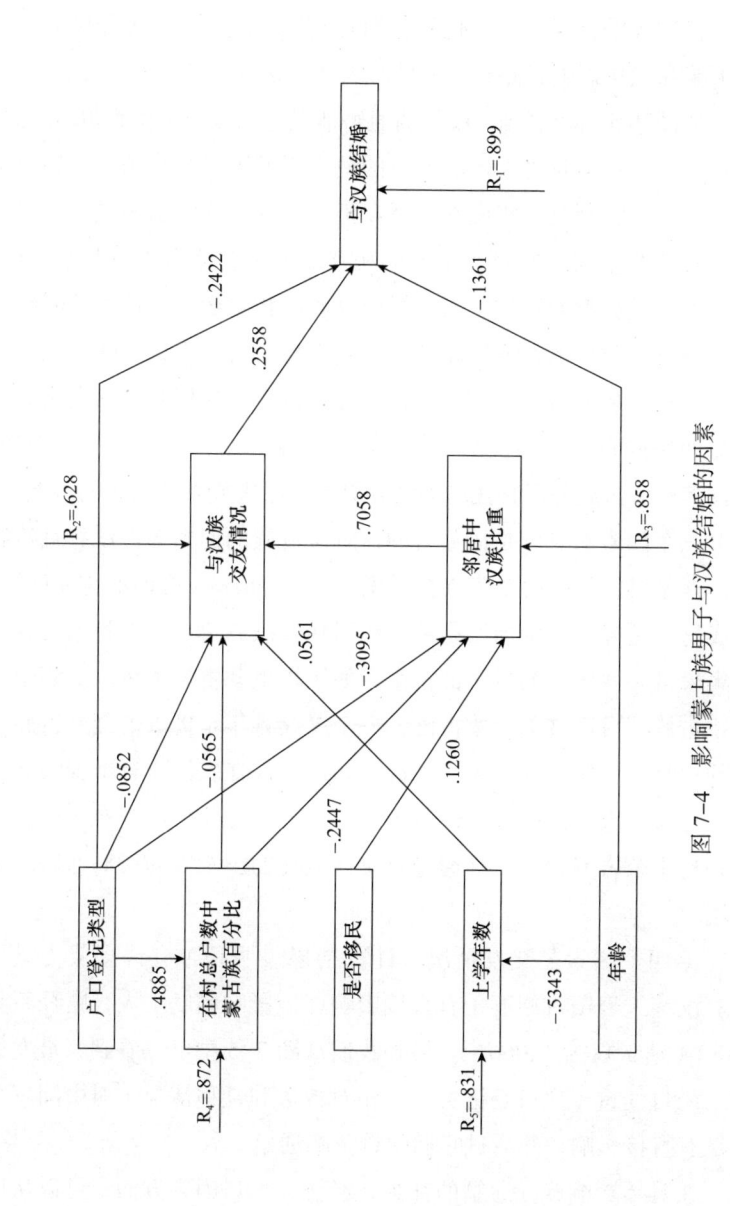

图 7-4 影响蒙古族男子与汉族结婚的因素

现的线性关系在路径分析中消失了，表现为通过交朋友变量的间接影响，这表明路径分析深化了我们对现象的理解，因为能区分开直接影响和间接影响是路径分析的最大优点之一。

从图 7-5 可以看到，汉族的通婚情况有一点与蒙古族很不相同，那就是会蒙古语是直接影响通婚的最重要的因素。有相当一部分蒙古族老人（特别是老年妇女）至今仍不会汉语或汉语不熟练，娶他们的女儿为妻需要在思想上能够相互交流，会蒙古语是基本条件。第二个直接影响通婚的因素是村中汉族的相对数量。计算证明村中汉族在总户数中的百分比越低，汉族人与蒙古族人结婚的可能性就越大。相对数量这一变量在蒙古族方面没有直接影响，而在汉族方面对通婚的直接影响仅次于语言能力。第三个因素是蒙古族邻居，有较多的蒙古族邻居直接增加汉族男子与蒙古族女性通婚的可能性。以上三个因素对汉族是最重要的，对蒙古族的通婚却都没有直接影响，这是汉、蒙古两个民族在通婚形态（pattern）方面的重要区别。造成这一差异的一个原因是蒙古族居住较汉族集中，而且蒙古族主要集聚区（牧区）的村子都很小。如果村里蒙古族很少，四邻中没有蒙古族，自己又不会蒙古语，一个汉族青年是极难娶到蒙古族女性的。对一个蒙古族男青年来说，如果居住在农区，有不少汉族朋友，与汉族人联姻的可能性就很大。至于自己住房周围有无汉族邻居和村中蒙古族比例，则通过对交往情况的影响来间接对通婚发生作用。

第四个因素是交友情况，计算结果表明是否有许多蒙古族朋友对汉族人娶蒙古族妻子有直接影响，但影响幅度不大，路径系数（BATA 值）仅为（.0661）。另外我们从图 7-5 中可以看到，最左边的三个自变量（户口登记类型、相对数量和迁移情况）对中间三个变量有直接影响，并通过它们间接影响通婚。

在具体影响族际通婚的社会、经济、人口因素方面，可以从以上分析中总结出以下几条。

（1）年轻蒙古族人当中通婚比例较高，但年龄这一因素对于汉族

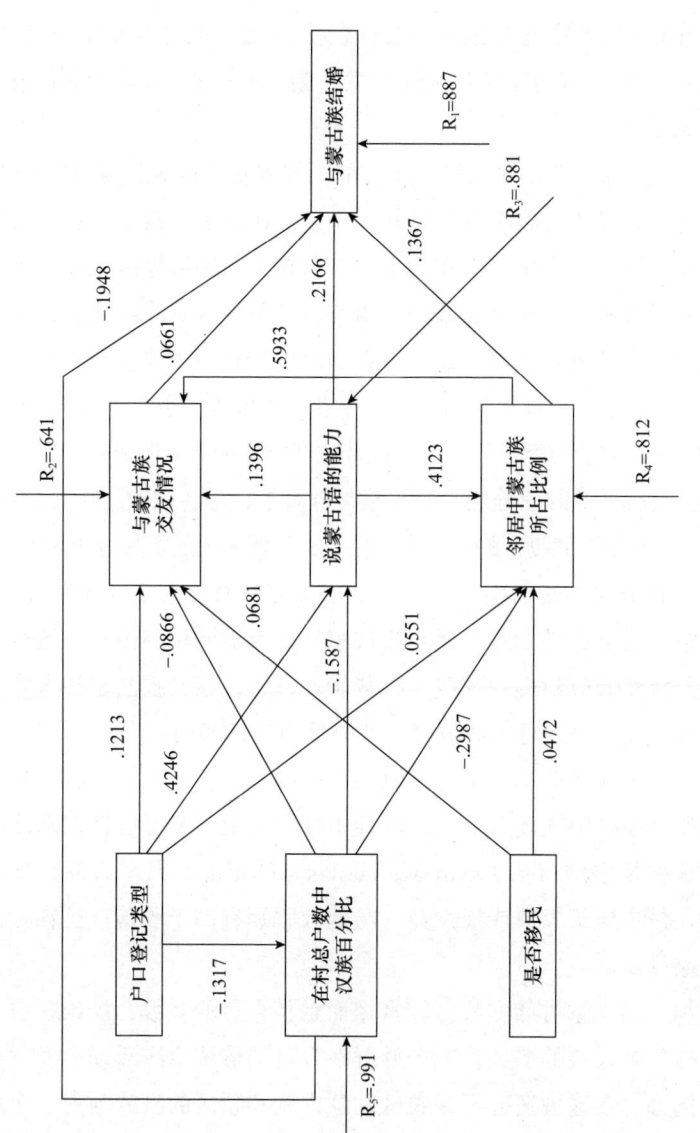

图 7-5 影响汉族男子与蒙古族女性结婚的因素

却不明显。新中国成立后年轻人都或多或少在学校中读过书，学校中的蒙古族学生学汉语和广泛接触汉族文化，而汉族学生不学蒙古语。一方面蒙古族年轻人比较愿意选汉族女性为妻，也较容易为汉族家庭所接受；另一方面语言在通婚中对蒙古族人不重要，在汉族人却成了最重要的因素。

由此看来，目前少数民族地区的学校体制（包括民族中、小学）有助于少数民族吸收汉族语言和文化，但在促进汉族了解、吸收少数民族的语言和文化方面作用很小。对在少数民族地区工作、生活的汉族干部职工，通晓少数民族语言，熟悉少数民族的文化，是开展各项工作的重要条件。这一点在20世纪50年代曾受到重视，在促进民族团结、发展民族地区各项事业方面取得了很好的效果。

（2）在职业方面，蒙古、汉民族在通婚中的差异明显反映在干部当中。汉族干部的三分之一娶了蒙古族妻子，是各职业组中最高的，蒙古族干部娶汉族妻子的不足十分之一，比例大大低于其他职业组。

在族群间的交往中，大族群的成员容易有自信心并比较开放，在通婚问题上也是如此，而小族群容易产生被同化的担心，这种心情十分自然而应当得到理解。有些研究指出，族群政治领袖人物和知识分子往往民族意识比较强，并有族内婚的倾向。

（3）村中族群人口的相对数量在通婚中是一个十分重要的因素。如果本村中同族人少，在同族中择偶的范围和可能性也随之缩小，这就是婚姻市场（marriage market）的影响。另一方面，如果本族在村中居于少数或极少数，与他族联姻有助于改善自己在社区中的地位。

（4）由于蒙古族在牧区较富裕而且是人口的多数，汉族在农区收入高并是人口的多数，两个族群在各自的传统生产活动中发挥各自的优势。在这种情况下，农区的蒙古族和牧区的汉族与另一个族群通婚的比例大于牧区的蒙古族和农区的汉族。

内蒙古赤峰地区在我国中西部少数民族地区中具有一定的代表性，但是影响族群关系的各种因素在不同地区表现的形式和程度也各不相同。除了上面讨论过的以外，还有其他一些因素，如：分年龄组的男女性比率、工作场所中的接触条件、民族的文化差异、民族的婚姻生育观、地方族群社团对待族际通婚的态度、宗教对通婚的影响、法律对族际通婚的规定，等等，在一定条件下也会对族际通婚发生直接的有时甚至是决定性的影响。这些宏观性影响因素，我们在图7-2中已经进行过讨论，这些因素的作用在赤峰调查中也得到证实。

综上所述，族际通婚是测度一个国家、一个地区族群关系的重要尺度，我们在本文中分别提出了一个分析族际通婚的宏观框架和一个在实地户访调查中具有应用价值的量化分析模型，用以分析有关的影响因素。通过对20世纪50年代社会调查资料和1990年人口普查资料的分析，我们可以得到关于我国族际通婚的一个基本轮廓，赤峰案例的分析则可帮助我们理解在蒙古族与汉族混居的农村中，影响民族之间相互接触和通婚的各项具体因素。关于我国各个少数民族之间的族际通婚，还需要在今后更加深入细致地加以调查和研究。

中华民族各族的团结对于我国的社会稳定和经济繁荣是十分重要的政治保障。随着近年来改革开放的不断深入，东部沿海地区与西部少数民族地区的经济差距在不断扩大，境外政治和宗教势力的影响也在增强。通过对族际通婚这样的专题进行系统的调查研究，将有助于对新形势下我国族群关系的变化进行深入科学的分析，及时发现问题，提出对策，不断巩固和发展各兄弟族群之间相互尊重、相互信赖、团结互助的关系，在各族共同繁荣的基础上共同努力，不断增强"中华民族大家庭"的凝聚力，加快实现祖国的现代化。

参考书目：

陈明侠：《关于民族间通婚问题的探索》，《民族研究》，1993年第4期。

C.托尔斯托娃：《卡拉卡尔帕克苏维埃社会主义自治共和国农村居民的异族通婚》，《民族译丛》，1986年第5期。

国务院人口普查办公室、国家统计局人口统计司编:《中国 1990 年人口普查资料》(第一册、第三册),北京:中国统计出版社,1993 年 a,1993 年 c。

华立:《清代的满蒙联姻》,《民族研究》,1983 年第 2 期。

马戎:《美国的种族与少数民族问题》,《北京大学学报》,1997 年第 1 期,1997 年 a。

马戎主编:《西方民族社会学的理论与方法》,天津:天津人民出版社,1997 年 b。

施光明:《北朝民族通婚研究》,《民族研究》,1993 年第 4 期。

杨学琛:《略论清代满汉关系的发展和变化》,《民族研究》,1981 年第 6 期。

严汝娴主编:《中国少数民族婚姻家庭》,北京:中国妇女出版社,1986 年。

杨英杰:《满族婚姻习俗源流述略》,《民族研究》,1987 年第 5 期。

张养吾主编:《编纂〈民族问题五种丛书〉文库之四》(综合编),北京:中央民族大学出版社,1995 年。

Gordon, M. M. 1964, *Assimilation in American Life*: *The Role of Race, Religion, and National Origins*, New York: Oxford University Press.

Kennedy, R. J. R., 1944, "Single or Triple Melting-Pot? Intermarriage Trends in New Haven, 1870–1940", *American Journal of Sociology,* 1944(49): 331–339.

Simpson, G. E. and J. M. Yinger, 1985, *Racial and Cultural Minorities: An Analysis of Prejudice and Discrimination* (5th edition), New York: Plenum Press.

附录 《中国少数民族社会历史调查资料丛刊》中有关 43 个民族族际通婚情况的介绍

1. 傣族

（1）（云南佛海县）"除了与汉人通婚外，不和山区民族通婚"（《傣族社会历史调查·西双版纳之一》，1983：23）。

（2）（云南元江县）"傣族各支系之间很少通婚……至于与其他民族通婚，那就更少了"（《思茅、玉溪、红河傣族社会历史调查》，1985：89）。

（3）（云南金平县）"傣族与汉族之间的关系尤为密切。汉族对傣族社会发展产生了很大影响，汉族商贩和广东、广西的移民……和傣族妇女互通婚姻"（《思茅、玉溪、红河傣族社会历史调查》，1985：120）。"汉族商贩和贫苦的广东、广西移民，不仅很早以来便运进了工业品，并且和傣族妇女互通婚姻……这些汉族在金水河安家落户，现在已完全被傣族所同化"[《云南少数民族社会历史调查资料汇编》（三），1987：60]。

（4）（云南潞西县）"（傣族姑娘）多愿嫁与汉族"，想嫁汉族的原因是，"嫁汉人丈夫好享福，可走遍天下好地方"。[《德宏傣族社会历史调查》)（一），1984：37]

（5）（云南勐腊县）"汉人……来了就和当地彝族、傣族结婚成家，有些彝族、傣族就渐渐成为汉族了"；"（曼脸）寨子17户，祖宗是汉族的只有两户，其他有3户祖宗是傣族，有12户祖宗是彝族，现在都不会讲傣语、彝语了，全都自报为汉族了"。[《西双版纳傣族社会综合调查》（二），1984：60]

（6）（云南耿马县）"傣德（水傣）……解放前只在本民族内部通婚，也不和傣挪（旱傣）通婚"（《临沧地区傣族社会历史调查》，1986：129）。

2. 佤族

（1）（云南西盟县岳宋地区）"（佤族）与傣族关系很好……但也互不通婚"[《佤族社会历史调查》（二），1983：3]。

（2）（云南西盟县）与傣族、拉祜族通婚，"佤族与傣族发生关系较早，传说在六七百年前两族就有了通婚关系"[《佤族社会历史调查》（一），1983：8，111]。

（3）（云南沧源县）与汉族通婚，"省外（迁来的）汉族多与本地人及佤族通婚"[《佤族社会历史调查》（三），1983：35]。

（4）（云南腾冲县）"佧拉人（佤族支系）生活风习多已汉化，但不与汉人通婚；解放后已渐有通婚的"[《中央访问团第二分团云南民族情况汇集》（上），1986：214]。"佧拉人（佤族支系）……不与他族杂居，但与他族（除汉族上层）通婚"[《中央访问团第二分团云南民族情况汇集》（上），1986：223]。

3. 哈尼族

（1）（云南西双版纳）"不与其他民族杂居，尤其是傣族，他们说我们的古礼不能与傣族在一起住，更不能通婚"（《傣族社会历史调查·西双版纳之一》，1983：54）。

（2）（云南红河县）"哈尼族与汉族和彝族都有通婚关系，与瑶族、卜拉人、傣族一般不通婚"（《哈尼族社会历史调查》，1982：78）。

4. 瑶族

（1）（云南金平县）"不与其他民族通婚，村落较小，所以多系亲戚"。[《云南少数民族社会历史调查资料汇编》（四），1987：121]

（2）（广西金秀县）"花蓝瑶……与他族或其他瑶族支系通婚极少见"；"坳瑶与汉、壮两族通婚，已有百年的历史，不仅有汉女嫁瑶男的事，而且有瑶女嫁给汉人为妻的"；"山子瑶与汉人通婚已有不少，但仅限招婿上门"。[《广西瑶族社会历史调查》（一），

1984：341，342，347］

（3）（广西南丹县）"白裤瑶……过去绝对禁止与外族通婚，解放后仍如此"［《广西瑶族社会历史调查》（三），1985：57］。

（4）（广西南丹县）"白裤瑶不论聚居杂居的地方，婚姻范围都完全限于族内，不和其他民族通婚。若有某人与别个民族发生婚姻关系，就要被瑶族的人民群众视为反常或不吉利的事情。……'如果与别的民族结婚，就是给人家骂变了种'"［《广西瑶族社会历史调查》（九），1987：93］。

（5）（广西环江县）"后山瑶……与附近壮族互相通婚"［《广西瑶族社会历史调查》（三），1985：70］。

（6）（广西贺县）"长期以来，瑶、汉两族是绝少通婚的，解放后，这种现象已有所改变"，"瑶族与汉族之间……相互保持着通婚的关系"，"过山瑶除同姓不婚外没有什么婚姻限制，与土瑶及汉族均可发生通婚的关系"。［《广西瑶族社会历史调查》（三），1985：166，212，238］

（7）（广西全州县、灌阳县）"由于汉、瑶长时间的接触，人民之间相互往来，并有相互通婚的习惯……汉族已通晓瑶语，风俗习惯也受到影响，并有些妇女改成瑶装，也有娶了瑶族妇女为妻"［《广西瑶族社会历史调查》（四），1986：3］。

（8）（广西龙胜县）"原与汉人亦不通婚，该年（1933年）后与汉人通婚者，亦日渐有之"；"花瑶的婚姻，通婚范围主要在瑶族内部，但与其他民族如汉、侗、黎族亦互相通婚"。［《广西瑶族社会历史调查》（四），1986：223，227］

（9）（广西荔浦县）"汉族男的到瑶家入赘的很多，也有女子嫁到瑶家的"；"瑶汉之间是可以通婚的，但是瑶族的男子没有到汉族地区入赘的，妇女也不嫁给汉族。而汉族嫁与瑶族则是不乏其例的"。［《广西瑶族社会历史调查》（四），1986：246，268］

（10）（广西兴安县）"没有与其他民族通婚的习惯"［《广西瑶族社会历史调查》（四），1986：351］。

（11）（广西凌云县）"背篓瑶……不与壮、汉族或其他民族通婚，甚至不与瑶族其他支系通婚。除了历史上的民族隔阂外，他们认为彼此语言不通，风俗习惯不同，难以相处"[《广西瑶族社会历史调查》（五），1986：10]。

（12）（广西上林县）"壮、瑶两族人民……消除了过去不通婚的历史残迹"[《广西瑶族社会历史调查》（五），1986：19]。

（13）（广西田林县）"虽然瑶族妇女一般不嫁到外族去，但壮、汉族男子入赘瑶族则是允许的。也有汉族妇女嫁给瑶族的。瑶族接养壮、汉子女的事例也是有的。因此，有少部分的瑶人，实际上是原来的壮人或汉人"；"婚姻多在本民族的范围内进行，很少和其他民族发生婚姻关系"。[《广西瑶族社会历史调查》（五），1986：49，71]

（14）（广西巴马县）"瑶族和壮族之间通婚并不普遍，与汉族之间也很少发生婚姻关系，壮、汉族之间通婚的也不多，原因是彼此的风俗习惯不同"；"瑶族与壮、汉族通婚并不受任何限制……壮人入赘瑶家，汉人娶瑶族妇女为妻的事也是不乏其例的"。[《广西瑶族社会历史调查》（五），1986：138，172]

（15）（广西西林县）"瑶族解放前直到现在和外族通婚的很少，据了解，是由于语言和生活习惯不同的原因，还有生产方法的不同等"[《广西瑶族社会历史调查》（五），1986：274]。

（16）（广西都安县）"过去，各族人民很少往来，互不通婚。……（现在）打破了历史上不同民族不通婚的陈规旧例"[《广西瑶族社会历史调查》（五），1986：375]。

（17）（广西上思县）"（十万大山地区的）山子瑶的女子一般不嫁给外族的男子"[(《广西瑶族社会历史调查》（六），1987：259]。

（18）（广西都安县）"瑶族与外族不通婚，主要原因是过去统治阶级造成的民族歧视。……其次是由于生活习惯不同，如瑶族妇女不会纺织，怕汉人、壮人歧视，不愿与之结婚，汉人、壮人也不愿娶瑶族妇女为妻，汉、壮妇女嫌瑶人生活贫困，也不愿通婚，解放后迄今仍未有与外族通婚的"[《广西瑶族社会历史调查》（九），1987：46]。

（19）（广西恭城县）"（瑶族）与一些'民人'（汉族）近在咫尺，但以往是绝不通婚。他们说，'我们的人嫁出去容易，讨进来就难了，不这样，我们瑶人就会绝种了！'……到了80年代，居住在老村的汉瑶互婚已成为常事，而大、小源一带一如既往，婚嫁仍只限于本村本族"[《广西瑶族社会历史调查》（九），1987：164]。

（20）（广东连南县）"排（瑶族支系）外通婚也是与四周围20—30里的瑶人彼此通婚。只有少数童养媳是与汉人结亲的。解放后，情况稍改变，娶汉人为妻或买汉人做养子而娶回人的也有发现"，"解放前，有个别的人因家穷到汉区做工或当童养媳而与汉人结婚的；解放后，也有当干部的瑶族因常与汉族干部一起工作而恋爱结婚的"。(《连南瑶族自治县瑶族社会调查》，1987：206，275)

（21）（湖南江华县）"虽然统治阶级禁止汉人与瑶族通婚，但在劳动人民之间，结亲的例子不少"，"瑶族与汉人通婚的不多，也有汉族男子到瑶族女家入赘，瑶族妇女嫁给汉人的极少"。(《湖南瑶族社会历史调查》，1986：70，121)

5．白族

（1）（云南）"白族地区的婚姻……与其他民族亦可通婚，但仍以本民族内部缔结婚姻为主"(《白族社会历史调查》，1983：192)。

（2）（云南丽江）"在某些地区，与外民族通婚有一定的限制。如丽江东坝的白族，一般都不与外族通婚；丽江九河的白族只有少数与纳西族通婚；鹤庆的白族，除允许与汉族相互通婚外，与其他各族都互不通婚"(《白族社会历史调查》，1983：192)。

（3）（云南维西县）"那马人（白族支系）除了以本民族内部通婚为主外，也可与本地的傈僳族、普米族和外来的纳西族、藏族、汉族通婚，以招赘婚为主，即多数外来民族到那马人家上门当赘婿。他们中大多数人又变服从俗，融合在那马人中"；"但是，那马人一般不同彝族通婚，主要是因为长期以来同彝族来往甚少，在语言、生活习俗、宗教信仰等方面差别较大"。[《白族社会历史调查》

(二), 1987: 5]

（4）（云南碧江县）"解放前勒墨人（白族支系）与怒族的关系较密切，互相通婚"，"（部分地区）的勒墨人则已经傈僳族化……已会讲傈僳族话。……其财产和人口常受傈僳族抢掠，民族间隔阂很大，但保持着一定的婚姻关系"。[《云南少数民族社会历史调查资料汇编》(二) 1987: 2—3]

6. 彝族

（1）（四川凉山地区）不与汉族、藏族通婚，"用彝族的谚语说：汉族是山羊，彝族是绵羊"（《四川省凉山彝族社会调查资料选辑》, 1987: 315），"黑彝、白彝都不与其他民族通婚……汉人不能和彝人通婚"（《四川省凉山彝族社会历史调查》综合报告, 1985: 169），"凉山彝族奴隶社会……严格划分为五个等级……绝对不容许混淆，彼此之间绝对不许通婚。……（合作化后）两族社员生活在一起，有的汉族会讲彝话，所有的彝族都会讲汉话……甚至以前彝族最反对的彝汉通婚也改变了"（《四川贵州彝族社会历史调查》, 1987: 106, 114）。

（2）（四川美姑县）"巴普地区的彝族在……各个等级之间一般是不能通婚的，瓦加的子女虽然仍在主子家作呷西，但不愿与新从汉区掳掠来的呷西配婚。……彝族婚姻是实行严格的家支外婚和等级内婚制的，同时又严格限制和其他民族通婚"；"彝族等级内婚制也决定了民族之间婚姻限制的严格，在彝族人民的观念中，不同的民族实质上也是不同的等级，因此没有藏族或汉族与彝族通婚的规矩"。（《四川凉山彝族社会历史调查资料选辑》, 1987: 118, 315）

（3）（云南小凉山）奴隶中多数是汉人，"黑彝绝不与其他等级通婚，曲诺也不愿意与汉根阿加和呷西通婚"。（《云南小凉山彝族社会历史调查》, 1984: 59）

（4）（云南易武）（当地彝族）普遍与汉族通婚。[《西双版纳傣族社会综合调查》(二), 1984: 60]

（5）（云南建水县）"摆依人（要求将族称从彝族改为傣族的族群）……解放至今，与汉族、彝族通婚的也多了。在婚姻礼俗上与彝族相同并保留有'不落夫家'的习俗"[《云南少数民族社会历史调查资料汇编》（一），1986：46]。

（6）（云南澜沧县）"汉族、彝族、佤族、布朗族等每年都有共同的节庆……民族之间最初互不通婚，后来逐渐增多"[《拉祜族社会历史调查》（一），1982：123]。

（7）（云南路南县）"汉人和撒尼人（彝族支系）互相不歧视，生活无上下，汉人都能讲撒尼话了。仅在风俗习惯、宗教信仰方面还有区别，互不通婚。可是解放前几年这种情况也渐次改变了"[《中央访问团第二分团云南民族情况汇集》（下），1986：62]。

（8）（云南江城县）"（当地居民有傣、汉、哈尼、彝、布朗、白、瑶和苦聪人）。各民族互通婚姻的很多，仅罗罗（彝族）和瑶家的姑娘不嫁别族男子"[《中央访问团第二分团云南民族情况汇集》（下），1986：118]；"解放前就全乡彝、汉、哈尼、拉祜、布朗等族来说，均互相通婚"（《云南彝族社会历史调查》，1986：342）。

（9）（云南武定县）"（当地）黑彝45户……在3户黑彝家中有汉族3人，是因通婚而来的。在汉人家中，也有黑彝人，因同样情况而来的"（《云南彝族社会历史调查》，1986：32）。

（10）（云南景东县）"彝族、汉族互相通婚也很普遍，这里有11户汉族因与彝族通婚，不但能说彝语，而且生活习惯以及祭祀等都与彝族相同了"（《云南彝族社会历史调查》，1986：130）。

（11）（云南巍山县）"这里有少数汉族、傈僳族与彝族通婚的情况"（《云南彝族社会历史调查》，1986：145）。

（12）（云南镇雄县）"解放几年来，'转房'情况已逐渐减少，民族间通婚也多了起来"（《云南彝族社会历史调查》，1986：223）。

（13）（云南宣威县）"一般除少数汉族（与其他民族通婚）外，民族间绝不通婚，乾彝、白彝可通婚，但不与黑彝通婚"（《云南彝族社会历史调查》，1986：234）。

（14）（云南永善县）"解放前，从凉山来的彝族不与汉族通婚，即使有，也是地主阶级间的事情，从昭通来的彝族则与汉族通婚，而不与苗、回和从凉山来的彝族通婚"（《云南彝族社会历史调查》，1986：265）。

（15）（云南彝良县）"彝族和汉族间的通婚也是很早就有的，彝族和苗族通婚的例子在这个地方则找不到"（《云南彝族社会历史调查》，1986：284）。

（16）（云南元阳县）"汉彝"（为汉族娶彝族的家庭）占调查村庄总户数的三分之一。[《中央访问团第二分团云南民族情况汇集》（下），1986：226]

（17）（云南中甸县）"解放前，绝大部分地区除同姓同宗不婚外，与汉族等其他民族绝不通婚……如果与其他民族恋爱结婚，被认为是污辱了自己民族，是家门的大不幸"（《四川广西云南彝族社会历史调查》，1987：211）。

（18）（广西隆林县）"除苗族外，汉、壮、瑶、仡佬和倮倮均可通婚，不过最多还是族内通婚，特别是亲戚通婚；与汉壮通婚次之，彝族与仡佬族通婚是在国民党统治时才开始"（《广西彝族仡佬族水族社会历史调查》，1987：46）。

（19）（广西那坡县）"彝族在解放前不与外族通婚，解放后已有个别人和外族通婚"（《广西彝族仡佬族水族社会历史调查》，1987：115）；"解放前之所以不与外族通婚，原因一方面是和外族接触了解的不多，生活习惯也不相同，另外一方面是因为在解放前民族关系不正常，壮汉族都看不起他们"（《四川广西云南彝族社会历史调查》，1987：307）。

7. 拉祜族

（1）（云南耿马县）"祖传不能与佤族、傣族结婚"[《拉祜族社会历史调查》（一），1982：123]。

（2）（云南澜沧县）"严禁与外民族和外地人通婚。后来，由于历史上经过无数次的大迁移，这种禁锢已被突破"[《云南少数民族社会历史调查资料汇编》（四），1987：52]。

（3）（云南金平县）与哈尼族关系密切，互相通婚。[《拉祜族社会历史调查》（二），1981：109]

8．纳西族

（1）（云南宁蒗县）"过去建立阿注关系主要在本民族内部，只少数人与普米、汉族缔结有阿注关系。近数十年来，随着其他民族不断迁入，阿注中的民族成分也随之增多。特别在一部分女子的男阿注中，不仅有普米和汉族，而且还有藏、白、回、壮、傈僳、彝和丽江的纳西族，尤以藏族所占比重最大……（女子）的男阿注民族成分比较复杂，男子却不是如此，仍主要在民族内部寻找对象，仅少数人与普米、藏族和个别汉族女子缔结过阿注关系"[《宁蒗彝族自治县、永平纳西族社会及其母系制调查》（二），1988：70—71]。

（2）（云南宁蒗县）"男阿注的族别，绝大多数是本村和邻村的本民族，其次为普米族，再次为藏族和汉族，也有个别回族和彝族"，"纳西妇女起码在200多年以前就已经和外族有婚姻关系，入赘的汉族则融合于纳西族中，近数十年的情况有所不同，外来的外族多是行商……只是利用纳西族的婚俗临时与妇女们交往。他们（主要是藏商，其次是汉、白、丽江纳西等族）人多，流动大"。(《永宁纳西族社会及母系制调查》，宁蒗县纳西族家庭婚姻调查之三，1986：17，177)

（3）（云南宁蒗县）"有与汉族、普米族、藏族、白族、纳西族其他支系、回族、苗族等民族缔结婚姻关系。他们认为能够开亲的几个民族，在生活习惯上比较相近，关系比较密切"(《宁蒗彝族自治县纳西族社会及家庭形态调查》，宁蒗县纳西族家庭婚姻调查之一，1987：118)。

（4）（四川木里县）"实行民族内婚制，同外民族通婚的极少"(《四川省纳西族社会历史调查》，1987：80)。

（5）（四川盐源县）"近五六代以来，逐渐打破了闭关状态，与邻近地区各族系之间的通婚也开始增加起来（通婚的有普米族、汉族、藏族）"（《四川省纳西族社会历史调查》，1987：19）。

9．德昂族

（1）（云南潞西县）"很少和外族通婚"，"不论男女青年，很少与外族结婚，限制较严格"。（《德昂族社会历史调查》，1987：5，16）

（2）（云南陇川县）"过去禁止与外族结婚，但与傣族长期相处后，风俗习惯逐渐一致，也就相互通婚了。……德昂妇女的服饰，很多都和傣族一样，同时她们都能说熟练的傣语"（《德昂族社会历史调查》，1987：57）。

（3）（云南澜沧县）"由于（当地）德昂族人口稀少，而同姓又不能婚配，往往是招入附近的佤族、拉祜族或汉族青年入赘"（《德昂族社会历史调查》，1987：155）。

10．苗族

（1）（四川古蔺县）"过去的旧婚姻习惯中，不同民族不婚，在旧社会里面，汉族对苗族是歧视的……而苗族子女也不愿同汉族婚配，所以汉族的子女不愿同苗族通婚"（《四川省苗族傈僳族傣族白族满族社会历史调查》，1986：87）。

（2）（四川筠连县）"不同民族不能结婚，他们认为同异族结婚是'根骨不正'（杂种的意思），因而就会受到家族的歧视。在珙县罗渡乡一带苗区中，还有一种这样的说法：'不同种族通婚，如黄牛配水牛，虽说同样是牛，但不可交配，无育，所以不可以通婚。'"（《四川省苗族傈僳族傣族白族满族社会历史调查》，1986：128）。

（3）（四川泸州地区）"解放前由于民族歧视，不同民族一般不能通婚……解放后，新婚姻法的颁布与贯彻……不同民族不通婚的界限也逐渐被打破"（《四川省苗族傈僳族傣族白族满族社会历史调查》，1986：18）。

（4）（四川秀山县）"就是在苗族内部，由于服饰的不同和方言的差异，白苗、花苗和偏苗就很少有通婚情形"；"各乡苗汉早已互相开亲，至今老人们已不知苗汉开亲起于何时了"；"至于民族不同不开亲的界限，在三四年前已开始打破。不过从发生的几起来看，多为苗族姑娘嫁到汉族，也有汉族男子入赘到苗族的。但无论何种情况，均是居住较为接近，相互均能通汉话或苗语的"（《四川省苗族傈僳族傣族白族满族社会历史调查》，1986：144，174）

（5）（四川盐边县）"苗族盛行本民族内通婚，不与其他民族的人结婚"（《四川省苗族傈僳族傣族白族满族社会历史调查》，1986：194）。

（6）（贵州从江县）"苗族……一般是不与其他民族通婚的"[《苗族社会历史调查》（二），1987：75]。

（7）（贵州凯里县）"与（苗族）杂居的民族，主要是汉族。两个民族之间很少通婚"[《苗族社会历史调查》（二），1987：270]。

（8）（贵州黔东南）"在黔东南的一般汉族轻视苗族，同时苗族也有轻视其他民族的情况。各民族之间一般互不通婚。即有通婚的，并不受舆论的支持。……一般地说，汉族常有娶苗族女子为妻妾的，但有些地方很少汉族愿意把姑娘嫁给苗族。例如台江县的南宫原有40—50户汉族，多少年来只有1个汉族女子嫁给苗族，但汉族娶苗族女子的却有10余户"[《苗族社会历史调查》（三），1987：97]。

（9）（贵州安龙县）"苗族一般都懂汉语和布依语，故同布依族、汉族开亲较多"（《布依族社会历史调查》，1986：99）。

（10）（云南文山州）"除有个别与汉族通婚外，一般不与外族通婚"[《云南少数民族社会历史调查资料汇编》（一），1986：159]。

（11）（云南屏边县）"互相通婚，有的汉族因为上苗家门，苗化了，有的苗族出嫁汉族，汉化了"；"过去不与其他民族通婚，近30年来可以和其他民族通婚了"。（《云南苗族瑶族社会历史调查》，1982：38，45）

（12）（广西隆林县）"苗族一般只跟本民族通婚，而不与别的民族通婚"（《广西苗族社会历史调查》，1987：74）。

11. 布依族

（1）（云南）"布依族一般不与外族通婚……仅在与汉、苗族杂居地区有与外族通婚的……在与外族通婚事例中，只见布依族小伙子娶外族姑娘，罕见布依族姑娘嫁给外族的"（《布依族社会历史调查》，1986：2）。

（2）（贵州镇宁县）"(布依族)不同外族开亲。……彼此都不通婚。只有个别布依族地主娶汉女，布依族姑娘是不嫁汉人的。同苗族更是不通婚"（《布依族社会历史调查》，1986：78）。

（3）（贵州安龙县）"苗族一般都懂汉语和布依语，故同布依族、汉族开亲较多。布依族地主除个别娶汉女为妾外，布依族姑娘是不嫁汉族的"（《布依族社会历史调查》，1986：99）。

12. 普米族

（1）（云南兰坪县）"与藏族通婚者较多，与白族不通婚，与傈僳族有个别通婚的。有普米人娶纳西族姑娘的，但纳西族不肯娶普米族女的。……与汉族通婚，但汉族女子嫁给普米族的很少，多是普米族妇女出嫁给汉族男子"（《基诺族普米族社会历史综合调查》，1990：109）。

（2）（云南宁蒗县）与纳西族、藏族有个别通婚，对其他民族如汉族、彝族、傈僳族、苗族、壮族不通婚。（《基诺族普米族社会历史综合调查》，1990：109，171）

（3）（云南宁蒗县永宁区）普米族妇女交接外族阿注时，包括汉族。（《基诺族普米族社会历史综合调查》，1990：197）

13. 阿昌族

（1）（云南瑞丽县）部分阿昌族传说祖先为汉族，"后与阿昌族通婚逐渐融合而成阿昌族"。（户腊撒）两土司"其祖先均为汉族"。"早在明朝，汉、阿昌、傣就已通婚……配偶关系已经突破了本民族的界限"。（《阿昌族社会历史调查》，1983：3，30，42）

（2）（云南梁河县）"阿昌族主要实行民族内婚，除和'小阿昌'①相互通婚外，很少同外族通婚"（《阿昌族社会历史调查》，1983：66）。

（3）（云南潞西县）"除本族外，和傣族通婚者较多，也和大阿昌通婚，和汉族通婚者极少"（《阿昌族社会历史调查》，1983：100）。

（4）（云南德宏州）阿昌族……与汉族通婚，"户腊撒地区的汉族因与阿昌族通婚混血，亦'阿昌化'，但通汉语"。[《德宏傣族社会历史调查》（一），1984：18—20]。

（5）（云南德宏州）"阿昌族不但由于不断向缅甸移动而逐渐减少，同时也由于逐渐变为傣族而逐渐减少。……许多阿昌寨子现在都变成傣族了。青年人都不会说阿昌话了，他们常与傣族结婚，结婚以后，不论是嫁出去还是娶进来，都会慢慢讲傣语，穿傣服，一切风俗习惯都学习傣族"[《德宏傣族社会历史调查》（三），1987：58]。

14. 布朗族

（1）（云南勐海县）"不与哈尼族、拉祜族通婚"[《布朗族社会历史调查》（一），1981：29]。

（2）（云南墨江县）"汉族与布朗族人民虽有通婚关系，但只有汉族能娶布朗族妇女为妻，汉族妇女绝不会嫁给布朗族男子"[《布朗族社会历史调查》（一），1981：70]。

（3）（云南双江县）与傣族、彝族（蒙化支系）通婚，个别与汉族通婚。[《布朗族社会历史调查》（一），1981：83]

（4）（云南镇康县）"布朗族可与任何一个民族通婚，为社会所允许，不受干涉。其与汉族或傣族之间通婚的较少，与佤族通婚的较多，解放后布朗族与汉族之间通婚的逐渐多了起来"[《布朗族社会历史调查》（一），1981：106]。

（5）（云南西双版纳）"与汉族、傣族都通婚，但不和哈尼族、

---

① "据老人讲，阿昌族分为大阿昌、小阿昌和户撒三种，（潞西县）高埂田乡一带居住的称为小阿昌"（《阿昌族社会历史调查》，1983：89）。

拉祜族通婚"[《布朗族社会历史调查》(三), 1986:50]。

15. 独龙族

(云南贡山县)"有与傈僳族、怒族通婚的"(《独龙族社会历史调查》(一), 1981:7)。

16. 怒族

(1)(云南贡山县)4村调查,怒族中有40%"与藏、白、傈僳和汉等民族通婚"。(《怒族社会历史调查》,1981:84)

(2)(云南贡山县)"怒族逐渐同化于傈僳族,傈僳族与怒族相互通婚"(《傈僳族怒族勒墨人社会历史调查》,1984:66)。

(3)(云南碧江县)"解放前勒墨人(白族支系)与怒族的关系较密切,互相通婚"[《云南少数民族社会历史调查资料汇编》(二),1987:2]。

17. 傈僳族

(1)(云南福贡县)傈僳族"少数与外族互相通婚"。(《傈僳族社会历史调查》,1981:140)

(2)(云南福贡县)"傈僳与汉商间不通婚,汉商喜欢傈僳姑娘可以讨,而汉商女子,就决不嫁傈僳"[《中央访问团第二分团云南民族情况汇集》(上),1986:12]。

(3)(云南泸水县)傈僳族与勒墨人(白族支系)通婚,占被调查人数的23.3%。(《傈僳族社会历史调查》,1981:114)

(4)(云南贡山县)"在生产、生活习惯上,怒族逐渐同化于傈僳族,傈僳族与怒族相互通婚"(《傈僳族怒族勒墨人社会历史调查》,1984:66)。

18. 景颇族

(1)(云南德宏州)"一般不与外族通婚……他们认为造成这一

鸿沟的主要关键是语言不通……除语言上的隔阂外,历来的民族歧视也是原因之一,其他民族不愿与该民族通婚。随着景颇族社会的发展和与外民族关系的日益复杂,这种限制也逐渐不严格了。"少数与汉族女子、傈僳族女子通婚,"但上述事例有一共同之点,即女的都会说载瓦、茶山话(即当地景颇语)"。[《景颇族社会历史调查》(二),1985:191]

(2)(云南瑞丽县)景颇族与傣族"在经济上是相依相存的,他们之间也有个别通婚的事";"有个别汉族在山区与景颇族共居两代以上者,一切生活风俗习惯都与之同化,并与之通婚,而景颇族也像本民族看待";"一般德昂族会景颇话……也有借贷和通婚关系"。[《景颇族社会历史调查》(一),1985:116]

(3)(云南泸水县)"浪速(景颇族支系)……服饰及一般生活都与傈僳族相同,而且互相通婚,他们说,'浪速与傈僳在得拢,与汉人、茶山(另一景颇族支系)在不拢'"[《中央访问团第二分团云南民族情况汇集》(上),1986:247—248]。

19. 黎族

(海南)"各地黎人、苗人、汉人之间,没有通婚限制,但由于相互接触的少,风俗习惯又不同,因此事实上通婚者极少"(《黎族社会历史调查》,1986:161)。

20. 壮族

(1)(云南文山州)"壮族各支有个别与汉族通婚,但与苗、瑶、彝各民族都不通婚"[《云南少数民族社会历史调查资料汇编》(一),1986:19]。

(2)(广西隆林县)"壮族和别的民族很少通婚……近百年来已有了改变……(各地)都有不少的女子嫁给外来经商或银匠铁匠的汉族……但壮族和苗族通婚的还没有"[《广西壮族社会历史调查》(一),1984:62]。

（3）（广西龙胜县）"壮族很少与十三寨以外的人发生婚姻关系……女子本寨实无人要，就向外寻找对象，嫁给义宁、灵川一带的汉人，或是住在附近地区的瑶族……此外壮族的男子也很少娶汉族妇女"[《广西壮族社会历史调查》（一），1984：138]。

（4）（广西百色县）"该地壮族和汉族通婚，不和瑶族通婚"][《广西壮族社会历史调查》（二），1985：262]。

（5）（广西上思县）"与汉族通婚，也有壮族男子娶瑶族女为妻的，但壮族女子是绝不嫁瑶族的"[《广西壮族社会历史调查》（三），1985：120]。

（6）（广西大新县）"如果乡村的（壮族）妇女嫁到街上，则跟汉人的习俗相同，不回娘家住。汉女嫁壮男，也从汉人风俗，要落夫家，但因壮人社会地位很低，一般汉女都不愿嫁给（壮族）村民"[《广西壮族社会历史调查》（四），1987：97]。

（7）（广西宜山县）"由于当地壮汉两族同住一地的时间已久，彼此间互相通婚早已有之。……至少在120年前壮汉两族已经互相通婚"[《广西壮族社会历史调查》（五），1986：68]。

（8）（广西田东县）"当地壮族和其他民族在很早的时候就有了通婚关系，尤其是和汉族、瑶族通婚较多。在解放前……在各民族通婚的问题上，也反映了民族之间的不平等，如汉壮两族通婚，汉族可娶壮族女做儿媳，而汉族绝对不把女儿嫁给壮族"[《广西壮族社会历史调查》（五），1986：122]。

（9）（广西马山县）"壮瑶之间同住在一个村屯，一起生产劳动……并且互相通婚交亲戚……解放前壮、汉、瑶早已往来，互相通婚"[《广西壮族社会历史调查》（六），1985：98—99]。

（10）（广西龙津县）"解放前和汉人不通婚……妇女也不愿嫁给汉人……（壮族）也不愿要汉人的女子做老婆"，"过去（壮族）与各族之间是互相不通婚的"，"极少与其他民族通婚"[《广西壮族社会历史调查》（七），1987：109，121，170]。

（11）（广西平果县）"壮人和汉人同样看不起陇人（山地壮族

一支），多不愿与陇人通婚，历来陇人没有与汉人结婚的，与壮人通婚的为数也很少，而且只限于平地壮人中的男人娶陇人为妻，或陇人下山到壮人家里上门，壮人的妇女是不肯也没有嫁给陇人的"，"陇人与右江对岸的瑶族过去和现在都没有通婚"[《广西壮族社会历史调查》(七)，1987：215，258]。

21．京族

（1）（广西东兴县）"京族内部的通婚是主要的，与汉族通婚较少"（《广西京族社会历史调查》，1987：45）。

（2）（广西防城县）"通婚范围以本族本土为主，但与汉族通婚相当普遍，亦有娶越南境内女子的"，从4个乡的统计看，（京族）本族通婚占三分之二，与汉族通婚占三分之一。(《广西京族社会历史调查》，1987：91）

22．仡佬族

（1）（广西隆林县）"仡佬族与其他民族通婚，他们多娶壮、汉、彝等民族的女子为妻，这些女子到仡佬族家后，多以汉语做语言工具，同时在圩场上以及争其他民族交往中都使用汉语，所以汉语成为仡佬族的交际工具"；"仡佬族在婚姻上与汉族、壮族、彝族和倈倈人通婚……但仡佬族不与苗族通婚"。(《广西彝族仡佬族水族社会历史调查》，1987：130，170）

（2）（云南文山州）"仡佬族4个支系……之间的语言差别大，不能互相通话，但都能讲汉语……尚与邻近民族通婚"[《云南少数民族社会历史调查资料汇编》(三)，1987：175—176]。

23．仫佬族

（广西罗城县）"一直都与附近汉、壮两族通婚"，"仫佬族与邻近的汉、壮两族的互通婚姻，至少在350年以前已经开始"[《广西仫佬族社会历史调查》，1985：192，253]。

24．侗族

（广西融水县）"过去是汉人的（各姓），在明清之际由河南、湖南等地迁来……与侗族通婚，逐渐被'自然同化'，因此就自认为侗族了。……在婚姻上，除了瑶族外，侗族与其他民族都是互相通婚的。"侗族与苗族、汉族通婚。（《广西侗族社会历史调查》，1987：186—187，211）

25．水族

（广西）"水族和汉族互相通婚"，"水族多与当地的壮、汉族通婚，但不与瑶族和苗族通婚"。（《广西彝族仡佬族水族社会历史调查》，1987：217，243）

26．畲族

（1）（凤凰山区：潮安、饶平、丰顺、惠阳县）"近百年普遍与汉人通婚"，"凤凰山区的畲民与汉人通婚的历史悠久，约二百年左右。……由于他们生活困难，重男轻女，有杀女婴的习俗，因而男多女少……许多畲民男子娶不到妻子，不得不通过其他的方式娶入汉人的女子"。（《畲族社会历史调查》，1986：37，42）

（2）（广东潮安县）"归湖公社溪美大队岭脚村……（畲族）大部分娶汉族妇女为妻"；"在畲族聚居的4个村子里，畲汉通婚的人数多于畲族在本民族间结婚的人数"。（《畲族社会历史调查》，1986：259，264）

（3）（江西铅山县）"畲、汉通婚很普遍"（《畲族社会历史调查》，1986：198）。

（4）（江西贵溪县）畲、汉族通婚普遍，"通婚后子女的姓氏和族别，无论畲族和汉族，凡男子入赘的，所生子女长者从母姓，族别随母，幼者从父姓，族别随父"。（《畲族社会历史调查》，1986：253）

（5）（安徽宁国县）"汉族不愿与畲族通婚……他们称畲族妇女

是'大脚婆'……但是，汉族穷苦人家，与畲族居地相邻，经济条件相同，也有不少汉族姑娘嫁给畲族男子为妻，甚至有从小就到畲家当童养媳的"；"据×××讲，解放前畲族与汉族不通婚。……据我们调查时所见，在清末以前，畲汉通婚的事例也很多……现在，宁国县畲、汉两族通婚的不少"。(《畲族社会历史调查》，1986：243—244，248—249)

（6）（浙江平阳县）"解放后……打破了历史上汉畲互不通婚的惯例"(《畲族社会历史调查》，1986：71)。

（7）（浙江泰顺县）"汉畲两族虽然长期杂居一起，但相互通婚不多。"因"处在被欺凌、被辱骂的地位，故一般（畲族）妇女不愿嫁给汉人为妻。汉族姑娘认为畲客家中贫寒日子难熬，故亦不愿嫁畲族"。(《畲族社会历史调查》，1986：84)

（8）（福建福安县）"畲族不与汉族通婚（个别也有）"；"山头庄62户（畲族）中出租妻子的就有11个，其中9个租给汉人。租期10—20年不等，租金一般为50—70元，在租期内妻子在家所生的子女归承租人所有"。(《畲族社会历史调查》，1986：154，143)

（9）（福建罗源县）"解放前，也有和汉人通婚的，本村共娶进3个汉族妇女，也有4个畲族妇女嫁给了汉人，都是从小送给汉族当童养媳的。解放后，又有两个汉族男子招进畲族家为婿"(《畲族社会历史调查》，1986：130)。

27. 藏族

（1）（西藏日喀则）"民族之间，可以通婚，既无法律限制，也无社会舆论压力。……近年来，藏族和汉族通婚的也日渐增多了，特别是在外地当干部的，在外地和汉族结婚的很多。藏族和回族之间，因宗教信仰的原因，结婚的很少"[《藏族社会历史调查》（六），1991：397]。

（2）（西藏山南地区）"山南地区的汉族是随驻藏大臣进藏后留下来的汉人的后代，据说至今已传了5代人。这些汉族，多半是祖辈父系为汉族，实则是汉藏混血儿。……汉族和当地藏族有着千丝万缕的关系，在生产、生活上的来往都很密切。宗教上汉族都信仰喇嘛教，当喇嘛的也有；藏族也到关帝庙求签卜卦，供神献灯，毫无界限。至于藏汉劳动人民间的姻亲关系，更是频繁之极"；"回族……若娶藏族妇女为妻，藏族妇女仍然要交人役税。回民一般说藏语，个别也懂汉语的"。[《藏族社会历史调查》（二），1988：53］

（3）（西藏拉孜县）"由于此地都是藏族，所以不存在民族间通婚的问题。但据人们说，不同的民族是可以通婚的。日喀则有很多姑娘过去和尼泊尔人结了婚（个别与汉族结婚）"［《藏族社会历史调查》（五），1989：599］。

（4）（西藏那曲县）"本部落（罗马让学）内原有7家蒙古族，后有其他族迁入，民族间的通婚无禁例"［《藏族社会历史调查》（三），1989：49］。

（5）（四川甘孜州德格县）个别与汉族通婚。(《四川甘孜州藏族社会历史调查》，1985：146）

（6）（四川阿坝州小金县）"藏汉之间通婚，并不禁止。藏族的姑娘嫁给汉人，要向守备送十两银子。汉族青年在当地入赘，要给守备当百姓，支差服役"［《四川阿坝州藏族社会历史调查》，1985：369］。

（7）（四川理县）"(本地藏族）有招赘的习惯，汉人在此入赘的也很多"(《四川阿坝州藏族社会历史调查》，1985：409）。

（8）（云南迪庆）藏族与回族普遍通婚。[《云南回族社会历史调查》（三），1986：48］

（9）（云南德钦县）"傈僳族有20—30家，在街上有回民36家，汉人20—30家，和藏族杂居，多为藏族所'同化'（通婚姻，共语言，风俗习惯亦趋一致）"[《中央访问团第二分团云南民族情况汇集》（上），1986：136］。

（10）（云南中甸县）"汉人（中）……一部是张献忠入川时由陕西逃来经商，与藏人通婚居此，部分系鹤庆汉商留居中甸的。三坝汉人则自四川及西昌来，一切已彝化"[《中央访问团第二分团云南民族情况汇集》（上），1986：103]。

28. 门巴族

（1）（西藏错那县）"通婚范围不论民族，和藏族通婚的较多"[《门巴族社会历史调查》（一），1987：11]。

（2）（西藏墨脱县）"婚姻没有民族限制，除了主要在本民族内婚配外，也有与藏、珞巴等民族通婚的"[《门巴族社会历史调查》（一），1987：64]。"门巴族与藏族、门巴族与珞巴族也可通婚"[《门巴族社会历史调查》（二），1988：121]。

29. 珞巴族

（西藏米林县）"珞巴族实行严格的等级内婚，更禁止与外族通婚（民主改革以后，已经逐步打破了这些界限）"；"博嘎尔（珞巴族支系）通婚一般是在本部落内进行，与珞巴族中（其他支系）以及藏族通婚就要变为低骨头，降低等级"。[《珞巴族社会历史调查》（一），1987：9，75]

30. 维吾尔族

（1）（新疆伊宁县）"妇女不允许与非伊斯兰教的男子通婚……其他均可自由通婚"（《维吾尔族社会历史调查》，1985：90）。

（2）（新疆疏附县）"（维吾尔族妇女）与非伊斯兰教的男人不能通婚"（《维吾尔族社会历史调查》，1985：9）。

31. 柯尔克孜族

（黑龙江省）"清时……柯尔克孜族人被禁止与其他民族通婚……至民国时，始与蒙古族通婚，其后又逐渐与附近的满族、汉族、达斡尔族人通婚了"（《黑龙江省满族朝鲜族回族蒙古族柯尔克孜族社会历史调查》，1987：183）。

32．哈萨克族

（新疆阿勒泰地区）"阿勒泰哈萨克族与其他民族通婚的现象也有不少，主要是与蒙古族、塔塔尔族、柯尔克孜族通婚"（《哈萨克族社会历史调查》，1987：97）。

33．塔吉克族

（1）（新疆泽普县）"解放前，（塔吉克族和维吾尔族）两个民族已互相通婚，但不很普遍，至解放后已逐渐增多"（《塔吉克族社会历史调查》，1985：6）。

（2）（新疆莎车县）"解放前两个民族（塔吉克族和维吾尔族）很少通婚，缔结姻亲时特别谨慎，其重要原因之一就是怕女儿嫁到对方后改信夫家的教派。……由于民族团结的加强，宗教信仰自由政策和新婚姻法的贯彻，教派歧视也逐渐消除了，维吾尔和塔吉克两族通婚也增多了"（《塔吉克族社会历史调查》，1985：21—22）。

34．土族

（青海）"土人之与汉人或藏人通婚之事，固常有之，然究属例外"，"土人的婚俗中借用汉人的风俗较多，一般土人与汉人结婚的例数虽少，但土司之家则多与汉人通婚"；"因宗教关系而不能通婚者，惟有土人与回教（伊斯兰教）人中间是如此……事实上回教（伊斯兰教）人娶土人之女，近年亦颇有其例，惟土人之女亦须改信回教（伊斯兰教），依从回教（伊斯兰教）习俗举行婚礼"。（《青海土族社会历史调查》，1985：129—130）

35．撒拉族

（青海循化县）"撒拉族除直系血亲不能结婚外，与表兄妹和外族、外教人均可结婚，但他们必须信仰伊斯兰教"（《青海省回族撒拉族哈萨克族社会历史调查》，1985：106）。

36. 东乡族

（1）（甘肃）"解放前东乡族被认为、亦自认为就是回族，解放后才正名为东乡族"；"与回族互相通婚，因皆信仰伊斯兰教，至于其他民族，只能东乡族的男子娶其他族的女子，而东乡族的女子则不能嫁给其他民族的男子"；"由于东乡族和汉族、回族交往频繁，特别是和回族在宗教、婚姻等方面的联系非常密切，因而在东乡语中汉语借词很多，占40%以上"。（《裕固族东乡族保安族社会历史调查》，1987：79，85，122）

（2）（伊犁）"禁止和非伊斯兰教民族的成员结婚"（《裕固族东乡族保安族社会历史调查》，1987：140）。

37. 保安族

（青海）"与汉族不通婚，和信仰伊斯兰教的回、撒拉族通婚，但不同教派间通婚的不多（本民族内部也是如此）"［《裕固族东乡族保安族社会历史调查》，1987：199］。

38. 裕固族

（青海）裕固族与藏族通婚。（《裕固族东乡族保安族社会历史调查》，1987：9）

39. 回族

（1）"回汉通婚本来古亦有之……解放前，一般回民都在本民族内部婚配，不与汉族通婚，即使个别有与汉族通婚者，亦须经过入教仪式，表示信奉伊斯兰教才行，且回男娶汉女的多，回女嫁汉男者少"（《回族社会历史调查资料》，1988：195）。

（2）（黑龙江省）"回族人一般不与外族人通婚"（《黑龙江省满族朝鲜族回族蒙古族柯尔克孜族社会历史调查》，1987：89）。

（3）（云南西双版纳）与傣族通婚，"严格按照回族传统习惯：男女婚配只准娶进，不准嫁出的规矩，讨女招婿与傣族男女结婚"。

[《云南回族社会历史调查》(三),1986:52]

(4)(云南迪庆)与藏族通婚,"回族自进入迪庆藏区后,一直同藏族保持着传统的婚姻关系。……中甸、德钦的回族和藏族通婚更为普遍。有的家庭保持了几代的回藏婚姻……在祖辈时,回藏通婚仍遵守回族'准进不准出'的传统,结婚仍请阿訇念'尼可哈'喜经,到后来的小辈时,情况发生了变化,回藏通婚后,下代随其选择民族成分"。[《云南回族社会历史调查》(三),1986:48]

(5)(云南昆明)"昆明地区的回族中,出现了与汉族通婚的现象……举行婚礼,如一方不是回族,按理阿訇可以不前往为其证婚。如回族一方坚持要按回族风俗举行婚礼,在这种情况下,阿訇出于对穆民的礼貌,仍旧前往,但前述的结婚仪式之一切程序都不进行,阿訇仅用汉话向新婚夫妇祝福一番便罢了。若非穆民一方、非回族一方在自愿的原则下,主动提出入教,阿訇便利用婚礼仪式,向他(她)宣讲伊斯兰教常识……这可作为入教仪式"(《昆明民族民俗和宗教调查》,1985:8)。"由于回族人口因素以及与汉族的杂居,使其青年选择对象的门路越来越窄,因而出现了许多'回汉通婚'的问题,昆明伊斯兰教阿訇、回族穆斯林通过'随教方式'①使这一问题得到部分解决"[《云南回族社会历史调查》(四),1988:180]。

(6)(云南蒙自县沙甸)"回教(伊斯兰教)婚姻,必限于同教者,若与异教人结婚,必先使对方信奉回教(伊斯兰教)而后可。……近来也有并不一定强迫对方信奉回教(伊斯兰教)后始谈嫁娶者,这种风气的改变是由两个原因促成:一是村中(回族)妇女近年来到草坝蚕桑公司做女工的很多,其中不少与同厂男工因恋爱而结婚者,这些男工便不一定是回教(伊斯兰教)徒;另一原因是抗战期间,国民党军队进驻沙甸,很多军官娶本村少女为妻,但并未改奉回教(伊斯兰

---

① 《古兰经》规定:"你们不要娶以物配主(不信教)的妇女,直到她们信道。""伊斯兰教最基本的信条是信仰真主,只要信仰真主,任何种族、民族都可通婚、结成家庭。因此,无论汉男娶回女或汉女嫁回男,只要皈依伊斯兰教,尊重回族生活习俗均可通婚。当然,这必须通过一定的仪式才能被承认。"[《云南回族社会历史调查》(一),1985:181]。

教)"[《云南回族社会历史调查》(一), 1985: 15]。

(7)(云南寻甸县)"回族的姑娘是不准嫁其他民族的,男子可以和别族的女子通婚,但是要在夫家入教,并由阿訇念'讨白'(悔罪),表示坚决遵守回族习俗"[《云南回族社会历史调查》(一), 1985: 34]。

(8)(云南保山县)"信仰伊斯兰教的(主要是回族)不能与外教(指别的民族)结婚。如一定要结婚,必须信仰伊斯兰教(他们叫作'归教')……解放后,在部分回族干部中已破除了这一条清规戒律……解放9年以来,城关镇183户回族,就有27人与外族结了婚,其中按回族仪式和'归教'的只有6人";"汉族干部与回族干部结婚要有宗教上层的证明,'与上层协商,取得他们的同意'"[《云南回族社会历史调查》(一), 1985: 4]。

(9)(云南德钦县)"回民……和藏族杂居,多为藏族所'同化'(通婚姻,共语言,风俗习惯亦趋一致)"[《中央访问团第二分团云南民族情况汇集》(上), 1986: 136]。

40. 满族

(辽宁、广东、新疆、内蒙古、陕西、河北)与汉族通婚均比较普遍。(《满族社会历史调查》, 1985: 31, 199, 173, 158, 148, 235)

41. 达斡尔族

"与其他民族间的通婚,没有限制。……自民国初年起,布特哈、齐齐哈尔、爱辉等地达斡尔人开始与汉族通婚,但这在布特哈地区一直属于个别现象,在齐齐哈尔也并不普遍。爱辉地区达斡尔人自民国以来和汉族杂居,相互通婚者逐渐增多,到解放前已成为普遍现象"(《达斡尔族社会历史调查》, 1986: 227)。

42. 蒙古族

(黑龙江省)"民国以后,蒙古族中出现了与其他民族通婚的现象，尤其与满族、汉族、达斡尔族通婚的较多"(《黑龙江省满族朝鲜族回族蒙古族柯尔克孜族社会历史调查》，1987：151）。

43. 鄂伦春族

（内蒙古鄂伦春自治旗）"与其他民族通婚的情况不多"，有个别嫁给汉族。[《鄂伦春族社会历史调查》（一），1985：189]

（《中国少数民族社会历史调查资料丛刊》各册分别由各省、自治区有关出版社出版，总目录参见张养吾主编《编纂"民族问题五种丛书"文库之四：综合编》，中央民族大学出版社，1995年，第19—26页。）

论中国少数民族教育与双语教学*

我国共有 56 个民族，1990 年人口普查时少数民族人口总数为 9056 万，占全国总人口的 8%。我们在讨论中国农村基础教育时，少数民族教育的发展是一个重要的组成部分，而且由于有许多少数民族在语言文字、教育发展历史等方面与汉族不同，具有自己的特点，所以需要作为一个专题来予以考虑。

国内关于少数民族教育问题，近年来出版了一些著作和研究成果，如《中国少数民族教育学概论》（孙若穷主编，中国劳动出版社，1990 年）、《中国民族教育论丛》（陈红涛等主编，中央民族学院出版社，1989 年）、《民族教育改革与探索》（耿金声、王锡宏主编，中央民族学院出版社，1989 年）以及《省、市、自治区少数民族教育工作文件选编（1977—1990）》（四川民族出版社，1995 年）等关于政府政策文件的介绍，除此之外，还有许多有关地方性民族教育问题的研究。这些研究文献涉及民族教育的方方面面，提供了许多重要的思路、框架和实地调查的成果。本文并不想对我国的少数民族教育进行综合性和系统性的总结与介绍，而仅仅希望根据我们这些年来在少数民族地区从事实地调查中的感受，就我们认为对于理解和分析我国少数民族教育的现状与今后发展有关的若干重要问题，从社会学的角度来进行讨论，所以说不是传统的教育学研究，而更带有民族社会学与教育社会学的特点。

---

* 本文原刊载于《西北民族研究》，1999 年第 1 期。

一、从广义上来理解"教育"

在具体讨论少数民族教育之前，我们有必要对涉及教育的一些基本观念问题做一些说明。当我们谈论"教育"或"少数民族教育"的时候，有时在头脑中可能存在着一种思维的局限性。因为当我们使用这些概念或范畴时，往往仅指正规的学校系统所提供的课程教育。从这个意义上讲，"教育"就被人们不自觉地限定为"现代学校教育"。

其实在不同的历史时期，在不同的社会发展阶段，在不同的社会组织、经济结构、文化形态和生产力水平的条件下，人类社会都存在着内容不同的知识和技能，这些知识和技能通过各种不同的教育方式，在社会中流传并向下一代传递。判断这些知识与技能价值的标准，是它们在社会生活、经济活动、人类精神发展过程中的应用性。广义的"教育"指的就是有价值的知识和技能的传递。不同时代，不同社会，"教育"所传递知识的内容不同，传递的方式也不同，有比较正规和系统性的传授，也有随意性的和零碎的传授。除了学校的授课教育之外，家庭、亲友、社会等每时每刻都在向人们传递各种信息，如果这些信息是接受者原先不知而且最终被接受的，这些传递活动也可被视为一种"教育"行为。应当承认，在历史上我国各个民族、各个地区之间存在着一定程度上不同的知识和教育体系，存在着社会教育方面的差别。

为什么要强调这一点？因为在一些人的头脑里，我国一些社会、经济相对发展比较慢的少数民族在过去是没有"教育"的，在这些地区发展教育，完全是从"一张白纸"做起。持有这种观点的人，很可能就会忽视这些少数民族原有的民间教育内容与方式，忽视这些从实践中总结出来、具有"乡土应用性"而且延续了很久的传统教育活动，并使得本来可以在这些原有的教育活动和新建的现代学校之间建立起来的一些联系与过渡环节因此没有能够建立起来。如果在这种认识的背后还有对少数民族的轻视，则容易造成少数民族中部分人的反感与抵制,十分不利于现代学校的发展。

首先,我国的各个少数民族由于历史上的种种原因,在解放前处于各自不同的生产力发展水平,各个地区的经济结构并不相同,存在着各自不同的文化传统,处于不同的社会发展阶段,同时应当承认各地也存在着不同的知识与人才的实际需求。这是历史遗留下来的各个民族、各个地区教育发展水平不平衡的社会基础。其次,各个地区、各个民族在过去与现代学校的接触与接受也处于不同的水平,例如,有较多成员进入现代学校读书的满族与回族,与生活在云南深山之中的怒族、独龙族之间,就有着十分明显的差别,因此在接受和发展现代学校教育方面存在着不同的条件和基础。我们在讨论少数民族教育的时候,必须承认过去在不同地区、不同民族之间长期存在着教育体系、教育内容方面的"异"。

以现代学校的教育程度为尺度来比较各个民族,可以间接地反映出这种历史遗留下来的差异。表8-1中介绍的是根据1990年全国人口普查结果得到的我国人口规模较大的14个民族的教育水平构成。其中藏族的文盲率高达69.1%,彝族、布依族、苗族在40%左右,学校教育发展得最好的朝鲜族则为8.2%,由此可见,在我国各个民族之间教育发展的水平差距很大。①

但是与此同时,我们也决不能忽视,通过近五十年的发展,比起1949年中华人民共和国刚刚成立时的状况,许多民族的教育情况已经起了翻天覆地的变化,历史上造成的差距已经被大大地缩小了,并在"异"的基础上通过统一的学制和教学内容逐渐在形成一定程度上的"同"。当前我国正处于改革开放和发展现代化国家的进程之中,要达到"各民族共同繁荣"就需要在全国范围内加速发展经济,为此需要为各个民族、各个地区培养大量为实现现代化所必需的人才。这一形势在客观上也进一步提出了更高的要求:在经济发展方

---

① 例如四川甘孜藏族自治州色达县1988年学龄儿童的入学率仅为15.7%。(孙自强等,1989:69)

面进行全国整合的过程中,需要同步地在教育事业的发展方面进行全国的整合。

表 8-1 我国 14 个民族六岁及以上人口的文化程度构成(1990 年)

	文盲%	小学%	初中%	高中%	中专%	大学%	总计%	人口(万)
汉族	19.8	42.2	27.2	7.5	1.7	1.6	100.0	91583.8
壮族	20.4	52.4	20.0	5.2	1.3	0.7	100.0	1351.9
满族	11.4	44.1	32.0	8.4	2.2	1.9	100.0	847.9
回族	32.1	33.8	23.2	7.2	1.9	1.8	100.0	742.3
苗族	39.8	42.7	13.1	2.9	1.0	0.5	100.0	632.0
维吾尔族	25.0	53.0	14.6	4.3	2.0	1.1	100.0	589.1
彝族	47.7	39.7	9.9	1.5	0.9	0.3	100.0	565.8
土家族	23.0	48.8	20.6	5.2	1.6	0.8	100.0	499.3
蒙古族	17.9	41.8	25.9	9.4	2.8	2.2	100.0	404.4
藏族	69.1	22.7	5.3	1.0	1.4	0.5	100.0	392.6
侗族	26.4	49.6	17.9	4.0	1.4	0.7	100.0	215.5
布依族	40.4	42.9	13.2	1.9	1.2	0.4	100.0	220.1
瑶族	28.9	50.9	14.3	4.1	1.2	0.6	100.0	181.3
朝鲜族	8.2	26.0	37.6	19.6	3.8	4.8	100.0	172.3
全国	20.6	42.3	26.5	7.5	1.7	1.6	100.0	99409.0

资料来源:国务院人口普查办公室、国家统计局人口统计司,1993a:722—732。

二、"多元一体"的民族教育大框架

历史上遗留下来的、存在于各民族之间的、在教育体系方面的"异",与当代中国社会现代化进程中所需要发展的全国性现代学校教育体系的"同",是一对矛盾。

费孝通教授在分析中国的民族关系的总体性思路时,针对中华民族这个政治、经济、文化的统一体所具有的"同"和各个少数族群自身特点具有的"异"这两个层次之间的关系,提出了"多元一体格局"的大框架。（费孝通，1989）我们在研究我国各族的教育体系时，可以借用费孝通先生的这个思路，从"多元一体格局"这个角度来理解与分析。

1."多元"与"一体"之间的关系

在分析我国少数民族教育的"多元一体格局"时，"多元"和"一体"这两个方面都各自有一个"度"需要去把握。如果我们从广义的角度来理解教育，可以说在我国不同地区既存在着一个全国性的学校教育系统，体现着"一体"的这一面；同时也存在着散见于民间的由传统社区、宗教机构或人员（如藏传佛教寺院、伊斯兰教清真寺）、家族所组织的"教育活动"，体现着"多元"的一面。

如果我们关注的主要是学校教育系统，那么也可以在一定程度上将之看作一个"多元一体格局"：对于学校的组织与管理体制、学制课程与考试的设置等，全国的各级学校都是在一个范式下组织起来的，虽然在一些少数民族地区会带有某些区域性或民族性特点（如草原牧区的流动小学、寄宿制学校），但总体来说是属于同一个管理体制、同一个教育系统。同时，在各地学校的教学内容（乡土教材）和教学语言（双语教学）方面，又体现出一定程度的"多元"的特点。

从全国的角度看，现代学校教育是与国家的现代化发展联系在一起的，是推动国家各个区域、各个民族之间的交流与整合的重要措施，实施统一的学制和统一的教学内容，就在国家的范围之内形成了教育的通用性和标准化，考虑到当前与今后国家的整合和人力的地域流动性，需要强调"同"和"一体"这一方面，为了各族今后长远的发展，客观上需要形成一个全国性的规范化教育体系。但是为了更好地做到这一点，又决不可忽视现在各地区、各民族在语言、知识基础方面所存在的"异"和"多元"的现实，需要在两者之间找到连接的桥梁，建立一个在漫长的过渡阶段中处理两者关系的协调机制。

2. 地区社会、经济发展水平的差异与知识应用价值之间的关系

在学校课堂上所讲授的内容，从理论上说应当都是"有用的知识"，这些知识将有利于个人在社会中的就业、谋生和个人才能的发挥，并在每个人个人才能充分发挥的过程中推动社会整体的发展。但是这些才能的发挥、地区的发展，都是在某一个地域空间中发生的，即需要在某一个具体的而不是抽象的社会场景中发生。这个地域场景在不同地区之间存在着差别，知识的"有用性"程度在不同地区之间也随之出现差别，在北京都市社会中被认为很有用的知识，在云南偏僻山区的场景中就不一定都有用。

从总体上看，少数民族地区中、小学培养的学生，绝大多数毕业后是留在当地就业，他们在学校里所学习的知识，应当最大限度地为他们在当地就业与今后个人发展发挥作用。所以应当根据各个地区、各族社会发展和就业市场的实际情况，在"统一教材"与"乡土教材"之间进行必要的调整，力求兼顾"一体"和"多元"这两个方面，两者不可偏废。

历史、地理、政治、语文、数学、物理、化学等，这些都是作为一个中华人民共和国的公民，在中国社会中生活和就业的学生所必须掌握的最基础的知识，这些教学内容的设置体现了"一体"的精神。同时，关于本地区本民族的历史知识、本地区的风俗习惯、本地区的地理知识、本地区主要经济活动的特点与实际生产技能，等等，对于在本地区生活与就业的人来说，也都是很有用的知识，需要作为"乡土知识"而吸收入教学内容，从而体现出"多元"的精神。

所以，从各个方面来说，"多元一体格局"可以被看作是理解和分析我国少数民族教育的一个总体的理论框架。

三、少数民族教育中的一个核心问题：教学语言

教学语言，是教育过程中知识传递的载体。所以，学校里的教师在讲课时使用什么语言，课本教材用什么语言编写，在任何一个多民族、多种语言的国家，都是教育发展的一个基础和核心的问题。

1．应当如何看待和如何在政策上把握民族语言问题

这是一个在所有的多民族国家都长期争论的问题。"许多世纪以来，语言'霸权'（language supremacy）和统治语言的'纯净'（purity）一度在许多土地上是权力斗争、国家和民族认同的焦点问题。"（Simpson and Yinger, 1985: 401）语言是民族文化的一个基本载体，本族语言的前途，往往预示着民族传统文化的前途。在历史上占据统治地位的民族毫无例外地试图在自己的控制版图内推行自己的语言，使它成为"国语"，只是在具体推行时在强制的程度和方法上有所不同而已。

按照斯大林的观点，民族语言的发展有三个阶段：（1）在存在着民族压迫的历史时期，"各个民族和各种语言的和平与友谊的合作条件还没有具备……（事实上是）一些语言的被同化和另一些语言的胜利"；（2）"社会主义在世界范围内胜利以后的时代……民族平等将会实现，压制和同化语言的政策将会取消……各民族的语言将有可能在合作的方式下不受约束地互相丰富起来"；（3）"这些语言由于各个民族在经济上、政治上和文化上的长期合作将首先划分出最丰富的单一区域性语言，然后区域性语言再溶合为一个各民族的共同的语言，这种语言当然既不是德语，也不是俄语和英语，而是吸取了各民族语言和各区域语言的精华的新语言。"（斯大林，1950/1962：557—558）"当世界社会主义经济体系已经充分巩固……各民族已经在实践中深信共同语言优越于（本）民族语言的时候，民族差别和民族语言才开始消亡而让位于一切人们共同的世界

语言。"（斯大林，1929/1955：300）

我们可以从以上的讨论总结出几点：（1）语言是各民族的一种基本的平等权利，强制推行一种语言，将会导致民族矛盾与政治冲突；（2）在政治上的语言平等的问题解决之后，人们会根据实际生活和社会、经济、文化事业的发展与交流的需要，特别是经济发展的需要，从实用性的角度来学习和使用一种最通用的语言作为公共性交流语言，这是一个自然的选择和没有政治考虑的发展过程；（3）在以上过程中，会出现语言之间的融合和某些实用性不强的语言自然消失的趋势，经济发展的速度越快，这种融合与消失并存的过程也进行得越快。

2．我国各族语言的现状

《中国大百科全书·民族卷》介绍，我国各民族使用的语言总数约 80 多种。大致情况是：3 个民族（汉、回、满）通用汉语文，其他 53 个民族大多使用民族语言。从文字使用情况来看，除汉、回、满族使用汉文外，12 个民族（蒙古、藏、维吾尔、哈萨克、柯尔克孜、朝鲜、彝、傣、拉祜、景颇、锡伯、俄罗斯）有自己的民族文字，另外，傣族有 4 种傣文，傈僳族和佤族使用拼音文字，壮族、白族、瑶族使用方块字，以上 21 个民族使用 24 种文字。（1986：554）

《中华人民共和国宪法》和其他法令规定，各少数民族都有使用和发展其语言文字的自由。首先，语言平等是民族平等的一个重要内容和重要标志。1951 年政务院决定："在政务院文化教育委员会内设民族语言文字研究指导委员会，指导和组织关于少数民族语言文字的研究工作，帮助尚无文字的民族创立文字，帮助文字不完备的民族逐渐充实其文字。"（马寅，1981：17）之后又根据各民族"自愿自择"和有利于本民族发展繁荣的方针：（1）帮助壮、彝、布依、苗、侗、哈尼、傈僳、黎、佤和纳西这 10 个民族制定了以拉丁字母为基础的文字；（2）帮助傣族在西双版纳、德宏两大方言区傣文的基础上，设计了两种傣文改革方案；（3）帮助景颇族、拉祜族改进了原有的拉丁字母形式的文字；（4）帮助原来使用阿拉伯文字母的维吾尔族和哈萨克族设计了以拉丁字母为基础的新文字。（马寅，1981：17）

在使用方面，政府也有具体的规定：（1）民族自治地方的自治机关都把当地民族的语言作为主要工作语言之一；（2）各自治地方的人大选举时，使用当地民族语言；（3）在少数民族地区用当地民族语言文字进行审判或发布布告和文件，各民族成员有使用本民族语言进行诉讼的权利；（4）有本民族通用文字的少数民族地区，在学校里注意使用当地民族的语言文字进行教学；（5）在有条件的自治地方，建立使用本民族语言文字的新闻、广播、出版事业。（马寅，1981：17—18）

综上所述，我国各民族的语言文字使用情况可以大致分为三类：（1）通用汉语文；（2）有自己传统的民族语言与文字，在生活与工作中基本上使用本民族语言，部分成员兼通汉语文；（3）有自己传统的语言，但没有独立的文字，因此广泛应用汉语文。第三类主要是一些人数较少的民族。

3．作为中华民族"族际共同语"的汉语

在我国的社会生活和社会交往中，就全国而不是一个小地域来看，应用性最强、最普遍的语言是汉语。由于有一些少数民族（回、满、赫哲、土家、锡伯、畲等民族）的绝大多数使用汉语、一些少数民族（蒙古、壮、撒拉、苗、瑶、东乡、土、保安、羌、仫佬、白等民族）人口中有相当比例的干部和群众通用汉语、其他少数民族的知识分子和干部也大部分通晓汉语，汉语文在中国几千年的文化发展史和现代社会发展过程中已经在客观上成为中华民族大家庭的"通用语言""公共语言"或"族际共同语"，所以不能从名称和历史上的情况简单地把今天的"汉语"顾名思义地看作"汉族的语言"。

在我国，不但历史上和近现代的大量文化典籍和科技成果是用汉文出版，国外的大量文学、科技著作是译成汉文出版，连国内许多少数民族知识分子的大多数研究成果也是用汉文发表或出版的，比如，在我国1993年的出版物中，有99%是汉文出版物，在中国如能熟练地掌握汉语文，就意味着可以接触和使用国内信息总量的99%，这是数量巨大和无法替代的资源，掌握这些资源，无论对每个个人的发展（当然包括少数民族成员）和个人所从事工作的部门单位和专项事业的发展都是极为重要的。一个少数民族学生学习了汉语，不仅仅可以同汉族交流，也可以通过汉语与其他很多民族交流。如果说今天人们学习了英语可以走遍世界，那么在中国学习了汉语就可以走遍全国。在全国范围内汉语普通话的普及，是社会发展的大趋势，是不以人们意志为转移、或早或迟总要发生的事。①

由于中文（汉语）是联合国五种工作语言之一，国外及其他地区学习中文的人数也越来越多，既有学校的学生，也有从事外交、贸易、学术研究的人员，加上居住在世界其他地区的2200多万华人，②在许多国际性大都市中，汉语也可以帮助人们进行交流。所以从国际交流的角度看，中文（汉语）的应用性在未来将会不断加强。

4．人类语言发展的大趋势

由于语言是传统文化的载体，所以也寄托着人们的民族感情。但是随着民族之间、各国之间的各种交流的增加，语言的"实用性"特质必然会发生作用。在一个现代民族国家形成和发展的历史阶段，在这个国家内一种最通用的语言会成为该国的正式"国语"或非正式的"族际共同语"。在世界市场迅速发展，经济、文化、

---

① 在汉族当中，同时存在着一个推广普通话的问题。各种方言历史悠久，与地方戏曲结合起来，使人们对它们也带有感情因素，但是社会发展必然会推动普通话的普及，因为不学习普通话的人在未来的发展机会无疑将受到许多限制。

② 居住在我国台湾、香港、澳门的人口未计算在内。（参见马戎，1998）

科学技术的发展需要大量跨国界交流与合作的历史时期，在世界上（或"全球化"发展较快的区域）会出现一种最通用的语言，作为非正式的国际共同语发挥其"实用性"的功能。

据德国比勒费尔德大学语言和历史学家发表的调研报告介绍，在1万年以前，世界人口约有100万，存在着大约1.5万种语言，今天全世界人口增长到52亿，语言种类却减少了一半，保留有7000多种，语言学家们预计在今后100年内（在21世纪），还将会有2300种语言消失。专家们认为，今后计算机的普及，对小语种的打击将会是毁灭性的。

正是由于看到了世界语言发展的大趋势，看到了多民族国家内部实际正在发生的语言变迁，一些头脑清醒的政治家或民族领袖在对待语言问题上不是从狭隘的民族感情出发，而是指出任何民族的发展都必须要顺应这一语言发展的大趋势。在1997年12月13日庆祝哈萨克斯坦独立六周年大会上，总统纳扎尔巴耶夫特别谈到了语言问题，他指出在哈萨克斯坦决不应限制使用俄语，哈萨克人普遍掌握俄语，为本族人提供了接触现代化信息的机会，是哈萨克人的财富，要从正面和积极的方面来看待这一点。

从全世界语言使用发展的大趋势看，英语的应用范围越来越广，各国对于外国语言的学习也越来越集中到英语。回想在半个世纪之前，人们尚未预料到这种发展趋势。在19世纪殖民主义扩张时期，英、法、德等国瓜分世界殖民地，使用英语、法语、德语的地域与人口的应用范围之间并没有那么悬殊的差别，这三种语言都有自己辉煌的历史与文学巨匠，就语言本身而言并没有优劣之别。但在第二次世界大战之后，科学技术与世界经济经历了飞速发展的阶段，在客观上人们在经济贸易、科技文化交流中更加需要有一种"世界共同语"来作为全球性的交流工具。因为原英国殖民地地域辽阔（美国、加拿大、澳大利亚、印度等），英语的应用范围较法语、德语广泛，加上美国在战后西方国家的经济恢复中占据主导位置并每年大量吸收外国留学生,[①]计算机和软件语言在美国首创与发展,这样就逐步使人们更为重视英语的教学,从学校课堂开始,许多国家的一代代人把英语作为自己的第二种语言。这不是法语、德语和西班牙语能够与之竞争的。

在20世纪初期,有一些人从政治上考虑而在现有的语言之外创设出来一种"世界语"。作为一种新创的语言,它既没有自己的历史,也没有应用这种语言的母国人口,必然只能是一种"乌托邦"式的理想。斯大林讲的"既不是德语,也不是俄语和英语,而是吸收了各民族语言和各区域语言的精华的新语言",也是这种理论上的"乌托邦"。

5. 我国语言使用情况的变迁

新中国成立以来,我国政府所实行的政策,首先是强调各民族政治平等,把民族语言看作是少数民族的一项基本政治权利,在使用中给予平等的合法地位,并为此动员了政府的力量来帮助各少数民族去发展、创设自己的文字。我国有10个少数民族的文字是在20世纪50年代由中央政府组织语言专家为他们创制的。

从世界语言发展的大趋势和语言应用性程度变迁的角度来分析,新中国成立初期我国政府组织为一些没有独立文字的族群创制文字,体现政治上"民族平等"的考虑是其主要因素,但是这一政策对语言发展的长远趋势则有可能考虑不足。40多年来,这些"新文字"的使用情况如何?结合几十年来的使用效果和发现的问题,如何对当年这项工作进行总结,是十分重要的。这方面的研究成果,可以帮助我们预测今后少数民族语言使用的发展趋势。

以我们在内蒙古地区研究语言的情况为例。我们发现,那里语

---

① 美国每年向外国学生提供几万个奖学金名额,这对于许多教育费用较高的国家特别是发展中国家的年轻人具有极大的吸引力,也因此推动了这些国家把英语作为学校中主要的外语语种,并逐渐形成了英语在这些地域作为主要外语的压倒性优势。

言的使用情况几乎是一边倒，即主要是蒙古族学习使用汉语，很少有汉人去学习蒙古语。在拉萨，情况也是如此，即藏族学习使用汉语而不是汉人学习藏语，虽然汉语、藏语都是官方用语，但在许多应用与交流场合，人们更多地使用的是汉语。这些现象反映出在社会、生产、贸易、科技、文化、卫生和教育事业发展过程中，随着应用性因素的作用，在语言使用中所发生的一些变化。

1985 年，我们在赤峰调查中所获得的关于 41 个自然村 2089 户户主语言能力的调查结果（见表 8-2）表明：在农业地区，96.3% 的蒙古族户主会讲流利的汉语，同时有 34.0% 的蒙古族户主已经完全不会讲蒙古语了；而在牧业地区，有 47.2% 的汉族户主会讲蒙古语，其中 26.8% 的人蒙古语甚至讲得很好，同时精通汉语的蒙古族户主比例也达到了 73.2%。由此可见，在农业地区，汉语是通用的语言，汉族基本上无人学蒙古语，而蒙古族普遍学习汉语，蒙古语仅在不到一半的少部分蒙古族居民中使用；而在牧业社区的蒙古族内部，蒙古语依然是主要语言，但是在蒙汉居民之间进行交流时，汉语和蒙古语是同时使用的语言，所以同时存在着汉族学蒙古语、蒙古族学汉语的现象。由于蒙古族牧民在社区之外的城镇、农区与人交流时，必须会汉语，所以牧区蒙古族学习汉语的积极性比汉族学蒙古语要高得多。

表 8-2　被调查户主的语言能力（1985 年赤峰农村、牧区调查）

语言种类	掌握程度	农区		牧区	
		汉族 %	蒙古族 %	汉族 %	蒙古族 %
汉语	完全不会	0.0	0.0	0.4	6.8
	会一些	0.2	3.7	0.7	20.0
	很好	99.8	96.3	98.9	73.2
	总计	100.0	100.0	100.0	100.0
蒙古语	完全不会	89.1	34.0	52.8	2.4
	会一些	8.3	22.5	20.4	3.8
	很好	2.6	43.5	26.8	93.8
	总计	100.0	100.0	100.0	100.0

6. 学校里的教学语言

由于我国55个少数民族中有三分之一的民族兼用汉语，6个民族全部或大部转用了汉语，目前我国近40个民族有大部分人兼通汉语，所以"根据各民族使用汉语的实际情况，选用汉语作为民族教育用语，或者实行汉语和少数民族语并用的双语教育，都不失为科学的、明智的选择"。"少数民族今后经济的发展和民族繁荣，特别是改革、开放，向现代化迈进，都与他们通晓汉语的程度有关。……民族语文教育和汉语文教育两者不应是相互排斥或取代的关系，应该是相辅相成互为补充。……二者必须并举，不可重此轻彼，有所偏颇。"（谢启晃、孙若穷，1991：114）

1994年颁布的"西藏自治区实施《中华人民共和国义务教育法》办法"第二十条规定："自治区逐步完善以藏语文授课体系为主的藏、汉两种教学用语体系。学校应当保证少数民族学生首先学好当地通用的民族语言文字，同时学好汉语文。学校在所有使用汉语文场合，推广、使用全国通用的普通话和规范的文字"。（《西藏教育》1994[3]：3）这在一定程度上体现了少数民族对掌握汉语（即全国通用的普通话和规范文字）重要性的认识。有的研究把我国各个民族教学语言的状况进行了系统分类，[①]其中值得注意的是明确提出："已经放弃本民族固有语言的使用而换用汉语的局部地区，主要学习汉文。"这一精神实际上表示出了对语言实际应用性的关注。

在改革开放过程中，内地的汉族学校在努力加强英语教学以便培养学生毕业后与国外交往、接受国外知识的能力。我国也有些人提出少数民族能否不学汉语而学英语。毫无疑问，我国各少数民族都需要培养通晓英语的人才，在大学里的少数民族学生也应与汉族学生一样学习外国语言，但是作为群众性的基础教育，还是首先要

---

① 参见德莎文章《民族教育中的语言问题》的第二部分。（1989：447）

学好本族的母语和中华民族的"族际共同语"(汉语),这是少数民族广大中小学学生毕业后在日常生活和实际工作中应用最广、获益最多的语言。

7. 语言使用中的"多元一体格局"

从历史发展的长河和社会的宏观角度来看,我们在语言使用方面同样可以借用"多元一体"的思路来进行分析。汉语作为"族际共同语"的推广与普及,体现了这个格局中"一体"的一面。"一体化"从长远看是个发展的大趋势,但这并不排斥在现阶段甚至对于一些民族来说,在一个相当长的历史时期中将会存在着语言、文字方面的"多元"现象。

美国对于语言方面的政策存在三种观点:(1)认为美国是一个使用一种语言的国家,应用一种语言对每个人都有利,所以应当对双语教学予以抵制;(2)承认美国存在一些母语不是英语的学生(或成人),他们讲各自原来的母语只是一种暂时的现象,对于他们来说,双语政策将会架起一座通往应用英语的桥梁;(3)承认双语是美国人生活中的一个现实,而且这种现实对美国有好处,在语言方面的多元化,和在其他方面的多元化一样是有必要的。(Simpson and Yinger, 1985: 401)

1968年美国通过了《双语教育法》之后,官方的语言政策大致是上面的第二种。但是由于财政资源、教育科目方面的考虑和对分离主义的担心,在一些州对于在学校里实行双语教育有分歧意见,同时社会上抵制双语教学的倾向也在上升,(Simpson and Yinger, 1985: 400)体现出从第二种观点向第一种观点的倾斜。

我国的语言政策,大致地说,在上面三种政策中属于第三种,但是在不同的历史时期、不同的政治氛围中,会出现左右摇摆。在新中国成立初期极为重视和尊重少数民族语言,没有自己文字而且已经通用汉文的,也要为其去造谁也看不懂的新文字,多少有点人为地去强化"多元"的一面。在"文化大革命"时期,又表现为轻视少数民族语言文字,排斥"双语教学",存在着使用政治运动和行政手段来强化"一体"的一面。"拨乱反正"之后,在落实民族政策的过程中也存在矫枉过正的问题,有一些少数民族地区出现了过分排斥汉语教学的现象,有个别地区甚至出现在小学里重新使用满语教学。除了极少数需要通过读满文来研究清朝历史的专业研究者之外,可以说满语在当代中国社会是没有多少应用性意义的。所以在目前的历史阶段,在个别地区又出现了人为强化"多元"的一面。

四、我国少数民族教育中与双语教学相关的问题

1. 双语教学体制

我国的《宪法》关于语言有两条规定,第四条规定各民族都有使用和发展本民族语言文字的自由;第十九条规定国家推广全国通用的普通话。《义务教育法》第六条规定,学校应当推广使用全国通用的普通话。教育部、国家民委1980年《关于加强民族教育工作的意见》要求:"凡有本民族语言文字的民族,应使用本民族的语言教学,学好本民族语文,同时兼学汉语汉文。"这些法律和政策既考虑到了民族语言平等和各民族交流这两层政治因素,也考虑到民族地区语言环境的现实应用的情况,体现了从客观效果出发的科学态度。

在政府教育部门规划、安排和发展双语教学体制时,提出的原则是:"要以当地语言环境为基础,同时要考虑经济、社会发展的需要、办学效益和群众的意愿。原则上,凡只有本民族语言文字环境的地方,基础教育宜实行用民族语文授课为主或从民族语文教学入手,逐步通过语言转换实行以汉语文教学为主;有一定双语环境或某些地方土语区,基础教育宜实行用汉语文授课为主同时加设民族语文课的体制。"(周旺云,1989:31)同时明确提出:"实行既与民族学生语

言基础相衔接、又与全国语言环境相一致的双语教学体制,是保证教学活动正常进行,普及教育,大面积提高教学质量和办学效益的必备条件。"(田清玉,1989:10)这些政策和提法,基本上体现出了"多元一体"的大思路,考虑到实际当中存在着的"多元"(民族语言的地方性应用)和"一体"(全国性的语言应用大环境)两个方面,为了避免政府对于语言"应用性程度"判断的偏差,避免政策上的左右摇摆(人为强化"多元"或人为强化"一体"),还特别提出要尊重当地"群众的意愿",这一点在我们的实际工作中是非常重要的。

各个地区根据本地区的情况对于双语教学问题制定了一些具体的政策,如云南省1984年的规定为:"在不通汉语的民族地区,大力推行民族语文教学。在不通汉语又有民族文字的民族小学中,应在低年级首先使用民族文字教材,并同时逐步学习汉语文。到高年级用汉语教材教学时,也要用民族语言辅导教学。在不通汉语又没有民族文字的中小学,要用民族语言解释课文,辅导教学。在通汉语的民族中、小学,一般可用汉语文进行教学。通汉语文又有民族文字的地区,是否设置一定的民族语文课,应根据本民族的意愿确定。"(国家教育委员会民族地区教育司,1995:362)而四川省则计划到2010年完成彝族、藏族地区中小学教学用语体制的转换,即由单一的汉语文教学过渡到双语教学体制。①

图8-1中介绍了目前西藏的双语教学体制以及两种语言授课学校之间的衔接。我们可以看出,2417所藏语授课小学的毕业学生中,只有3个班可以升入藏语授课的初中,绝大多数将转到汉语授课初中的预备班,这也是80年代后期藏族学生升入高中的唯一途径。现在即使可能已经有了藏语授课高中,其数量和质量的增加和

---

① 但是也存在以非母语的民族语言为教学语言的现象,如"四川阿坝藏族羌族自治州,使用嘉戎语或羌语的藏族,进入学校后,一律学学龄前不懂的藏文"(孙若穷,1990:286)这与语言发展的全国性大趋势是不符合的。

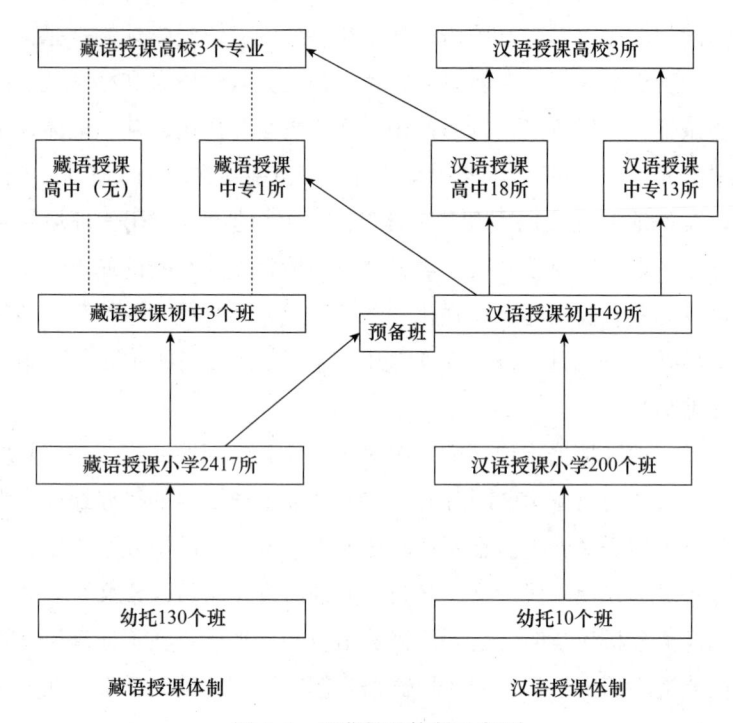

```
┌─────────────────────┐              ┌─────────────────┐
│ 藏语授课高校3个专业  │              │ 汉语授课高校3所 │
└─────────────────────┘              └─────────────────┘
    ↑           ↑                      ↑         ↑
┌─────────┐ ┌─────────┐          ┌─────────┐ ┌─────────┐
│藏语授课 │ │藏语授课 │          │汉语授课 │ │汉语授课 │
│高中（无）│ │中专1所  │          │高中18所 │ │中专13所 │
└─────────┘ └─────────┘          └─────────┘ └─────────┘
                                      ↑
┌─────────────────────┐  ┌─────┐  ┌─────────────────┐
│ 藏语授课初中3个班   │  │预备班│  │ 汉语授课初中49所│
└─────────────────────┘  └─────┘  └─────────────────┘
          ↑                             ↑
┌─────────────────────┐              ┌───────────────────┐
│ 藏语授课小学2417所  │              │ 汉语授课小学200个班│
└─────────────────────┘              └───────────────────┘
          ↑                             ↑
┌─────────────────────┐              ┌─────────────────┐
│ 幼托130个班         │              │ 幼托10个班      │
└─────────────────────┘              └─────────────────┘

      藏语授课体制                       汉语授课体制
```

图 8–1　西藏教学体制示意图

资料来源：刘庆慧，1989：500。

提高仍然需要很长的发展时期。目前的藏语授课体系仍然是很不完善的，这种不完善以及两种语言授课体系之间衔接中的问题自然会给教学质量带来一定的影响。

2．少数民族文字教材与少数民族教员

"双语教学两种体制，特别是其中的民族语文教学为主体制的发展速度，必须同教材、师资建设的可能相适应。"（周旺云，1989：31）在少数民族地区的城镇小学和中学使用少数民族语言授课，最重要的问题是缺少完整配套并且高质量的用民族文字编写的各类专业课教材。以西藏自治区为例，自 1960 年西藏成立民族教材编译组开始，小学和中学教材开始被逐步译成藏文，1963 年完

成小学藏语文课本、汉语文课本以及数学、自然常识、地理课本的编译。1972年至1979年，以北京市五年制小学课本为蓝本重译小学各科教材。1980年前后重编小学、初中、高中全套藏语文教材。1982年成立五省区藏文教材协作领导小组，到1991年已完成小学和初中各科藏文教材，同时高中各科藏文教材也基本完成。（丹增、张向明，1991：336—339）经过多年不懈的努力，到了20世纪90年代初，西藏有史以来第一次有了全套的中小学各科藏文教材。

但是，有了教材并不表示关于教材的质量问题也同时解决了。我们试想汉文的中小学各科教材，目前使用的版本是从20世纪初以来，先后几代、多达上千万的教师和各学科学者们集毕生之精力，参考国外教材，结合国内的教学实践经验，最后才整理发展出来的。设想为其他几十个大小民族按其语言引进现代科学术语，编制成套的数学、物理、化学、生物、地理、历史等专科教材，并使它们逐渐成熟，其难度是可想而知的。藏族是一个人口众多的少数民族，民族文字教材的编写尚如此困难，为各个人口较少、居住分散的民族编写成套中小学教材，不但存在着一个未来应用性的问题，也有一个时间和人力资本投入的成本问题。为了编写这些教材，首先需要用至少一代人的时间来培养本民族的学者和优秀教师，然后再由他们来作为教材的主要编写者和修改者。经过新中国成立以来近50年的努力，我们已经为部分民族培养了一些优秀的教师，但这距离现代教育发展的高标准要求仍有相当距离。

影响少数民族语言授课质量的另外一个原因是缺少合格的少数民族教员，特别是数理化教员。所以即使有了教材也并没有完全解决民族语言授课的问题。好的教师需要深入理解教材的内容并具有丰富的教学经验，需要有较高的学历和规范的训练。各个少数民族的教师队伍的质量无疑需要尽快地提高。

1991年，在西藏自治区各级学校教员授课语言构成中，小学中藏语授课教员占80%，初中占20%，高中仅占3%，所以当前西藏民族教育发展的重点已从藏语专科教材的编译转为藏族数理化专科教师的培训。一些其他少数民族语言的教材与教师问题也存在着类似的情况。

3．民族语言教学与学生毕业后的就业

假设我们通过几十年甚至百年的共同努力，为每个民族建成和完善了一整套少数民族语言文字的教育体系（教材系列、教师队伍），其结果将会怎样呢？首先，从学校学到的知识是由语言和文字来表现的，而教育的成果是需要被应用的。如果这些数理化知识和文科知识都是用少数民族文字来讲授的，这些毕业的学生的就业范围就将受到许多限制，他们想表达的东西其他民族的人不懂，其他民族成员表达的同一个专业的东西，他们也不懂，除了自己的老师、同学或很少的同族人之外，他们所学到的这些知识是无法与其他人沟通和交流的。那么这些知识的应用性价值在哪里呢？

朝鲜族是我国教育水平最高的一个民族，文盲率只有8.2%（见表8-1），建立了从小学、中学直至大学的一整套朝鲜语的教材，培养了许多优秀的民族教师，但毕业生由于语言的限制，只能在延边或其他朝鲜族自治县就业，这就使得延边地区的许多单位和部门人员的平均学历大大高于国内其他地区。所以有些朝鲜族干部与学者也开始考虑加强学校里汉语教学的问题，因为这些毕业生如果同时能够掌握汉语，他们就可以在其他地区得到比现在条件更好、更有发展前途的工作。

朝鲜族的情况尚且如此，其他民族的情况可以推想。对于没有传统文字的人数较少的民族，是否需要从头去编写"新创文字"的成套教材？即使编写好并在学校的教学中实际使用了，学生们学习之后在他们今后的生活与工作中又有多大的实际应用价值？

我国的《宪法》和社会都承认各个民族的语言文字的合法与平等地位，这一点是不可动摇的。在政治意义上解决了这个问题之后，应当从应用性的角度来实事求是地分析，在学校里使用什么语言教学对于学生的未来最有利。从"多元"的一面看，在那

些尚不通行汉语、在小学毕业前后就业的少数民族地区，应在教学中以本族语言为主，同时开设汉语课。而在有条件普及初中的地区，需要及早开设汉语课，要考虑到中学生们未来的发展前途，加强双语教学，鼓励用汉语教授数理化课程，在教学中应多体现出"一体"的一面。

4．少数民族群众在选择教学语言方面的意愿

如何判断在一些具体地区或民族中实行的双语教育体制是否符合当地社会、经济、文化发展的客观需求，群众的意愿应当作为一个重要的参照。一些研究反映出："许多藏族干部、职工、农牧民群众在口头上都说应重视学习使用藏语文，而实际行动上却偏重于汉语文。如1987年规定，藏族小学一年级新生都必须全都进入藏语授课班学习，执行中阻力很大，多数地区没有做到。有许多藏族干部和人大代表在会议等公开场合发言时，积极倡议学习使用藏语文。但在自己的子女学习问题上却坚决不同意进藏语授课班，而千方百计进汉语授课班或内地中学班。……原因主要是：藏语文在实际工作中的使用还具有一定的局限性。"（刘庆慧，1989：502）我们1988年在西藏调查时，家长和学校校长们也都反映有不少藏族家长希望孩子在汉语授课班就学，而对政府要求藏族学生在藏语授课班就学表示不满。（马戎，1996：386）在制定双语教学的体制和实施办法时，群众的意愿是我们必须考虑的重要因素。我们不能置大多数群众的实际要求于不顾。在正常的政治和社会氛围下，大多数群众的意愿反映出来的是语言的实际应用性。

我们在延边朝鲜族自治州安图县调查时了解到："有些朝鲜族家长不愿意让子女进朝鲜族学校学习，而设法通过关系把子女送进汉族学校，①他们认为子女上朝鲜族学校，将来汉语水平低，找工作困难，

---

① 一种具体办法是让子女先上本地朝鲜族学校，再转到其他县的汉族学校（按规定跨县转学可不受民族限制而进入汉族学校），然后再转回本县的汉族学校。

不容易发展……据当地的朝鲜族人说，有这种想法的父母越来越多，甚至已经占有朝鲜族的大部分……现在政府要求朝鲜族子女入朝鲜族学校，朝鲜族人自己反而希望进汉族学校……值得注意的是，有些最坚决主张维持民族教育的人恰恰是汉族干部，因为他们特别不愿意被指责为'大汉族主义'。"（马戎、龙山，1999：270—271）

目前在双语教学方面存在着两种倾向。如在四川民族教育情况的分析中发现"彝、藏族干部、群众对本民族语文教学和汉语文教学提出了不同的要求，有的偏重前者，有的偏重后者"。（华迅，1989：117）第一种倾向是重视汉语教学，对此持批评态度的人强调在完全不懂汉语的条件下，少数民族学生直接学汉语文，收效不佳，而"开设了民族语文课班级的汉语文成绩比没有开设民族语文课的汉语文成绩高得多"。（马志强，1989：236）这一点是有其道理的。而我们在云南金平苗族瑶族傣族自治县的调查发现，由于乡村少数民族（苗、瑶、傣族等）儿童在上小学前普遍不会讲汉语，通常小学生要在二年级以后才能完全听懂讲课，三年级以后才能用汉语表达，这对少数民族学生的学习成绩自然是有不利影响的，但是本地民族对此并没有提出异议，"相反，他们认为学习汉语有利于学生将来考学、找工作，是个人发展的一个基本条件。这里尚未出现过某一民族为了捍卫本民族传统而排斥汉语文教学的现象"。（马戎、龙山，1999：590）

另外有些研究也指出在一些地区存在着人为要求强化民族语言教学的倾向，指出有一些人认为需要"加强"群众对于少数民族语言"重要性"的认识，"应努力做好工作……使牧区广大干部和牧民尤其认识到学习、使用民族语文的重要意义"。（孙自强等，1989：75）这些人承认"在民族地区普遍存在着学校教师、学生家长乃至学生本人认为升学考试，特别是高考，既不用本民族文字进行考试，亦不把本民族文字作为一门学科进行考试，所以与其'瞎子点灯白费蜡'，不如利用学习民族语文的时间去学好数理化"这样的实际情况。（苏克明，1989：49）但是有人把群众的这种普遍的意愿看作是需要纠正的偏向而加以指责。实际上，他们所指责的，恰恰是群众对于知识应用性的最实际的考虑，应当说这种意愿，是无可厚非的。

新疆维吾尔自治区政府办公厅批转1983年12月教育厅文件中提到，"'文革'后，民族中学的汉语教师纷纷改行调走，有一段时间汉语教学几乎停顿"，反映的就是在教学语言问题上片面和人为地强调"多元"而轻视"一体"的发展趋势。1987年自治区政府针对这种现象再次强调，"汉语是我国的主体语言，是我国各族人民进行思想、科学、文化交流的主要工具。学习和使用汉语文是少数民族地区物质文明建设和精神文明建设的需要"。（国家教育委员会民族地区教育司，1995：337，808）

对于"双语教学"，也有人提出新的观点。一些地区（如四川）把实现中学的双语教学当作目标来奋斗，但同时有人认为，"'双语制'只适合小学阶段，初中阶段则不宜提倡和使用。因为初中阶段学生语言要定型，若继续使用'双语制'就会影响学生的汉语规范化。……民族语教学在现代教育中终究是过渡形式，起语言'拐杖'的作用"（杨学政，1989：426）。这里强调了少数民族学生掌握规范汉语的重要性，明确了对于他们在今后国家现代化和个人充分发展来说，最重要的和应用性最大的语言是汉语，这是应当肯定的。但是在提法上忽视了我国50多个少数民族在其语言应用方面存在的巨大差异，而过于绝对化。对于一些原来没有自己文字或民族语言和文字应用范围较小的民族来说，民族语言教学可能确实只应当起一个语言"拐杖"的作用，但是对于若干人口较多、语言和文字已经有一定的应用性价值（如朝鲜语文、蒙古语文等）的民族来说，民族语言就不仅仅是"拐杖"了，在中学教学中的使用也不必做硬性的规定。

而对于使用少数民族语文"扫盲"问题，也存在相似的情况。如果是一种新创的拼音文字，学会认字母和拼读规则并不很难，如果这样来衡量"扫盲"的成绩，可以比较容易就能"达标"，但是在群众的实际生活和生产中并没有多少应用价值。如果是真正有应用价值的民族语言，用来开展"扫盲"工作就会起到很好的效果。所以当我们谈到"民族语言"和"双语教学"时，切忌统而论之和实行"一刀切"的政策。

五、课程设置、教学内容与教学质量

1. 课程设置与教学内容

各个民族（包括汉族）在发展教育、编制教材时都有一个实事求是、因地制宜的问题，需要根据各个地区的社会、经济、文化等各项事业的历史基础和发展的实际需求，根据本地人才与就业市场的客观需求（也在一定程度上兼顾全国性的就业机会）来仔细和慎重地分析目前的课程设置和教学内容。

农民们送自己的孩子上学的目的是什么？孩子们刻苦读书的期望又是什么？我们在农村调查时了解到，人们的主要考虑是两条：第一是希望孩子学习成绩好，一级一级读上去，中专或大学毕业后成为国家职工（"公家人"）或当干部（"做官"）。在广大农村中，传统的"科举制"和读书走"仕途"的影响很深，通过老人的讲授、民间说书、历史剧目的内容依然影响着汉族和一些少数民族群众；第二是希望孩子至少在学校学会一些实用的知识与技能，如读报、写信、算数，能看得懂农业机械的说明书和农药的配方，在家庭对外的经济往来中不吃亏。

正因为多数人持有以上这两条考虑，当他们认为自己的孩子成绩不够好，升不了中专或大学，将来当干部没有希望时，就会在孩子们学得一些基本实用性的知识（认字、算数）之后让孩子离开学校，去就业。有的农民讲，从家里农牧业生产应用的角度看，学会认字、算数之后，去参加某项专用技术培训或看电视的实用教育节目，效果比继续在学校里读书要好。

一些偏远的少数民族农村地区生产技术不发达，花了不少钱办教育,但毕业生中一小部分升学后再不返回,成了"对外人才输送",其余绝大多数毕业生返乡后"除会写几个字外,一点劳动技术都没有"。(陈红涛,1990:39)这种情况不但不能有力地推动少数民族地区农村、牧区的社会、经济发展,还会降低学生家长送孩子读书的积极性。从许多经济尚不发达的少数民族地区的实际情况看,要普及九年义务教育,任务非常艰巨。大多数学生在小学、初中毕业后即会就业,所以除了办好中等技术学校之外,还应在小学高年级和初中开设部分应用技术课,这样可以使学生尽早掌握一些实用的技术,同时还可以提高学生和家长的积极性,减少学生流失率。

现在农村、山区和少数民族地区的学龄儿童辍学,总结起来大致有四个原因:(1)经济原因,因家庭经济困难,交不起各项上学所需的费用,供养不起孩子继续读书,或者需要孩子劳动养家;(2)学校距家太远,交通困难,在人口稀少或交通困难的草原、山区,学校很少,儿童就学困难;(3)家长认为学校所学的知识无用,不如务农、学手艺或经商;(4)有些少数民族家长把孩子送进寺庙学习,宗教因素对学生辍学也有一定影响。

对于那些经济困难的家庭和学生,政府的"助学金""奖学金"补贴和由民间捐资支持的"希望工程"等可能可以提供一些帮助。对于缺少学校、上学交通不便的地区,政府"扶贫"资金对当地学校的支持、"希望小学"、增设的教学点等可以帮助改善部分小学的办学条件和学生的入学机会。当然,这些项目的覆盖面毕竟是有限的,完全解决这方面的问题需要地区经济的全面发展。但是对于上面提到的第三条原因(知识的实用性),如何在课程设置和教学内容上进行调整,需要进行深入、细致的调查研究。

这里有三个因素需要考虑:(1)当前社会发展和人才需求与长远发展之后的人才需求相协调。目前最实用的知识,不一定是20年后仍然很需要的知识,而一个初中学生16岁毕业后至少要工作45年,许多目前并不那么实用的知识也许在今后会成为工作后继续学习的基础而发挥作用。(2)本地区人才的需要与全国性人才需求之间的协调。需要分析学校培养的学生中有多大比例将在本地就业，有多大比例可能到其他地区就业，两者所要求的知识领域和程度可能并不完全相同。(3)应试教育向素质教育和能力教育的过渡。学校中有些知识的内容选择和教授方法是为了帮助学生应付考试的，而不是着眼于学生的思维分析能力和自学能力的培养。以上这些问题都是从社会与经济发展水平与教育之间衔接的角度来考虑的，不论是汉族地区还是少数民族地区都存在这三个问题。

与这三个因素相呼应，在分析课程设置和教学内容时，有三个关系需要协调与兼顾：(1)要兼顾当前的应用性知识与未来的应用性知识。今天用不上的知识，明天或后天也许会变得非常有用。(2)要兼顾本地就业所需应用性知识与去其他地区就业所需应用性知识，当前许多贫困地区都有"劳务输出"的现象，云贵山区的青年农民如果去广东、福建打工，他们所需要的知识则比在家乡务农所需要的要多。①(3)要兼顾少数能够考上大学的"尖子生"和绝大多数将会在当地就业的学生，不能只顾一头。

对于这三个关系的讨论，最后落实到国家教育部门统一规定的教学大纲（课程设置、教学内容、规定教材、教学进度、掌握程度等）和本地"乡土教材"之间的关系与协调问题。一方面，目前我国各个地区农村学校结合当地实际需求的"乡土课程"和"乡土教材"数量太少而且质量偏低，满足不了当地就业的实际需求，这方面仍有许多工作要做。另一方面，国家统一的教育大纲也需要根据"素质教育"的要求进行必要的调整。体现了"多元"的民族教材、

---

① 自20世纪80年代以来，仔细分析我国各地区之间劳动力流动的教育素质差异，可以帮助我们理解各地区对于不同层次人才的需求和供给关系。我们不难发现，许多受过较高教育的知识分子近年来从落后的西部流向沿海，中部人多地少地区的农民流向沿海和边疆，同时沿海受过初级教育并有一定技能的劳动力又大量流向西部边疆。这种流动非常清晰地勾画出各个地区间劳动力市场的供求结构（素质与数量）。

"乡土教材"需要根据时代的发展而调整,体现了"一体"的全国性教育规范也需要根据时代的发展而调整。

课程设置和教学内容的调整,增加"乡土教材"、加强素质培养,与目前的教育体制改革是密切联系在一起的。一方面要循序渐进,在步骤上要稳妥,不能大起大落;另一方面要实事求是,具有开拓精神。我国在经济体制改革中设立了"经济特区",这是实事求是的创造性思维。现在从"应试教育"过渡到"素质教育",也需要创造性思维。少数民族教育的发展,也应当在全国性的教育改革的潮流中探索出新的路子。

2. 教学质量

在一些地区,由于拼音文字在初学期间比汉字容易掌握,使用少数民族语文来开展"扫盲"工作,容易"达标"。但是也必须看到,有些少数民族拼音文字或是在过去应用很少,或是 20 世纪 50 年代才创设的,会拼读这些文字,所能阅读的材料实际上是很有限的。换言之,这种"脱盲"从实际应用方面来说,并没有多少实质性意义,只是在政府的统计上完成了"达标"任务。

这是一个在各地少数民族教育中普遍存在的问题。以降低质量来追求数量或"达标","录取分数线"降得太低,入学后又没有严格要求,毕业的学生"有文凭,无水平",而且不愿回到家乡就业。造成这种后果的一个原因是一些人有"不正确的民族意识,以入学数量、升学指标作为衡量享受民族平等权利的标志,追求形式上的民族平等。……各级学校都出了不少不合格的'产品'。这不仅是有限教育经费的大量浪费,更主要的是导致教育和社会经济的恶性循环,民族素质差距进一步扩大。这是不符合民族的长远利益的"。(周成厚,1989:59)关于少数民族教育中存在的质量问题,例子举不胜举,真正关心自己民族长远利益的少数民族干部和知识分子,应当对此具有清醒的认识。

六、少数民族的职业教育与高等教育

1．少数民族地区的职业教育

我国的高等教育甚至高中教育还不能做到普及的程度，城市中尚有相当比例的初中毕业生不能升入高中，在农村地区和少数民族地区实行"普及九年义务教育"仍是一个十分艰巨的任务。正是由于目前的升学状况和考虑到基层大多数学校的毕业生需要在当地就业，中央政府近年来十分重视发展职业教育。在一些省区，还规定了普通高中和职业中学在校学生之间的比例。如黑龙江省教委和民委1990年提出要"使全省少数民族职业技术学校（班）的人数同少数民族普通教育阶段高中在校生的比例，从1989年的5%，到1995年提高到20%。在此基础上继续努力，到本世纪末，使比例达到4∶6"。（国家教育委员会民族地区教育司，1995：714）广东省也设定了同样的比例作为目标。（《高明市教育发展情况调查》）

办教育的目的是为推动本地区经济生产和社会发展事业服务，必须实事求是，循序渐进，兼顾就业和升学两个方面，摆好普及与提高的关系。在少数民族地区发展职业教育，由于社会与经济发展水平和就业市场的人才技能需求具有自己的特点，所以更要因地制宜，充分考虑当地各个行业所需的实际应用性知识与技能。少数民族地区就业结构的多层次、多形式、多规格状况，决定了职业技术教育结构的多层次、多形式、多规格。（孙若穷，1990：455）有的地区（如云南大理白族自治州）采用"三加一"或"六加一"的办法发展职业技术教育，即在六年小学教育和三年初中教育完成之后，增加一年专门学习职业技术课程，这也是在学制上所进行的探讨。（孙若穷，1990：398）

职业教育在课程设置和教学内容等方面，无论在整体的结构上还是内容的变化上，都可以具有比较大的灵活性，充分体现"因地制宜"和"多元"的精神,可以安排较多的"乡土性"课程与教学内容,如牧区职业中学可设置畜牧、兽医、牧业机械、草原建设等课程,山区可设置果树嫁接、中草药栽培、林业方面的课程,沿海地区可设置近海养殖、渔船机械维修等课程。这些内容与当地人民日常生产与生活中所需要的知识与技能密切相关,可以结合生产实际来上课和实习,毕业后马上可以应用,肯定会得到当地群众和基层政府的欢迎,并且会调动学生和家长送孩子在初中毕业后继续求学的积极性。

此外,我们在内蒙古一些地区的调查中发现,"一些蒙古语授课的专业几十年没有变化,毕业了一批又一批学生,这些专业人才需求早已饱和"。特别是蒙古语授课的中专(医护、畜牧、兽医、文秘等专业)毕业生,由于语言的限制,只能分配在以蒙古族为人口主体的牧业旗县,而这些地区的相关工作岗位需求有限并早已饱和,所以这些毕业生只好长期等待分配。(《镶黄旗教育发展情况调查》)这种情况也存在于内蒙古高等院校一些专业的蒙古族毕业生当中。

2.少数民族的高等教育

目前全国共有12所民族院校。设立民族院校的目的是从少数民族学生的实际情况和特点出发,创造一个比较特殊的教育环境来培养少数民族人才。少数民族学生的实际情况和特点主要有:(1)有些学生汉语水平不高,需要使用少数民族语言文字教学;(2)一些学生成绩偏低;(3)部分学生的培养目的是作为定向的干部培训。这些方面与普通高校是不一样的。

培养少数民族高级人才,可以包括两个主要部分:一个是各级政府官员;另一个是知识分子和科技人才(包括教师、学者、作家、艺术家、科学家、工程师等)。从我国办民族院校的历史传统来看,最初办学的主要目的是培养干部。新中国成立前后,西北、西南广大少数民族地区迅速得到解放,迫切需要在一个很短的时间内培养出大批少数民族干部充实基层政权和推动"民主改革",各种培训活动和专为培养少数民族干部的民族院校应运而生。这也承袭了民国初期和我党延安时期设立民族院校的传统。在新中国成立初期的情况下,当时成立专门的民族院校是历史的需要。

新中国成立近50年后,培养少数民族干部的任务依然存在,但是总体的形势随着时间的推移和社会的发展已经发生了很大变化。首先,培养少数民族知识分子和科技人才在数量和质量两个方面的要求都提高了,这是全国和各个少数民族地区社会、经济、文化各项事业发展形势的需要。其次,在现代化进程中,各项事业的发展对于政府官员和管理干部的要求也有新的变化,"干部"的内涵也在变,现代化所需要的官员和管理干部在相当程度上应当是专业性人员,应当是知识分子和科技人才,是具有相关领域知识和管理技能的具有高等教育背景的专业人员。所以,也许可以说,今后对少数民族知识分子和新型管理干部的培养任务要超过对"传统型行政干部"的培养。

但是要想培养出真正一流的科学家(理科)、学者(文科)、工程师(工科)和医生(医科),对于少数民族院校来说是有困难的,因其受到师资、教材、学生基础和学校整体学术水平的限制。根据今后少数民族人才结构(行政管理干部、人文社会科学人才、科学技术人才)客观需求的变化,民族院校也需要进行必要的结构调整。目前我国少数民族大学生和研究生的专业分布在很大程度上向民族历史、民族语言和人文科学专业倾斜,而在现代化和科技发展中非常重要的社会科学、理科、工科等专业的比例很小,这对于各个少数民族的全面现代化发展十分不利。[1] 而要在这些应用性专业上学习到最前沿的知识,民族院校的条件(课程、师资、对外交流等)与普通院校还是有相当距离的。

---

[1] 美国少数民族裔的大学生和研究生,也存在着专业倾斜的问题,限制着这些族群的全面发展。(参见马戎,1997:19)

此外，从各个民族之间加强接触与交流的角度来看，目前在一些民族院校中实行的按民族分班的办法也存在着一定的负面作用。按民族分班在新生入校初期，有利于语言交流的便利和对新环境的心理适应，但从长期的学习效果来说则不利于语言的相互学习和整体的心理调适，有时甚至容易出现以班（民族）为单位的小集体意识。同时，为了加强民族间的交流，促进民族团结，民族院校可以适当扩大汉族学生的比例。

对于部分新生的汉语水平不高和学习基础较弱的问题，有些民族院校采取办一年至两年"预科班"的办法来解决，预科班毕业以后，再进入普通高校。预科、本科和干训部，是民族院校办学的三种主要形式。

但是，经过预科班提高水平的少数民族学生，如有可能，应当鼓励他们以某种方式参加全国高校统考，以实际水平考上全国优秀的大学继续学习。在科学面前是人人平等的。只有这样，我们才可以期待着我国的少数民族中出现一批真正一流的学者、科学家与工程师。而民族院校的大学生与研究生培养，可以以体现少数民族文化特点的人文科学的专业为主。当然，这些方面的体制改革还处于分析和探讨的阶段，需要在深入调查研究的基础上，结合当前的现实情况和未来的长远发展，权衡各个方面的利弊，仔细地研究与讨论。总之，在少数民族高等教育方面，存在着许多十分复杂但在现实中又客观存在的问题，不应当予以回避，而是需要采取一种积极的态度，有长远发展的目光和开拓性的视野，在调查研究的基础上实事求是地逐步加以解决。

七、关于少数民族教育问题的研究

对于我国少数民族教育事业的历史与发展，国内许多学者已经做了大量的研究工作，积累了许多有影响的科研成果。当我们进一步探讨今后如何发展少数民族教育时，我们感到有三个方面的工作是需要继续去做的。

1. 对于我国少数民族教育基本情况的调查研究

关于教育现状的调查研究，可以从以下专题入手：（1）使用各次人口普查资料，对各个民族的教育水平结构进行比较研究，例如对文盲比例、各层次教育毕业生比例、普通学校与民族学校比例等进行分析；（2）对各个民族的学校结构、在校生的层次和男女结构进行分析，并预测在校生结构对未来各民族人口教育结构的影响；（3）对各个民族大学、大专、研究生的在校生、毕业生的专业结构（人文科学、社会科学、理科、工科、农科、医科等专业方向的比例）进行分析，并预测今后少数民族知识分子专业结构的变化；（4）对于同等学力的各级毕业生，各个民族学生的实际水平与工作能力如何，需要通过调查与比较来进行了解，这样对统计的教育水平数字可以有一个更切合实际情况的认识。

2. 对我国少数民族教育中现实存在的问题开展调查研究

可以从以下专题入手：（1）调查少数民族地区使用少数民族语文"扫盲"的实际效果；（2）调查当地群众生活中各种语言、文字的实际应用情况（应用范围、程度等）；（3）调查少数民族地区学校的体制（学制、课程设置、内容与进度等）的运行情况，分析其与同级普通学校的互通性和与普通高等院校的衔接性；（4）双语教学的实际情况，以及学校、教师、家长、用人单位等各方面的反映；（5）各级学校教学内容的设置；（6）师资队伍状况（专业结构、学历、教学能力与经验）；（7）教学质量的评估；（8）职业教育的现状与存在的问题；（9）学生辍学问题；（10）寺庙教育问题（西藏、新疆、云南、青海、甘肃等省区）；（11）少数民族院校的招生办法、标准与其他参考因素；（12）民族分校与民族分班问题；（13）学生毕业后就业情况，调查分析各级学校毕业生的就业状况（地点、行业、职业、所有制成分、收入、发展潜力等）；（14）未来人才队伍与就业市场的预测，包括全国性和区域性就业市场的发展，少数民族人才的某些优势（如朝鲜族人才在与韩国经贸往来、蒙古族人才在与蒙古国经贸往来中的语言优势）的分析。

3．未来我国少数民族教育事业的改革与发展

通过对我国少数民族教育现状和存在问题有关的各项专题的深入系统的实地调查，借助历史资料和外国少数族群教育的研究文献，在横向和纵向两个方向进行比较研究，我们就有可能对这些专题为今后少数民族教育的发展提出一些改进的建议与方案。

国家教育委员会民族地区教育司1995年编写了一本《省、市、自治区少数民族教育工作文件选编（1977—1990）》，系统介绍了各个地区对于少数民族教育工作的指导性文件和管理办法。国内也有一些专门研究少数民族教育的丛书与杂志，这些方面的文献为我们的研究工作提供了基础。同时，国外的经验和教训也值得我们借鉴。例如，许多国家也在探讨如何在中学和大学招收少数民族裔学生，并通过教育来促进种族和民族和谐，采取各种优惠办法，如对少数民族（或对多数民族，如马来西亚）在招生标准上降低分数录取，提供特殊奖学金或特殊招生名额来优待少数民族裔学生，（马戎，1996：431—436）其效果如何也十分值得我们借鉴。

我国的少数民族人口众多、分布地域辽阔，几千年来为中华民族的形成与发展做出了不朽的贡献，今天各族人民又一起为了祖国的现代化而共同努力，少数民族教育问题因此在世纪之交的新的历史时期具有新的特殊意义。"多元一体格局"中的"多元"和"一体"之间是有机的结合，在不同的层次、不同的历史发展时期会以不同的形式和内涵长期共存，我们既要看到随着全国和世界社会、经济发展的大势将不可避免地使"一体"的层面得到加强，同时也必须看到"多元"的客观性和长期性，在一定的历史阶段要注意发挥"多元"在"一体"的大框架中的积极作用，并慎重地引导在教

育方面逐步向"一体"过渡。学校教育提供的是通用性、规范化和具有实际应用性的知识,在这方面与文化领域略有不同,文化比较强调地区、民族、历史特色。教育体制则不但要在全国推行通用性和规范化,而且需要与世界教育体系进行某种"接轨"。如何推动少数民族教育朝着这个方向发展,是我们每个关心少数民族未来前途的人都需要认真思考的,在这方面有大量的调查和研究工作需要我们去完成。希望在下个世纪,通过教育事业的迅速发展,我国少数民族的综合素质和总体教育水平能够有一个全面的提高。

参考书目:

《中国大百科全书·民族卷》,北京:中国大百科全书出版社,1986年。

陈红涛、孟铸群主编:《中国民族教育论丛》(四),北京:中央民族学院出版社,1989年。

陈红涛:《中国民族教育发展途径探讨》,北京:中央民族学院出版社,1990年。

德莎:《民族教育中的语言问题》,耿金声、王锡宏主编:《民族教育改革与探索》,北京:中央民族学院出版社,1989年。

丹增、张向明主编:《当代中国的西藏》(下),北京:当代中国出版社,1991年。

费孝通:《中华民族的多元一体格局》,《北京大学学报》,1989年第4期。

耿金声、王锡宏主编:《民族教育改革与探索》,北京:中央民族学院出版社,1989年。

国家教育委员会民族地区教育司选编:《省、市、自治区少数民族教育工作文件选编(1977—1990)》,成都:四川民族出版社,1995年。

国务院人口普查办公室、国家统计局人口统计司编:《中国1990年人口普查资料》(第一卷),北京:中国统计出版社,1993年。

华迅:《四川民族教育中双语教学体制和寄宿制班校体系的建设问题》,陈红涛、孟铸群主编:《中国民族教育论丛》(四)。

刘庆慧:《西藏基础教育与藏语文教学》,耿金声、王锡宏主编:《民族教育改革与探索》,北京:中央民族学院出版社,1989年。

马戎:《西藏的人口与社会》,北京:同心出版社,1996年。

马戎:《"中华经济圈"与它的社会、文化基础》,《社会科学战线》,1998年第1期。

马戎、龙山主编:《中国农村教育发展的区域差异:24县调查》,福州:福建教育出版社,1999年。

马戎主编:《西方民族社会学的理论与方法》,天津:天津人民出版社,1997年。

马寅主编:《中国少数民族》,北京:人民出版社,1981年。

马志强:《浅谈凉山民族教育的发展》,陈红涛、孟铸群主编:《中国民族教育论丛》(四)。

斯大林:《民族问题和列宁主义》(1929),《斯大林全集》第十一卷,北京:人民出版社,1955年。

斯大林:《马克思主义和语言学问题》(1950),《斯大林文选(1934—1952)》,北京:人民出版社,1962年。

苏克明:《四川民族教育改革管见》,陈红涛、孟铸群主编:《中国民族教育论丛》(四)。

孙若穷主编:《中国少数民族教育学概论》,北京:中国劳动出版社,1990年。

孙自强等:《牧区教育亟待改进和加强——红原、若尔盖、色达、石渠四县牧区教育调查报告》,陈红涛、孟铸群主编:《中国民族教育论丛》(四)。

田清玉:《以改革总揽全局,探索我省民族地区教育发展的路子》,陈红涛、孟铸群主编:《中国民族教育论丛》(四)。

杨学政:《略论我国民族教育的传统与改革》,耿金声、王锡宏主编:《民族教育改革与探索》。

周成厚:《对社会主义初级阶段四川民族教育的思考》,陈红涛、孟铸群主编:《中国民族教育论丛》(四)。

周旺云:《谈四川民族地区的教育体系问题》,陈红涛、孟铸群主编:《中国民族教育论丛》(四)。

Simpson G. E. and J. M. Yinger, 1985, *Racial and Cultural Minorities: An Analysis of Prejudice and Discrimination*, New York: Plenum Press.

试论历史上藏族的"一妻多夫"婚姻*

　　西藏民主改革以前流行在藏族地区的"一妻多夫"婚姻现象，引起人们广泛的关注。由于这种婚姻形式与世界上其他地区绝大多数族群所通行的婚姻制度很不相同，喜欢猎奇的旅行者和探险家时常把它作为藏族的奇异风俗加以介绍。但是为什么这种婚姻形式会出现在西藏地区而不是其他地区？为什么一部分藏族民众在许多种婚姻形式中选择了一妻多夫？这种婚姻形式对于藏族家庭来说，在维持与提高其社会地位、经济利益和繁衍后代等方面具有什么功能？在这些方面进行深入调查与研究的学术著作在国内尚不多见，国外人类学界的一些研究成果也很少被介绍到国内来，这就使得我们谈论起藏族的一妻多夫婚姻时，通常表现出来的还是"猎奇"的心态和简单肤浅的描述。

　　1988年北京大学社会学人类学研究所在西藏自治区的三个地区开展过社会经济调查，在问卷中也曾涉及被调查者的婚姻形式，随后的研究成果也简单地讨论过一妻多夫婚姻（马戎，1996：293—331），但是这些介绍与讨论同样仍是十分肤浅的。近年来国外先后发表了一些研究藏族婚姻的国外文献，对于我们的研究工作具有一定的启发性。在这篇文章中，我试图把接触到的中文文献、自己过去的调查与这些国外的研究文献结合起来，对藏族的一妻多夫婚姻重新进行思考。由于自己对于家庭与婚姻的研究并不熟悉，也没

---

*　本文原刊载于《民族研究》，2000年第6期。

有能够亲身在藏族地区对于一妻多夫婚姻开展深入和系统的实地调查，所以在本文中仅能从文献当中提出一些很不成熟的思路，以供其他研究者参考。

一、婚姻的基本形式与社会功能

人们通过不同的婚姻形式组成家庭，而家庭是人类社会的基本单元。在人类社会发展的不同历史阶段，家庭的形式与功能也是很不相同的。

在《家庭、私有制和国家的起源》中，恩格斯认为人类社会中存在过的三种主要的婚姻形式（群婚制、对偶婚制、一夫一妻制）与人类社会发展的三个主要阶段（蒙昧时代、野蛮时代、文明时代）相对应。（恩格斯，1884/1972：70—71）在不同的历史阶段，生产力的发展和社会组织的复杂化，与社区共同财产、氏族财产、家庭财产同步发展，婚姻的形式也随之演变。所以婚姻形式与人们对于社会结构和经济利益方面的考虑是密切相关的。

在这里，恩格斯提出了婚姻的两个功能：一个是家庭成员与后代的社会地位的保持与提高，一个是家庭成员与后代的经济利益的保持与提高。他指出，对于贵族，"结婚是一种政治的行为，是一种借新的联姻来扩大自己势力的机会"，同时，"当父权制和一夫一妻制随着私有财产的份量超过共同财产以及随着对继承权的关切而占了统治地位的时候，婚姻的缔结便完全依经济上的考虑为转移了"。（恩格斯，1884/1972：75）"一夫一妻制是……以经济条件为基础，即以私有制对原始的自然长成的公有制的胜利为基础的第一个家庭形式。"（恩格斯，1884/1972：60）（这个结论是否能够涵盖藏族的情况？是否具有普遍意义？）

同时，家庭财产在后代中的分配方式也与婚姻的形式密切相关。在同样是流行一夫一妻制的不同社会，财产分配在家庭成员中分配的办法也不相同。在传统的中国社会，家产在男性后裔中平均分配，除了独养女招赘的情况外，女性后裔对于家庭财产继承是没有权利的。这使得中国家庭难以在世代继替的时候保持其财产规模，"分家"也因而成为研究中国社会的重要专题。而在许多欧洲国家及日本传统社会，"长子继承制"是家庭保持社会地位（爵位、采邑等权利）和经济地位（领地规模、财产及其他经济利益等）的重要手段。

自20世纪60年代美国发起"性解放"运动以来，西方国家对于"爱情""婚姻"和"家庭"的观念已经发生了很大的转变。在西方国家现代社会的婚姻与恩格斯描述的封建时期的婚姻之间，已经出现了许多本质上的不同。

我国城乡居民中关于"家庭"和"婚姻"的观念处在不断变化的过程中，近二十年，随着改革开放政策和中外文化交流而变化更快。观念的改变会导致人们择偶标准、婚姻行为和婚后夫妇关系、代际关系的改变。传统的"门当户对"和"养儿防老"观念在今天的年轻人中间比老一代人要淡漠得多，这反映出婚姻和家庭在家族血缘谱系的承继、在社会地位和经济资源占有与发展等方面的功能也发生了深刻的转变。

二、国外学者对于西藏地区一妻多夫婚姻的研究

1. 早期学者关于一妻多夫婚姻的论述

藏族有多种婚姻形式，除一夫一妻制外，还有一妻多夫和一夫多妻等婚姻形式。这些方面很早就引起广泛的研究兴趣。恩格斯早在《家庭、私有制和国家的起源》中就提到："印度和西藏的多夫制，也同样是个例外；关于它起源于群婚这个无疑是不无兴趣的问题，还需要作进一步的研究。而在实践上，多夫制的容让性看来要比伊斯兰教徒的富于嫉妒的后房制度大得多。"（恩格斯，

1884/1972：56）

在恩格斯之后，许多人的著作中都涉及了一妻多夫婚姻。英国驻锡金行政官贝尔曾记述了20世纪20年代藏族官员向他介绍的有关情况。①在60年代比较有影响的是彼得（Prince Peter）的研究（*A Study of Polyandry*, 1963），他提出，在藏族文化影响的民众中也会发现一夫一妻和一夫多妻婚姻……但是，一妻多夫却是藏族婚姻中最不寻常的婚姻形式。（Peter, 1965: 193）中根千枝教授对于西藏贵族婚姻的研究说明，离婚、再婚、一夫多妻、一妻多夫的例子是常见的。（中根千枝，1992：343）

这些国外学者对于一妻多夫婚姻的关注可大致划分为五个层次。第一个层次所关心的是这种不寻常婚姻形式的数量和其在全部家庭总数中所占的比例。虽然（在西藏）婚姻可能是一妻一夫、一夫多妻或一妻多夫，但是数量最多的家庭仍属一妻一夫婚姻。（Ekvall, 1968: 26）

第二个层次关注的是这种婚姻与经济活动类型之间的关系。一些学者认为这种婚姻主要存在于草原牧民中，另一些人认为存在于农民之中。石泰安（R. A. Stein）在其所著的《西藏的文明》中曾详细记述了藏族的婚姻制度，他认为"最典型的婚姻形式似乎还是一妻多夫制。无论是在农业人口中，还是在牧民中，几乎到处都通行这一制度，仅仅是在安多（青海）未曾出现过"。（1982：93）由于农业区和牧业区的地理分布不同，婚姻形式与不同经济活动类型之间的关系也会以不同地域的方式表现出来。

第三个层次关注的是一妻多夫婚姻内部的各种具体组成形式。古德（William Goode）在《家庭》一书中曾十分简要地提到一妻多夫制，

---

① 贝尔的这段论述出自他所著的 *The People of Tibet*（1928年，中译本《西藏志》，商务印书馆，1936年出版），后来被国内许多出版物引用。"贝尔（Charles Bell）引用库学真得隆的匡算：'大概卫省（西藏东部、西康西部地区）每二十家中，一妻多夫制者三家，一夫多妻者一家。'据库氏推算：'西藏东部一妻多夫占15%，北部占50%。'"［《边政公论》（一），1948］

指出"一夫多妻制和一妻多夫制是可以建立扩大家庭的两种多偶制形式。……一妻多夫制,这种形式不怎么常见,是指一个女子同时嫁给两个或两个以上的男子……常见形式是:丈夫之间是兄弟关系"。(古德,1986:133)有的研究介绍,在藏族婚姻中"最普遍的安排是萨松(Sasum),它是一个由三位配偶组成的单元,而不论其中是两位女性一位男性,还是更普遍的两位男性一位女性"。(米勒,1987:337—338)

在第四个层次上,人们关注的是这种婚姻制度对人口变化的影响。如有的研究提到:"一般认为,根据土地荒废的情况,人口是在减少,原因归罪于一妻多夫制……但缺少系统和可靠证据。"(黎吉生,1979:5)

只有到了第五个层次上,研究者才试图对西藏的婚姻问题开展深入、系统的专题实地调查,在实证性资料和田野工作的基础上分析形成这种特殊婚姻的各种社会和经济原因,并努力运用实地调查的材料把婚姻类型与社会分层体系和土地制度、继承制度等制度性安排联系起来。

2. 戈尔斯坦关于土地制度与婚姻形式之间关系的研究

70年代在这方面最有影响的,是美国人类学家戈尔斯坦于1965年至1967年期间对定居印度的藏族难民的田野调查所做的研究。(Goldstein,1971)这些藏民主要来自江孜县的两个村庄。

他首先介绍了藏族社会的阶级与分层:贵族、差巴和堆穷(后两者在国内研究中都分类为农奴)。根据他的调查资料与分析,差巴为"纳税人"(tax payer),而堆穷为"小户"(small householder)。差巴属于有名姓的家庭,可通过世袭的方式一代一代地从庄园主那里得到一块具有相当规模的农田的使用权。一方面,只要差巴完成了对于庄园主应尽的责任(体现在实物、金钱、劳役等形式上,例如他们必须饲养许多役畜以备庄园主征用),他的家庭就可以保存这块土地;另一方面,他被束缚在这块土地上不能离开。

堆穷可分为两类。第一类如差巴那样被束缚在一块土地上,但土地规模较小，是以个人名义承担下来，不像差巴那样是以家庭名义承担；后代不能继承，他们只向庄园主提供劳役服务；劳役摊派是以劳动力数量来计算的，每三个有这种责任的成年劳力组成一个"帮"（gang），每天这个"帮"必须派一个劳力为领主劳动。所以，差巴的家庭规模大小对于其应承担的各类劳役等没有关系，而堆穷家庭的劳役责任数量则根据家中劳动力的多少而增加或减少。责任的范围与承担责任的形式，是区分差巴和堆穷的最重要的标志。第二类堆穷完全没有土地，可以自由流动，但仍然有自己所属的领主，必须向领主纳税尽责。他们中许多人租种差巴的土地，并为差巴劳动作为回报。

戈尔斯坦把差巴的婚姻特点归纳为"单一婚姻原则"（monomarital marriage principle）和"单一婚姻主干家庭"（monomarital stem family）。① 即差巴家庭中的每一代只能建构一个婚姻，这个婚姻的后代都是家族的直系成员并享有全部权利。家庭世袭继承的"差地"是不可分割的，每个家庭成员都有责任承担家庭向领主应尽的责任，也不愿放弃自己对于家庭财产的权利。所以为了防止子女各自结婚所引起的在责任和权利两个方面的纠纷和困难，解决的办法是一代中只能组成一个正式婚姻。如果在这一代中有许多儿子，他们只能共同娶一个妻子（一妻多夫），如有女儿则嫁出；如果只有一个儿子，那么他就只娶一个妻子（一妻一夫），如有女儿则嫁出；如果没有儿子而只有一个女儿，她将招赘一个丈夫（一妻一夫）；如果没有儿子但有许多女儿，她们只能共同嫁给一个入赘的丈夫（一夫多妻）。（Goldstein, 1971: 68）因为各个差巴家庭的各代生育子女的情况不尽相同，所以在这一原则之下，三种婚姻都会发生并在社会中同时存在。

---

① 这是一种特殊形式的"主干家庭"。按照传统的家庭理论，"主干家庭……只有一个已婚子女居住于家庭之中，其他的已婚子女继承一定份额的遗产独自地建立自己的家庭，自由寻找他们的住所。……这种家庭在斯堪的纳维亚半岛、西德的汉诺威、意大利北部均可发现，在英格兰也存在着这种家庭类型"。（赫特尔，1988: 22）

"单一婚姻原则"在实际应用中也体现在两代之间的一妻多夫婚姻。如果长子尚未婚娶而妻子去世时,父子分别娶妻则会导致与兄弟分别娶妻相同的各自后代之间的权利与财产之争,所以一般会以长子的名义娶妻而实际上为父子共妻,这种安排在婚前需得到新娘及其家属的同意,所生子女在名义上为儿子的后代。在上述婚姻中,所生的后代之间都是兄弟姐妹(不论是同父异母还是同母异父)。在各个家庭成员得到生理需求的同时,这种安排保证了家庭财产不会被两个婚姻各自的后代所分割。①

由于堆穷对于其使用的土地和付出的劳役是以个人而不是以家庭来计算的,维持家庭世袭对于"差地"的权利和财产以支付各类劳役的重要性就大大降低。所以在堆穷家庭中,不仅兄弟各自结婚并分开居住,成年儿子结婚后也时常与父母分家居住。只有极少数富裕并努力提高自己社会地位的堆穷(通常从事商业)家庭出现一妻多夫婚姻,其原因也是担心财产的分散。(Goldstein, 1971: 72)由于堆穷是西藏农村人口的主体,所以一夫一妻也因此通常被简单地认为是藏族婚姻的主要形式。

戈尔斯坦并不认为藏族把一妻多夫看作是向往的婚姻制度,而仅仅是视为维系家庭权利和财富的手段。他发现当藏民移居印度后,作为难民每人分得1英亩(约4047平方米)土地供其耕作,死亡后归还社区,由于没有了原来在西藏时的庄园"差地"和劳役等因素的考虑,无论是原来的差巴还是堆穷家庭都没有出现新的一妻多夫婚姻。同时,戈尔斯坦的实地研究也没有发现其他研究者所提出的"潜在的同性恋"(Peter, 1965)或者"女性对于财产的权利"(Leach, 1955)与藏族婚姻、家庭之间的关系(Goldstein, 1971: 73)。总的来说,戈尔斯坦认为西藏的土地制度使人们出于经济理性的考虑只能维

---

① 在戈尔斯坦调查的62个藏族家庭的婚姻中,24个(39%)只有一个儿子,均为一夫一妻婚姻;32个(51%)至少有两个儿子,均为一妻多夫婚姻;6个家庭(10%)只有女儿,其中独生女均为招赘形式的一夫一妻婚姻,有多个女儿的或者是共同招赘一个丈夫,或者有的女儿自愿出家当尼姑。(Goldstein, 1971: 70)

持"一代一个婚姻",当有多个男性后裔时,解决的办法就是一妻多夫婚姻。而当这种土地制度不存在时,藏人就会抛弃这种婚姻形式。

3. 阿齐兹关于藏族婚姻禁忌、婚姻形式与社会阶级之间关系的研究

根据在中印边境的西藏定日县的调查,阿齐兹(Barbara Aziz)发表了《藏边人家》(*Tibetan Frontier Families*, 1978)一书。她注意到了藏族在选择性伙伴和配偶时有非常严格的限制,必须在有血缘关系之外的人中选择。她所访谈的对象们介绍说,他们(平均)与65%的同村人都存在血缘关系,所以绝大多数的藏人不得不到其他村落寻找性伙伴或配偶。在许多社会,当一个婚姻确立后,双方的家庭变成一个"联盟"的关系,通常人们会在两个家族的后代之间通过联姻以加强这种关系。但是,藏族的"外婚制"(exogamy)则完全禁止这种以血缘为基准的"亲上加亲"。凡是具有血缘关系的任何人,都被严格地排斥在性伙伴和结婚配偶的选择范围之外,而凡是没有血缘关系的任何人,都在可能成为性伙伴和配偶的选择范围内。所以"母女共夫""父子共妻"等在其他文化中不被接受的性关系与婚姻关系,在藏族的"外婚制"原则下都是可以接受的。在阿齐兹所到之处,"人们对于可能与自己有亲戚关系的人发生性关系的想法表示极为憎恶,而对于与自己亲戚的配偶发生性关系的想法则表示欣赏"。在她讨论的个案中,有两兄弟曾共同娶了一个妻子并生下五个女儿,妻子过世后他们又共同娶了第二个女人,她带来了与前夫生的一个儿子,当孩子们长大时,这些女儿共同嫁给这个儿子。由于他与这些"姐妹们"之间并没有真正的血缘关系,这个婚姻是可被接受的,他们举行了正式婚礼。(Aziz, 1978: 137)

阿齐兹所调查的430个定日藏族家庭中,共有122例"多元婚姻"(plural marriages)。这些多元婚姻可大致分为六类:(1)兄弟共妻80例(约65.6%);(2)姐妹共夫14例(约11.5%);(3)没有亲属关系的男性共妻2例(约1.6%);(4)没有亲属关系的女性

共夫 8 例（约 6.5%）；（5）父子共妻 8 例（约 6.5%）；（6）母女共夫 10 例（约 8.2%）。据她的调查，每个村落中大约有 28% 的婚姻属于一妻多夫形式，而且几乎全都发生在村中最富裕的家庭，而在地位较低的堆穷中则难以发现这种婚姻。而定日藏民关于分家会导致家庭财产分散和贫困的考虑，是他们赞同"多元婚姻"安排的重要原因。（Aziz, 1978: 139）由于多元婚姻的维系并不容易，需要克服例如嫉妒等，所以藏民提到多元婚姻时，往往看作是家庭成员相互合作的成功。（Aziz, 1978: 143）

阿齐兹把定日藏民划分为八个社会阶级，对每个社会阶级的婚姻类型进行了归类，除了较富裕的商人阶级和最贫困的阶级（乞丐、屠夫、皮匠等）以外，其余六个阶级都存在着一妻多夫现象。在 24 个村落的堆穷当中，多偶婚姻（polygamy）的比例为 11%—40%（平均值为 27%），她同时发现一妻多夫婚姻在城镇居民中比农民中要少得多。（Aziz, 1978: 157-159）阿齐兹认为，藏人把一妻多夫婚姻基本上看作是一种经济安排，首先保证了土地和房产不致分割，同时这种婚姻还可以保持家庭的劳动力不外流，这些劳动力可使家庭的经济活动多样化（兄弟们分别从事农业、畜牧业、商业等），从而增加致富的机会。（Aziz, 1978: 106）她与戈尔斯坦一样，强调一妻多夫这种婚姻安排是人们"经济理性"的结果。

4. 列文对于一妻多夫婚姻的研究

列文（Nancy Levine）1988 年出版的《一妻多夫婚姻的起因与变迁》（The Dynamics of Polyandry）把由这种婚姻组成的户当作一种独特的户系统（household system），分析这种婚姻中家庭生活与人际关系的特点，分析它是如何支持着一种特殊的家庭经济，并如何对村落中的政治组织产生影响的。她的研究的特点，是不仅仅关注一妻多夫婚姻的形式，而且试图对这种婚姻内部的人际关系和婚姻外部这类家庭对社区组织的影响开展系统的调查与分析。

列文在 1994 年发表的另一篇文章中谈到，1959 年推行"土地改革"以后，随着土地制度和其他许多制度的改变，婚姻形式也发生了重大变化。有的藏族男女青年采用非正式的方式生活在一起，既不是同居，也不涉及共同劳动和共享财产。她在这一点上与戈尔斯坦的观点一样，认为是土地制度和经济制度（财产继承制度）决定了婚姻形式。

三、关于藏族婚姻的国内研究文献

在我国西部地区的地方志中，很早就有对藏族一妻多夫婚姻的记载。如在《四川通志·西域志》中曾这样记载："以一女嫁一男者鄙，合昆季三四联床焉，如称和气于不衰。惟里塘数处，子妇必冠银髻，一夫者一枚，有戴三四者，即知为手足相同也。"（陈庆英，1995：417）生动地描述了当时川西藏族地区一妻多夫婚姻的情形，及舆论对兄弟多人共娶一妻的肯定。但是这些仅限于民情风俗的记述，并没有分析与研究。

直至20世纪40年代，我国仍然没有以这种婚姻为专题的真正的学术研究。如30年代洪涤尘所著《西藏史地大纲》是当时颇有影响的介绍西藏的著作，书中提到："曾有达赖喇嘛之书记某，加以调查并统计，谓在某一地方，二十家之内，有十五家为一夫一妻，两家为一夫多妻，三家为一妻多夫；在北部平原，其比例为七家一夫一妻，三家一夫多妻，十家一妻多夫；若就全藏而论，卒以一夫一妻者为多云。"（1936：54）所引用的仍然是前面提到的贝尔在1928年书中的论述。

50年代初期，我国政府组织了各地区的少数民族社会历史调查。在藏族地区进行的调查活动当中，有的涉及当地的婚姻情况，并对各种婚姻形式（包括一妻多夫）做了一些简略的介绍。但是这些调查材料直至80年代才编辑出版，以供研究者参考。在此之前基本上是这方面研究的空白期。

80年代以来，随着社会科学事业的发展，国内出版了一些有关藏族婚姻的文章和研究成果。这些文献大致可以分为三个部分。

第一部分研究所使用的资料主要是档案史料和 50 年代的调查记录，如陆莲蒂的《藏族》（1986：193—204）和吴从众的《民主改革前西藏藏族的婚姻与家庭》（1991：480—499），主要介绍藏族几种传统婚姻形式（一妻多夫制、一夫多妻制）及其产生的社会、经济原因。第二部分研究利用人口普查资料来对藏族的婚姻形式结构等进行宏观分析，如武建华等的《西藏人口婚姻状况分析》（1992：145—157）和蔡文媚等的《西藏自治区人口的婚姻家庭特点》（1992：167—179）。这部分研究主要采用人口学有关指标和研究方法，分析婚姻状况构成、未婚率、夫妻年龄差，以及有偶、离婚、丧偶等比率。第三部分是一些研究者近年来自己组织了实地调查，利用调查资料来进行有关婚姻方面的分析，如王大犇等的《西藏藏族妇女的婚姻与生育》（1993：44—52），利用西藏大学藏族学生假期回乡的契机开展问卷调查，访问 700 余户，利用所得到的数据进行婚姻形式、初婚年龄、通婚范围、婚姻决定权等方面的分析。

1．从过去调查资料统计出的各类婚姻的规模与比例

在国内关于藏族婚姻的研究中，引用的数据有许多出自于 20 世纪 50 年代的藏族社会历史调查报告，这些报告在 80 年代作为"民族问题五种丛书"的一部分统一编辑出版。表 9-1 中的有关数字直接据此重新出版的内容校订而成。

表 9-1　藏族婚姻形式部分调查结果

调查地点及调查时间	总计		一夫一妻	一夫多妻	一妻多夫	两夫两妻	其他*
	婚姻数	%	%	%	%	%	%
（1）那曲宗、孔马部落（1957）	127	100.0	95.3	0.0	1.6	0.0	3.1
（2）那曲宗、罗马让学部落（1958）	54	100.0	92.6	5.6	1.8	0.0	0.0
（3）那曲县、桑雄地区、阿巴部落（1961）	267	100.0	84.6	4.9	10.5	0.0	0.0

续表

调查地点及调查时间	总计		一夫一妻	一夫多妻	一妻多夫	两夫两妻	其他*
	婚姻数	%	%	%	%	%	%
（4）扎朗县、囊色林溪卡（1958）	104	100.0	84.6	5.8	9.6	0.0	0.0
（5）江孜宗、康马县、下涅如地区（1962）	104	100.0	75.0	0.0	25.0	0.0	0.0
（6）拉孜县、托吉溪卡（1958）	44	100.0	79.5	11.4	9.1	0.0	0.0
（7）拉孜县、柳溪卡（1958）	122	100.0	60.7	2.4	32.0	0.0	4.9
（8）拉孜县、资龙溪卡（1958）	76	100.0	40.8	7.9	31.6	6.6	13.1
（9）松潘县、下民巴村（1952）	21	100.0	81.0	0.0	19.0	0.0	0.0
（10）红原县、原唐克部落（1952）	63	100.0	88.9	0.0	11.1	0.0	0.0
（11）琼结宗、琼果区雪乡（1959）**	188	100.0	97.9	1.6	0.5	0.0	0.0
（12）琼结宗、缺沟区强钦乡（1959）**	97	100.0	—	—	3.1	—	—
（13）琼结宗、缺沟区强钦乡（1987）**	160	100.0	—	3.1	—	—	—
（14）琼结宗、久河区久乡（1959）**	70	100.0	—	—	57.1	—	—
（15）西藏各地区（1988）***	753	100.0	85.0	1.7	13.3	0.0	0.0

说明：* 主要指"外室"；** 调查时间为1987年，但婚姻情况（以户为单位）是民主改革（1959年）时的结构；*** 西藏大学利用藏族学生放假回家的契机所做调查。

资料来源：(1)(2)(3)西藏社会历史调查资料丛刊编辑组，1987c：13，49，219；
　　　　　(4)西藏社会历史调查资料丛刊编辑组，1987b：157；
　　　　　(5)西藏社会历史调查资料丛刊编辑组，1988a：218；
　　　　　(6)(7)(8)西藏社会历史调查资料丛刊编辑组，1988b：113，317，595，597；
　　　　　(9)(10)欧潮泉，1988：81；
　　　　　(11)(12)(13)(14)中国藏学研究中心等，1992：164—165；
　　　　　(15)王大犇等，1993：45。

从表 9-1 来看，一夫一妻制在西藏大多数地区仍是婚姻的主要形式。一妻多夫制则是数量居第二位的婚姻形式，20 世纪 50 年代末在拉孜县的柳溪卡占到全部婚姻的近三分之一。在西藏大学组织的 1988 年的调查结果中仍占 13.3%。一夫多妻制普遍存在，但除个别地区（如拉孜县托吉溪卡、琼结宗久河区久乡）外，在婚姻总数中的百分比一般低于 10%。①

北京大学社会学人类学研究所 1988 年在西藏自治区的三个地区（拉萨市、日喀则地区、山南地区）组织了 1300 户的抽样户访问卷调查。这次抽样户访调查包括了拉萨老城区四个街道办事处 644 户居民和三个地区 24 个乡的 668 户农牧民。如果不区分城乡和户主的性别，在调查中回答了有关婚姻形式的户主中，一夫一妻制占总数的 95.4%，一夫多妻制占 2.7%，一妻多夫制占 1.9%（参见表 9-2）。与西藏大学同年关于婚姻的调查结果相比较，至少可以说明在 80 年代末期，西藏城镇占绝大多数的婚姻已是一夫一妻制，而在农牧区还存留少量其他形式的婚姻。西藏大学调查的结果是在农牧区一妻多夫制（14.7%）相比而言明显多于一夫多妻制婚姻（1.9%），这一点与 50 年代大多数调查的结果相符（参见表 9-1）。而在我们的调查结果中，一夫多妻制（5.2%）稍多于一妻多夫制（3.5%）。

造成调查结果差异的原因可能是婚姻形式构成的地区差异和抽样范围不同。我们的调查仅包括拉萨、日喀则、山南三个地区，这是西藏人口集中的农业区。西藏大学调查的部分被访对象可能居住在西部的阿里地区和藏北的那曲等地区，那曲牧区的一妻多夫婚姻至今仍有一定比例。如前述贝尔和洪涤尘都曾认为西藏各地在婚姻形式构成方面有很大的差别。

---

① 四川省木里藏族自治县也存在多夫、多妻制的婚姻，"一妻多夫制和一夫多妻制……在明清时代约占 30% 以上，1956 年仍占 20%—30%"，（吴文，1984：43）所占比例高于表 9-1 中介绍的各次调查结果。

表 9-2　1988 年两次婚姻调查结果比较

婚姻形式	西藏大学调查（1988 年）			北京大学调查（1988 年）		
	农牧区	城镇	总计	农牧区	城镇	总计
一夫一妻（%）	83.4	100.0	85.1	91.3	99.4	95.4
一夫多妻（%）	1.9	—	1.7	5.2	0.4	2.7
一妻多夫（%）	14.7	—	13.2	3.5	0.2	1.9
合计（%）	100.0	100.0	100.0	100.0	100.0	100.0
合计（户）	680	73	753	541	551	1092

资料来源：西藏大学调查结果见王大犇等，1993：45。

2．国内研究的关注点

近代乃至 20 世纪 80 年代以来国内有关一妻多夫婚姻研究的一个共同点，即都集中于这类婚姻的具体形式，并围绕着婚姻形式的各种构成来开展讨论。

如陈庆英 1995 年发表的文章，在婚姻部分讨论的主要是婚姻形式，说明兄弟共妻是一妻多夫婚姻的基本形态，同时姐妹共夫是一夫多妻婚姻的基本形态。兄弟共妻主要发生在富裕家庭，共妻可以避免因分家而造成的家庭财产的分散。姐妹共夫主要发生在贫苦牧民家庭，大多是姐姐招赘后，妹妹成年也与姐夫同居。父子共妻和母女共夫分别是一妻多夫婚姻和一夫多妻婚姻的另外两种形式，都是以氏族外婚为通婚原则。"男子有权娶妻方与前夫所生的女儿为妻。母女共夫一般是年轻的母亲死去丈夫，带着幼女改嫁，后夫先与母亲建立家庭婚姻关系，待带来之女成人后又与其同居。"（陈庆英，1995：418）

除了以上三种婚姻形式之外，《拉孜县资龙溪卡调查报告》还介绍了"两夫两妻"婚姻，即"两个男子共娶两个媳妇……（如）××弟兄二人娶妻二人，妻又是亲姐妹"（西藏社会历史调查资料丛刊编辑组，1988b：592）。《拉孜县柳溪卡调查报告》详细介绍了"外室"这一婚姻形式："与有妇之夫正式同居的妇女被称为素莫（外室），意为在一旁的妇女。这种当外室的妇女与情妇还有所不同，她是经男方在她巴珠（头饰）上戴了边玉的，所以是公开的。当外室的妇女都是单身妇女。"（西藏社会历史调查资料丛刊编辑组，1988b：320）这种关系仍应算作婚姻形式的一种，但在其他调查报告或被计入"有母亲没有父亲的家庭"（西藏社会历史调查资料丛刊编辑组，1987c：13），或许被计入"无婚姻形式家庭"（西藏社会历史调查资料丛刊编辑组，1987b：157），或者被当作单身妇女而忽略。一妻多夫和一夫多妻婚姻还可进一步划分为"兄弟共妻""父子共妻""朋友共妻""叔侄共妻""姐妹共夫""母女共夫""姨甥共夫"等多种形式。

根据《藏族社会历史调查》各分册调查报告的叙述，可以总结为以下两点。

（1）除了一般地遵守"等级内婚"和"血缘外婚"原则外，西藏各地婚姻的具体形式根据各户的具体情况可以有各种组合。

（2）一夫一妻、一妻多夫和一夫多妻是三种数量较多的婚姻形式，但在各地还有其他数量较少的婚姻形式（如"两夫两妻"和"外室"）作为这三种主要婚姻形式的变异或补充。由于"外室"实际上是"多夫制"的补充（多夫制中的男人有的在外面有"外室"以满足性生活），所以只研究三种主要婚姻形式而忽视其他形式，既不能得到有关西藏婚姻的完整图画，也不能深入地理解这三种主要形式。

从表9-1还可以看出，如果这些数据准确可靠的话，婚姻形式的构成在西藏各地存在着相当大的地区差异。如藏北那曲地区的一夫一妻婚姻所占比例最大（约90%），在后藏拉孜县的两个溪卡中，一妻多夫婚姻占较大比例（约30%）。在琼结宗久河区久乡，1959年有70户，其中招赘婚41户，"这41户中，一夫以两姐妹为妻的39家，一夫以三姐妹为妻的1家，一夫一妻的1家。这个乡一夫多妻比例大的原因是，这些家庭都是热乌德应寺所属的差巴，因僧差制度的施行，形成社会上男少女多的局面，男劳动力少了，女劳动力更不让外流，因此各家有女都以招赘形式让男子上门为婿，有两个姐妹以上的，姐姐招婿上门，几个妹妹也不出嫁，逐渐成为丈夫的

第二个妻子……"（中国藏学研究中心等，1992：165）

3. 婚姻形式与当地经济活动和家庭地位之间的关系

这些婚姻形式的地区差异既与各地主要经济活动（农业、牧业）和人口状况（人口密度、居住特点）有关，与各地经济组织和所有制的形式（与领主的隶属关系、差巴①在总户数中的比例等）有关，甚至与寺庙（如僧差制度）也密切相关。

一般说来，富裕差巴较多的地区，一妻多夫婚姻和"外室"相应多一些。如资龙溪卡调查介绍，当地 26 户差巴中，有兄弟共妻婚姻 19 起，父子共妻 1 起，而一夫一妻制婚姻仅有 6 起；当地 50 余户堆穷②中，一夫一妻婚姻 20 起，一妻多夫仅 2 起，一夫多妻仅 1 起，另有"外室" 4 户，"情妇" 5 户，单身 19 户。（西藏社会历史调查资料丛刊编辑组，1988b：595—597）

4. 关于如何看待一妻多夫婚姻

关于如何看待藏族的一妻多夫婚姻，也存在着不同的观点。恩格斯认为，"最古老、最原始的家庭形式……是群婚"（恩格斯，1884/1972：30），"印度和西藏的多夫制……关于它起源于群婚这个无疑是不无兴趣的问题，还需要作进一步研究"（恩格斯，1884/1972：56）。有的研究认为恩格斯关于群婚的论述"与西藏共妻的群婚残余……相似"（吴从众，1991：493），因此西藏的一妻多夫制"是一种原始残余"（欧潮泉，1988：83）。另外一些研究则强调，"近代西藏社会中家庭婚姻领域的特殊性，决不是原始群婚

---

① 西藏的农奴阶级，分为差巴、堆穷、朗生（囊生）、游民等几个阶层。差巴指领种份地（差地）而支差的人，其人身依附在份地上，身份是农奴，但是因为份地的数量、质量、拥有的生产资料（耕畜、农具等）不同，差巴还可以进一步分为富裕、中等、下等差巴，其中中等差巴占差巴总数的 70%。（丹增、张向明，1991：86—87）

② 堆穷是没有差地的农奴，人身依附于农奴主，地位较差巴要低。堆穷可分为四类：(1) 在农奴主庄园租种土地；(2) 租种富裕差巴的份地；(3) 当雇工谋生，向领主交人役税；(4) 从事手工业，交人役税。（丹增、张向明，1991：87）

制残余的延续,更不是近代西藏家庭婚姻关系的基础,这种局部落后性的表现,正是西藏封建农奴制度特殊腐朽作用的结果"。(张权武,1988:99)

除地区差异外,随着时间的推移,各地的婚姻形式构成也会改变。多夫多妻制在西藏已经存在了许多世纪,至今在群众中仍有相当影响,"据对西藏大学53名藏族学生的问卷调查,有64.2%的人认为这种多夫多妻的婚姻形式……有利于家庭的和睦和生产的分工协作",(刘瑞,1988:275)连在拉萨上学的大学生中的多数人都认为这种婚姻有其合理性,可见多夫多妻制与各地的经济发展水平和社会组织之间一定具有某种联系,所以依然被群众所认可。

另据1987年调查结果,在藏北的双湖办事处1978—1980年三年期间新建立多偶家庭(包括一妻多夫和一夫多妻)37户(112人),1980—1983年仅建立5户(15人)。(格勒等,1993:201)虽然像戈尔斯坦所描述的过去的土地制度、财产继承制度已经发生了翻天覆地的变化,但是至今在西藏一些地区仍然有新的一妻多夫婚姻出现,传统婚姻观念和经济上的考虑(保持多劳动力、发展家庭多种经营),可以说在继续发挥影响。这种婚姻形式在今后也许很可能仍将继续保存一段时期。

四、婚姻的禁忌

从一般观念看,有的人很可能因为在藏族社会存在着一妻多夫、父子共妻、兄弟共妻、母女共夫、姐妹共夫等婚姻形式而认为藏族中通行混乱的性关系和婚姻关系。如果抛开我们头脑里汉族传统文化的"乱伦"观念,而全面地来分析一下藏族在婚姻对象方面的禁忌,可能会得出更为全面而不含偏见的结论。

婚姻的禁忌,是在人类社会的发展过程中,根据对后代遗传情况的长期总结而逐步明确并形成规则的。按照恩格斯的观点,"家庭组织上的第一个进步在于排除了父母和子女之间相互的性交关系,那末,第二个进步就在于对于姊妹和兄弟也排除了这种关系"(恩格斯,1884/1972:33)。"在这种越来越排除血缘亲属结婚的事情上,自然选择的效果也继续表现出来。……原始时代家庭的发展,就在于不断缩小最初包括整个部落并盛行两性共同婚姻的那个范围。"(恩格斯,1884/1972:42)

在古希腊的雅典人氏族中,"禁止氏族内部通婚,但和女继承人结婚例外"。"在一定情况下,特别是在事关孤女或女继承人的时候,(有)在氏族内部通婚的相互权利和义务。""氏族内部不得通婚。这在罗马似乎从来没有成为一种成文法,却是一种习俗。"(恩格斯,1884/1972:96,117)

20世纪50年代在西藏各地开展的社会调查对婚姻对象的限制情况也曾给予一定的关注。在山南琼结宗的调查表明,通婚范围有血缘和社会两方面的限制,父系和母系的后代在六代之内不能通婚,贵族和平民、普通职业和"低贱"职业(如铁匠、屠户、背尸人、游乞)不能通婚。关于通婚的血缘限制,也有人认为藏族的规则是"父亲亲属永远不能通婚……母亲亲属传下七世以后,便可通婚"。(陆莲蒂,1986:194)

另外,在藏民社会中的"骨系"网络也值得我们的关注。藏族的骨系"代表了一个共同祖先的继嗣群","是一个血缘系统的传统名字,故称骨系","是人们禁婚的一个范围。同骨系的人不论隔了多少代,也严禁通婚,严禁发生性关系,否则要受到社会舆论的强烈谴责,以至严酷的处罚。母系亲族的姊妹的后代等,即一般所说的姑舅亲、姨表亲,其通婚和发生性关系的范围也有严格的限制。但这种界限各说不一,有九代、七代、五代、四代之内禁婚的四种说法"。(格勒等,1993:209)

从财产和性伙伴(配偶)两个方面,藏族很看重家庭和亲属群体,所以亲属之间应当分享财产和性伙伴(配偶)。汉族和许多其他民族很看重个人财产和对性伙伴(配偶)的排他性占有。当同样面临财产分割的经济难题时,不同民族采用了不同的办法来实现自己的经济理性,如欧洲一些民族以及日本长期采用的"长子继承制",但这种安排对于非长子的其他后裔并不公平。日本电影《楢山节考》中的村民,面临着财产分割则家族无法幸存的经济难题,村民们采取了两个办法,一个是把生产能力减退的老年人背到山上去等死,另一个如戈尔斯坦所归纳的藏族的办法同样,实行"单一婚姻原则",一代中只能安排长子结婚。但是并不像藏族那样实行一妻多夫制,所以其他的儿子们十分苦恼,变得行为乖僻。这样的安排,对于非长子的其他男性后裔,既不公平也不道德。

中国汉族采取的是男性后裔家产平分制,这样比较公平,但是财产的分割必然导致许多家族的衰败。从某种意义上说,藏族的婚姻安排,兼顾了财产的避免分割和权利的公平两个方面。

人们可能会提出一个一妻多夫婚姻的道德问题。中国传统道德对父子共妻是极为排斥的,骆宾王声讨武则天的檄文就骂她是"陷吾君于聚麀",是如同"杀姐屠兄"一样的恶行。《红楼梦》中焦大喝醉后揭发贾府中"扒灰"和"偷小叔子"之事,被捆在马厩中填了一嘴马粪。这种道德是在社会活动中逐步约定俗成的行为规范。但是相比之下,把配偶视为个人的私有"财产",强调排他性的占有权利,是否一定立于道德高地?

藏族的性关系和婚姻关系并非属于混乱无序的状态,他们有非常严格的禁忌。对于有血缘关系的人,绝对禁止作为性对象或婚姻对象,这样完全符合优生学的原则,杜绝了"近亲繁殖"。而汉族中曾经十分流行的"亲上加亲"(表兄妹之间的通婚),恰恰不符合优生学的原则,也因此出现过近亲繁殖所带来的一些悲剧。单从优生学角度来讲,藏族的婚姻规范要比汉族先进。

有的国外学者认为一妻多夫和一夫多妻都仅仅属于临时性的安排,"因为核心家庭才是生存的理想单元"。(Fox, 1967: 87)这可以说是从西方社会文化传统的标准出发,来对其他社会进行评价。

在人类社会中,究竟哪一种性关系和婚姻关系更"道德",更

"先进"？这是不能简单地根据某一个社会的标准来衡量的。"在一个社会中，对于究竟什么因素代表了文明的进步趋势的判定具有主观的成分。那就是说，假如你是以技术的标准来衡量文明的程度，那么西方社会明显地处在领先的地位；但是，假如将血缘分类系统来作为判定的标准，那么狩猎和采集社会如澳大利亚的阿鲁特则是文明的顶峰，而西方社会则处于初级阶段。"（赫特尔，1988：16—17）

五、妇女的社会地位与婚姻形式

在中国和西方很久以来就流传着"女儿国"的传说，美国学者米勒认为这个传说的地点就在西藏境内。在藏传佛教系统中，"多吉帕姆"是目前最有名望的女性转世活佛，而女性继承王位的情况也多次出现在西藏历史中。佛教的"转世"说，也在某种程度上加强了男女平等，佛教认为在这世的男人，来世可能转变成女人。相反，女人下世也可能会转为男人。在尘世中，男女平等并相互转换。

"直到50年代的事变之前，算账、记账的训练一直是一些家庭、寺院或其他学校为年青姑娘所设的一贯课程。甚至丈夫无权过问妻子的财产，她可以按自己的意愿将财产转让，或遗留给女儿、全体子女、丈夫（们）、兄弟姐妹——或宗教机构。"（米勒，1987：340）

在实地调查中，李安宅对藏族妇女的社会地位印象深刻，以至于建议汉族在提高妇女地位方面向藏族学习："使妇女从男性的从属地位获得独立，妇女无需男性监护其继承和管理家产、土地和经济事业，妇女具有缔结和中断婚姻的自由等等。总之他建议汉人妇女以藏人的传统方式得到解放。"（米勒，1987：333）而印度人（他们与藏族有较多接触）和西方人（主要通过印度）则对于藏族妇女的社会地位和性关系方面的开放程度大为吃惊，按照米勒的说法，传统的藏族妇女被李安宅视为妇女解放的理想目标，但被印度人视为荡妇而坚决排斥。在印度教观念中，妻子的"神"就是丈夫。在边境地区，当地印度妇女把来访的藏族女人看作最大的威胁。（米

勒，1987：335）

我们都知道旧时汉族妇女必须遵守的"三纲五常"和她们在家庭中的地位。藏族"婚约"的内容不是双方的生辰八字，而是婚姻中各个家庭之间、"夫妇"共同的以及婚约中每个成员的义务。入赘的"上门女婿"对于妻子的财产和事务通常没有权威，一妻多夫和一夫多妻婚姻中的具体涉及者们在婚约上是明确写清的，这些婚约还明确了子嗣的归属，甚至可能包括对丈夫虐待和遗弃妻子或挥霍家产将有何种惩罚及罚金。（米勒，1987：338）妇女的各项权益通过婚约得到保障。这实际上是很现代的法律性安排。

我们也可以想象，在一妻多夫婚姻家庭中，女性成为"稀缺资源"，妻子是几个丈夫关注的中心，她在家庭事务中的地位和影响力是不容置疑的。在西藏地区历史悠久的一妻多夫婚姻，在一定程度上也反映出藏族妇女较高的社会地位。如果我们把男女平等作为社会发展的标志之一，历史上西藏社会是先进还是落后，就不是一个可以简单回答的问题。

通过对婚姻与家庭的研究既可以帮助我们了解一个社会的基础组织形式，有助于分析社会内部的分层与流动，还可以使我们从择偶标准当中间接地了解社会的普遍价值观。正因为如此，关于家庭和婚姻的研究始终是社会学的一个重要研究领域。

西藏有其独特的地理环境和自然资源条件，由于生存条件恶劣并与外界相对隔绝，形成了我国西藏独特的社会制度和与之密切相关的婚姻制度。它不能简单地套用其他国家的婚姻模式来进行分类，在相似的形式下还可能具有十分不同的社会内涵。近四十年在西藏地区发生的急剧社会变迁无疑也会对这些传统的婚姻制度造成巨大的冲击。地区间的差异和各年代的变化使得西藏的婚姻成为一个绚丽多彩的研究领域。但是由于缺乏历史资料和实地调查，在这个方面的研究还是很不充分的。在西藏地区的一妻多夫婚姻具有一定的特殊性，但是它的产生和延续有其社会、经济、文化的条件。

对于人类社会这种婚姻形式的分析，有助于我们对人类婚姻及其变迁得到更深入的理解和更丰富的知识。

参考书目：

B. 米勒：《西藏的妇女地位》，《国外藏学研究译文集》第三辑，拉萨：西藏人民出版社，1987年，第328—344页。

C. 贝尔：《西藏志》(Charles Bell, 1928, *The People of Tibet*, Oxford: Clarendon Press)，董之学、傅勤家译，北京：商务印书馆，1936年。

陈庆英主编：《藏族部落制度研究》，北京：中国藏学出版社，1995年。

蔡文娟、刘义、孙荣军：《西藏自治区人口的婚姻家庭特点》，孙竟新主编：《当代中国西藏人口》，北京：中国藏学出版社，1992年。

丹增、张向明主编：《当代中国的西藏》(上)，北京：当代中国出版社，1991年。

恩格斯：《家庭、私有制和国家的起源》(1884)，《马克思恩格斯选集》(第四卷)，北京：人民出版社，1972年，第1-175页。

格勒等编著：《藏北牧民：西藏那曲地区社会历史调查》，北京：中国藏学出版社，1993年。

洪涤尘：《西藏史地大纲》，南京：正中书局，1936年。

H. 黎吉生：《西藏简史》(H. E. Richardson, 1962, *A Short History of Tibet*, New York: Oxford University Press)，李有义译，北京：中国社科院民族研究所，1979年。

陆莲蒂：《藏族》，见严汝娴主编：《中国少数民族婚姻家庭》，北京：中国妇女出版社，1986年，第195—204页。

刘瑞主编：《中国人口（西藏分册)》，北京：中国财政经济出版社，1988年。

马克·赫特尔：《变动中的家庭——跨文化的透视》(Mark Herter, 1981, *Family in Transition: Cross-Cultural Perspectives*, New York: JohnWeille)，宋践、李茹等译，杭州：浙江人民出版社，1988年。

马戎：《西藏的人口与社会》，北京：同心出版社，1996年。

欧潮泉:《论藏族的一妻多夫》,《西藏研究》,1988年第2期。

R. 石泰安:《西藏的文明》(Rolf Alfred Stein, 1962, *La Civilisation Tibétaine*, Paris: Dunod), 耿昇译拉萨: 西藏社会科学院, 1982年。

吴从众:《民主改革前西藏藏族的婚姻与家庭——兼论农奴制度下存在群婚残余的原因》, 见吴从众编:《西藏封建农奴制研究论文选》, 北京: 中国藏学出版社, 1991年。

王大犇、陈华、索朗仁青:《西藏藏族妇女的婚姻与生育》, 张天路主编:《中国少数民族社区人口研究》, 北京: 中国人口出版社, 1993年。

W. 古德:《家庭》(William J. Goode, 1982, *The Family* (2nd edition), New Jersey: Prentice-Hall, Inc., Englewood Cliffs), 魏章玲译, 北京: 社会科学文献出版社, 1986年。

武建华、黄荣清、杨书章:《西藏人口婚姻状况分析》, 孙竞新主编:《当代中国西藏人口》。

吴文:《略述木里藏族婚姻与家庭问题》,《人口研究》, 1984年第4期。

中根千枝:《西藏的贵族》(译自1985年东京出版的《东洋文化研究所纪要》第87册),《国外藏学研究译文集》(第九辑), 拉萨: 西藏人民出版社, 1992年, 第336—388页。

中国藏学研究中心等编:《西藏山南基巧和乃东琼结社会历史调查资料》, 北京: 中国藏学出版社, 1992年。

中国藏学研究中心社会经济研究所编:《西藏家庭四十年变迁——西藏百户家庭调查报告》, 北京: 中国藏学出版社, 1996年。

张权武:《近代西藏特殊家庭婚姻种种试析》,《西藏研究》, 1988年第1期。

西藏社会历史调查资料丛刊编辑组编:《藏族社会历史调查》(第二册, 第三册, 第四册, 第五册), 拉萨: 西藏人民出版社, 1987b, 1987c, 1988a, 1988b。

Aziz, Barbara N., 1978, *Tibetan Frontier Families: Reflections of Three Generations from D'ing-ri*, New Delhi: Vikas Publishing House.

Bell, Charles, 1928, *The People of Tibet*, Oxford: Clarendon Press.

Ekvall, Robert, 1968, *Fields on the Hoof: Nexus of Tibetan Nomadic Pastoralism*,

New York: Holt, Rinehart and Winston.

Fox, Robin, 1967, *Kinship and Marriage: An Anthropological Perspective,* London: Penguin Books.

Goldstein, Melvyn. C., 1971, "Stratification, Polyandry, and Family Structure in Central Tibet", *Southwestern Journal of Anthropology,* Vol. 27, pp. 64-74.

Grunfeld, A., Tom, 1987, *The Making of Modern Tibet,* New York: M. E. Sharpe.

Leach, Edmund, 1955, "Polyandry, Inheritance and the Definition of Marriage: With Particular Reference to Sinhalese Customary Law", *Man*(55): 182-186.

Levine, Nancy, 1988, *The Dynamics of Polyandry: Kinship, Domesticityv and Population on the Tibetan Border,* Chicago: The University of Chicago Press.

Levine, Nancy, 1994, "The Demise of Marriage in Purang, Tibet: 1959-1990", Per Kvaerne(ed.), *Tibetan Studies,* Vol. 1, Oslo: The Institute for Comparative Research in Human Culture, pp. 468-480.

Prince Peter of Greece and Denmark, 1963, *A Study of Polyandry,* The Hague: Mouton.

Prince Peter of Greece and Denmark, 1965, "The Tibetan Family", M. F. Nimkoff(ed.), *Comparative Family Systems,* Boston: Houghton Mifflin Co., pp. 192-208.

美国社会发展中的种族与少数族群问题[*]

随着各国之间的政治、经济、文化交往的增加和人口迁移，族群问题已经逐渐发展成为一个世界的普遍性问题。今天世界上绝大多数国家都是多族群国家。国家的形成和边界的划定是各种复杂的政治、经济、文化、外交因素交互作用的历史过程，而稳定的领土边界和社会秩序是每一个国家和平建设和发展的基本条件。但是国家内部不同族群集团之间很可能因各种原因造成的不同利益而产生矛盾和冲突，在各种国内和国外势力的引导下，有时这些族群冲突会激化升级甚至国际化，不但破坏了社会安定，也可能会引发内战和导致国家解体，甚至引发更大规模的区域战争。南斯拉夫就是一个很典型的例子。

正因为人们认识到各国发生过或正在发生的族群冲突可能造成非常严重的后果，如何分析族群集团之间的矛盾，利用政府的政策去逐步影响族群关系朝着有利于社会稳定的方向发展，便成为许多国家的政治家和学者十分关注的问题。我国是一个有56个民族的多民族国家，少数民族人口占总人口的8%，自治地方占我国陆地国土的64%，在研究我国民族关系的历史、现状和发展前景时，十分有必要借鉴其他国家族群关系方面的情况和有关研究成果。本文主要介绍和讨论美国的种族、族群问题，利用了目前所能得到的资料、数据和研究文献，从美国的移民史、各族群的结构性差异、政

---

[*] 本文原刊载于《北京大学学报》，1997年第1期。

府政策的导向、族群关系现状这样几个方面来分析美国族群问题产生的原因和发展过程。由于没能得到 1990 年美国普查资料的分析结果，文中引用的主要是 1980 年普查结果及以前的调查资料。本文的研究仅仅是一个很初步的分析，但是希望能对我国的族群问题研究有一些启发。

一、美国的种族、族群问题的由来

美国是在 200 多年里发展起来的世界上最大的一个移民国家。作为一个移民国家，它的人口具有许多特点。最重要的特点就是它的人口是由来自不同国度和不同民族的人群及他们的后裔所组成的。北美大陆地域辽阔，美国的面积为 936.3 万平方公里，拥有发展农业、畜牧业、林业、渔业、采矿业、制造业的极其丰富的自然资源，这块"新大陆"在两个多世纪的时间里吸引了许多国家的成千上万的移民。作为一个新兴的移民国家，美国的移民具有六个主要特点：

（1）在不同的历史时期，移民的主体来自不同的国度。在哥伦布发现新大陆之后，来自英伦三岛的盎格鲁－撒克逊人是最早来到北美大陆的殖民者，其他民族在随后的年代里为美国丰富的自然资源和社会制度所吸引，一潮一潮地涌入美国。自 17 世纪开始，黑人奴隶被贩卖到美洲，总计约 1000 万非洲奴隶被运到了西半球，其中 80% 以上是在 1720 年至 1820 年期间抵达的。在这 1000 万黑奴中，有 40 万人被贩运到今天美国境内的殖民地。（索威尔，1993：235）美国移民的"迁出国"构成随着世界各地政治、经济形势的变化在不断地变动。19 世纪的前半叶是爱尔兰人移居美国的高潮，在 1840 年至 1860 年期间，每 100 个移民中有 43 个爱尔兰人和 35 个德国人。19 世纪末是犹太人的移民高潮，而在 1901 年至 1910 年期间，每 100 个移民中有 28 个意大利人、27 个奥匈帝国人、20 个俄国人和波兰人。（莫鲁瓦，1977：4—5）20 世纪中叶则是墨西哥人的移民高潮。

直到 20 世纪的 50 年代，来自欧洲的移民仍占每年美国吸收移民总数的 50% 以上，而亚洲移民仅占 6%。但是到了 70 年代，欧洲移民所占比例已经降到 20% 以下，而亚洲移民的比例达到了 33% 以上。由于欧洲社会的稳定和经济的发展，美国对于欧洲人已经失去了移民的吸引力，而亚洲各国人口保持了高速增长并有许多受过良好教育的人愿意前往美国谋求发展。在这种形势下，1965 年美国国会放宽了 20 年代制定的对亚洲移民的限制，这一年政府允许 1.7 万亚洲人和 11.4 万欧洲人移民美国。在 70 年代每年有大约 16 万亚洲人来到美国，其中三分之二来自四个国家：菲律宾、韩国、中国和印度。1981 年来到美国的亚洲人达 24.4 万，其中中国人为 2.6 万人，同年欧洲移民却降到了 6.7 万人。（罗贝，1988：167—169）1982 年至 1985 年来自中国的移民总数为 17.7 万人，其中大陆 10.1 万人，台湾 6.4 万人，香港 2.2 万人。（周敏，1995：74）美国的移民局每年公布对于各国的"移民配额"，从而对各国来美国的移民数量进行控制。"移民配额"的构成，反映了美国政府在移民问题上的政策。

（2）移民数量大。美国的移民每年都达几十万人。20 世纪的第一个 10 年里，有大约 900 万移民来到美国，移民在美国同期人口增长总额中超过了 50%，是美国历史上移民数量最多的时期。在紧接着的第二个 10 年，移民总数为 700 万人，仍然占全国人口总增长额的 40% 以上。但是 20 世纪 30 年代的"经济大萧条"，导致在这 10 年里进入美国的移民仅有 52.8 万人。50 年代来到美国的移民总数为 200 万，占人口增长总数的 9%。60 年代的移民为 250 万人，70 年代为 450 万人，占人口总增长的 19%。（罗贝，1988：129）根据人口普查结果，1970 年美国总人口中有 1000 万（5%）出生在国外，1980 年出生在国外的人数增加到 1400 万（总人口的 6%）。

（3）移民种类多。美国的《移民法》规定了申请移民美国的各类"优先条件"，如美国公民的配偶、子女、亲属，或者是美国公司需要的特殊人才等可以优先申请移民。除了每年依照"移民法条例"迁入美国的几十万移民之外，还有其他几种国外人口进入美国并在美国居留：（ⅰ）求学的外国学生；（ⅱ）来美国探亲的人；（ⅲ）政治难民。这三种人都可以申请到合法签证进入美国。

政治难民是在"移民配额"之外合法进入美国定居的移民。自1953年到20世纪70年代末期，大约有100万人根据国会的特别法令到美国政治避难。难民人数较多的年度是1978年（13.3万，其中66%来自越南）和1980年（20.7万）。在1980年被接受永久定居的外国人中有28%是难民。

（4）移民在教育和专业技能上一般具有较高的素质。除了政治难民之外，大多数移民的教育水准普遍比较高，其中有许多人有专业技术。特别是来自其他国家的留学生，取得学位后有很大的比例留在美国定居，并加入正式移民的行列。许多第三世界的优秀学生来到美国攻读研究生学位（硕士、博士），毕业后为美国的优越的生活条件和高收入所吸引而留在美国，如印度、菲律宾、中国的留学生有80%至90%留在了美国。这样美国可以不用支付研究生课程之前的全部社会、教育费用，还得到了一批最年轻的优秀人才，而留学生的祖国把他们培养到大学毕业，结果输送给了美国。这被称为美国对于发展中国家的一种"人才掠夺"，也是美国科学技术不断发展的重要基础。

表10-1　美国各移民群体从事专业技术工作的比例

族群	%	族群	%	族群	%
美国出生者	12.0	德国移民	13.0	意大利移民	6.0
朝鲜移民	15.0	英国移民	17.0	墨西哥移民	2.5
菲律宾移民	20.0	爱尔兰移民	14.5	葡萄牙移民	2.0
印度移民	43.0	希腊移民	8.0	移民总体	12.0

资料来源：罗贝，1988：131—132。

表10-1中把美国出生的人（包括各族群）从事专业技术工作（医生、律师、记者、教授、工程师等）的比例与来自各国的移民群体相比较，反映了来自不同国度的移民具有不同水平的教育和专业素质。1980年人口普查结果表明，印度移民中有大学文化程度

的占 66%，菲律宾移民中占 42%，韩国移民中占 34%，中国大陆移民中占 30%，中国台湾移民中占 60%。（罗贝，1988：131）由于移民总数中包括了儿童和少年，所以在"就业人口"中大学生的比例应当大大高于表中的比例。不同的教育水准使移民们在到达美国后进入了不同的职业。这些移民又对美国的相应族群（如印度移民对于美国原有的印度人后裔族群）的教育结构、职业结构造成积极或消极的影响。

（5）有大量的非法移民。美国的非法移民分为两类：第一类是持各类合法签证（探亲、求学、短期访问、临时性工作等）进入美国，在签证失效后长期滞留美国。第二类没有合法签证，以各种偷渡的方式进入美国。偷渡进入美国的非法移民数量是难以计算的，有一项研究估计，1980 年仅来自墨西哥的非法移民数目就在 150 万到 400 万人之间。（罗贝，1988：139）美国的移民局在各城市、农场查找这些非法移民并把他们遣返回国。但是其中的大多数在亲属或朋友的掩护下长期居留下来。由于非法移民在美国居住一定年限后根据"大赦"可以申请"永久居留权"，许多非法移民在美国居住 8 年至 10 年后申请"绿卡"，转为移民。

（6）新移民的居住地域相对集中。随着大量的移民涌入美国，沿海一些州和城市成为新移民集中居住的地域。1980 年，在美国的 50 个州中，移民占州总人口 10% 以上的有 5 个州：加利福尼亚（15.1%），夏威夷（14.2%），纽约（13.6%），佛罗里达（10.9%）和新泽西（10.3%）。这 5 个州也被人们称为移民的"进口港"。同年的普查说明，在美国有 11 个城市的移民占城市总人口的 30% 以上，如纽约的移民有 200 万人，其他 4 个移民人口超过 50 万人的城市是洛杉矶、芝加哥、迈阿密和旧金山。（罗贝，1988：135—138）所以直到今天，美国仍然是一个名副其实的移民国家。

就是这些来自不同大陆、不同国度的移民，构成了美国人口的主体，而且每年的新移民仍然在不断地增加，改变着美国人口的种族、族群构成。

二、当前美国人口的种族、族群构成

虽然美国独立之前是英国的殖民地，是盎格鲁－撒克逊人最早开拓了这片辽阔的土地，但是英国人的后裔现在只占今天美国总人口的15%，另外两大族群是德国裔（13%）和黑人（12%）。1980年，白人占美国总人口的85%。由于美国的人口普查中关于族属的登记采取的办法是"自报家门"，各次普查登记表的族属项目又并不一致，所以时常造成数字和比例的混乱。根据1980年的普查，白人为1.88亿，黑人为2700万，"其他"人口700万。以前被统计为白人的拉丁美洲裔（墨西哥裔、波多黎各裔等）在这次普查中被列入"其他"。

黑人是美国除了白人之外最重要的族群，1790年美国第一次人口普查时，黑人占总人口的19%，其中92%的黑人是奴隶。由于后来白人移民的大量涌入，黑人在美国总人口中的比例在1930年降为9.7%，1960年恢复到10.5%。由于白人移民数量的逐渐减少和黑人的高生育率，自20世纪50年代以来黑人的数量和在总人口中的比重一直在上升，1983年约有2820万黑人，占总人口的12%。预计到2000年黑人人口会达到3600万人，到2050年会达到5200万人，那时美国总人口预计为30900万人，黑人的比例为17%。（罗贝，1988：182）

表10-2中是1980年普查结果所表示的美国人口的种族、族群构成。白人占84.6%，黑人占12.2%，亚洲裔（华裔、[①]日裔、韩裔、越南裔、菲律宾裔、印度裔）约占1.5%，拉美裔（墨西哥裔、波多黎各裔）占0.9%。美国的土著居民印第安人，仅有140万人。由于80年代亚洲移民数量的增加，现在美国的亚洲裔人口大约占美国总

[①] 据美国夏威夷东西方中心人口研究所的报告，1985年美国华人为107.8万。加上近年迁入或得到永久居住权（"绿卡"）者等，有的研究认为在1990年华人已达150万人。（陈碧笙，1991：381）

人口的2%。由此可见美国还是一个"白人的国家",主要的族群矛盾是在人口最多的两个族群(白人和黑人)之间。但是今后随着黑人人口因高生育率而迅速增长和亚洲移民数量的增加,美国的族群构成比例在未来可能会有一些缓慢的变化。

除了个别族群(如犹太人)之外,白人各族群之间的通婚现象很普遍。在1980年普查时有三分之一的美国人说他们有混合祖先,有5000万人说他们身上有部分英国血统,同时有2300万人(总人口的十分之一以上)对普查人员表示他们在家里不说英语。(罗贝,1988:146—147)白人和黑人的通婚在很长的时期内是被禁止的,直至1963年还有21个州禁止黑人与白人结婚,1964年联邦法院制定的法律取消了各州法律中有关禁止种族通婚的法令。黑人与白人之间的通婚在20世纪80年代后有所增加,一些事业上成功的黑人娶到了白人妻子。在美国民族社会学中把这种高社会地位、高收入黑人男子和低社会地位、低收入白人女子的婚姻称作"上嫁",指白人女子凭借肤色通过婚姻提高了自己的地位和收入。

表10-2　1980年美国人口的种族、族群构成

	人数	%	"其他"中的分族	人数	"其他"中的分族	人数
白人	1.88亿	84.6	拉丁美洲裔	206.2万	韩裔	33.5万
黑人	2700万	12.2	印第安人	140.0万	越南裔	26.2万
"其他"	700万	3.2	华裔	80.6万	夏威夷人	16.7万
			菲律宾裔	77.5万	爱斯基摩人	4.2万
			日裔	70.1万	萨摩亚人	4.2万
总计	2.22亿	100.0	印度裔	36.2万	关岛-阿留申人	3.2万

资料来源:罗贝,1988:142。

大量的族际通婚使得美国人的族属分类变得更为复杂,但是肤色和语言仍然使各族群得以相互区别和认同。在族群融合的同时,各族群之间仍然存在着种族和文化的界限。

三、美国社会各族群之间的结构性不平等

1975年哈佛大学出版社出版了由两位著名的社会学家（Glazer and Moynihan）主编的《族群》(*Ethnicity*)一书，书中提出了族群之间的"结构性差异"这个重要概念，同时介绍了一个非常重要的术语"族群分层"(ethnic stratification)，这是从社会学的一个重要专题"社会分层"(social stratification)转借过来的。"社会分层"研究的是社会成员内部的分化与流动，"社会分层"是指各类人的结构性的不平等，人们由于在社会等级制度中的地位不同而有着不同的获得社会报酬的机会。（罗伯逊，1990：301）"族群分层"分析的是不同族群集团之间由于其结构性差异所引起的不平等，这是研究族群关系的一个极为重要的领域。比如几个族群在受教育程度上（指群体而非个人）可能会存在结构性差异，教育方面的结构性差异会影响族群成员的职业分布，而职业分布结构的不同又会影响到收入水平结构，并进而影响到该族整体的消费水平和社会地位，这一系列方面都是结构性差异分析的主要内容。

具有明显结构性差异的族群如果生活在各自相对隔绝的区域里，这些差异对他们之间关系的影响也会比较间接。但是在一个多族群的城市社区里，几个不同的族群集团共同生活在一起，如果他们的社会地位、经济收入差别很大，按照唯物主义的"社会存在决定人们意识"原理，则他们看待社会制度的观点和相互之间的看法是会不太相同的。一个社会中的穷人与富人在看待相互关系时，会分别有强烈的被剥夺感和优越感。一个社会中不同的族群集团之间的关系与这种情形十分相似。

1985年，美国两位社会学家（Simpson and Yinger）出版了《种族和文化的少数群体》(*Racial and Cultural Minorities: An Analysis of Prejudice and Discrimination*)一书。这本书利用了大量的人口普查、政府统计资料和其他各类调查材料，系统和详尽地分析了美国各种族、

族群集团的社会分层情况。在美国的各项统计和研究中，通常把美国各个种族、民族群体区分为几大类：黑人（占总人口的11%）、亚裔人、操西班牙语的墨西哥裔人、太平洋岛屿上的土著、印第安人等。由美国人口普查机构和研究部门提供的各种统计和调查资料，可以用来帮助我们分析这些以族群划分的社会集团的结构性差异以及这些差异在不同时期的变化。

1. 产业

一个国家的经济通常分为第一产业（农业）、第二产业（制造业）和第三产业（金融业、服务业等）。现代化的进程，通常也是社会劳动力大量地从农业向制造业、再向服务业转移的过程。从社会地位、经济收入来说，特别是在发展中国家，农民收入往往最低，生产工人收入高于农民，在城市里从事服务业的就业人员收入最高。所以，分析各族群在各个产业领域的分布情况，可以反映出各族群介入国家现代化进程的程度。

黑人最初被奴隶贩子运进美国的时候，主要是被用于农业劳动的。所以在历史上，美国黑人务农的比例一直很高。但是由于南部农场主对黑人的歧视和压迫，在南北战争后黑人大量逃离南部农场而进入北方和西部的城市。根据美国1920年的人口普查，黑人劳动力中从事农业的尚有92.5万人，1940年黑人农业经营者[①]降至70万人，1978年黑人经营的农场降到5.7万个，到20世纪80年代末，黑人经营的农场约剩下1万个。农业黑人人口的流失最快的时期是70年代，在1970年至1976年这6年间，生活在农场的黑人人口（包括没有劳动能力的人）从90万降至50万，同时由于青壮年大量迁往城市寻找其他就业机会，留在农村的黑人人口中儿童和老人占据很大比例。1982年在美国的600万农庄居住者当中，黑人仅占4%。(Simpson and Yinger, 1985:171-172)

---

① 包括农场拥有者和部分拥有者、农场管理人员、租种土地者。

自 20 世纪 20 年代开始，墨西哥人成为美国农业廉价劳动力的首要来源。在第二次世界大战期间，美国政府与墨西哥政府签订了协议，由墨西哥向美国提供季节性劳工。战后这一协议又延续了几年，最后于 1964 年正式终止。但是在美国西南部邻近墨西哥的农业区，仍然存在着对季节性廉价劳动力的大量需求。有一些住在边境附近的墨西哥人得到了"绿卡"后，仍然居住在墨西哥，每天跨过国境去美国做工，有的在农场劳动，有的在白人家庭做女佣，由于他们每天在工作的美国和居住的墨西哥之间定时流动，被称为"摆动人口"（commuters）。据调查，这些"摆动人口"中有四分之一已取得美国公民权，但他们仍愿意住在消费低的墨西哥。除了这些合法的打工者外，每年还有大量墨西哥农民非法偷越国境到美国的农场打工。在美国农场打工的墨西哥人，由于主要是"季节工"，严格地说，他们在统计上不能被算作"农民"（指农场拥有者和部分拥有者、农场管理人员、租种土地的佃农）。

印第安人作为土著居民，其人口的主体依然居住在美国政府为他们选定的 280 个"保留地"[①]内，从事农业和畜牧业，这些"保留地"是最贫瘠的、无法耕种的土地。但是随着某些矿产资源的发现，其中一些有价值的土地又被政府征用。"印第安人要想承租或转租任何土地都必须得到政府农业局的批准，而农业局规定的批准率通常低于地区其他土地的批准率"（Simpson and Yinger，1985:195）。这就使得印第安人离开土地十分困难，同时又难以摆脱贫困。

其他移民族群如亚洲移民及后裔（日本人、中国人、印度人、朝鲜人、越南人等）、南美洲人（波多黎各人、巴西人、古巴人等）大多居住在城镇，主要在制造业和服务业寻找就业机会，极少有人从事农业经营。这种产业的民族格局一方面反映了美国早期发展的历史，如白人、印第安人从事农业的传统，也反映了在美国工业化

[①] 印第安人"保留地"总面积为 5200 万英亩（约 21 万平方千米），占美国领土的 2.3%。（Simpson and Yinger，1985:194）

过程中后来的移民集中于城市就业市场的情况。

在有些经济部门和实业中,也存在着一定程度的族群倾斜。例如据官方统计,1962 年,全美国由黑人开办的银行只有 10 家,1970 年上升为 27 家,1976 年也仅为 50 家,而美国的银行约有上万家。这就反映出黑人族群在金融界的地位以及整体的经济实力。

2. 城市化程度

一个族群的城市化程度与它的人口的产业结构密切相连,同时各个族群的城市人口比重作为简单和直接的统计指标,可以用来衡量和比较各族群参与工业化、城市化的程度。

美国的普查结果表明,由于黑人发现他们在城市,特别是大城市中可以得到较高的收入,近几十年来黑人人口不断从农村向城镇迁移,从小城市向大城市迁移。1960 年,在全美国的 10 万人以上的城市中,华盛顿是唯一的一个黑人占总人口半数以上的城市。到了 1980 年,黑人占总人口半数以上的城市达到了 9 个。这一过程被美国社会学家称之为"黑人城镇化"(Black Urbanization)。1982 年美国黑人住在城镇的比例高达 99%。这使得黑人构成城市贫民的主体,并使种族冲突主要发生在城市地区。

在 1940 年,美国说西班牙语的墨西哥裔居民中的多数居住在农村。1960 年的普查结果则显示,城市居民变成多数。之后是一个不断地向城市迁移的趋势,在 1985 年,五分之四的墨西哥裔住在城镇,而且主要集中在加州城镇。洛杉矶市成了除墨西哥城之外世界上最大的墨西哥裔居住地。(Simpson and Yinger, 1985: 187)

在 1950 年,印第安人主要还是居住在稳定的农业社区。但是不久各部落开始送许多年轻人迁入城镇。1970 年,在印第安人口超过 1 万的 9 个州里,印第安人中的城镇人口占印第安人总人口中的比例在 13.3% 到 39.6% 之间。(Simpson and Yinger, 1985: 194)但是总的来说,印第安人是城镇化水平较低的一个族群。

从其他大陆（亚洲、南美洲）来的移民族群由于没有进入农业生产领域而绝大多数居住在城镇。

3．教育

教育对一个族群的社会地位的影响是非常根本的，标志着一个族群的劳动力素质和竞争能力。1930 年美国南部黑人入学率为 58.5%，白人为 67%，在 20 世纪 80 年代，黑人与白人的入学率达到了同等水平。1940 年，年龄在 25 岁以上的黑人与同龄白人所受教育的年限相比，差距超过 3 年。在 80 年代早期，两者之间的差距减到半年。（吉尔伯特、卡尔，1992：92）

美国长期以来一个最大的问题是种族隔离，这一政策也在各级学校中实行。在 1965 年，80% 的白人学生在学生总数中 90% 到 100% 为白人的学校读书，65% 的黑人学生在学生总数中 65% 到 100% 为黑人的学校读书。由于黑人学校的教学条件、师资水平、教学质量都比较差，对学生毕业后的就业和发展都有不利的影响。

1964 年美国国会通过的《民权法》禁止在联邦资助的工程和计划中实行种族歧视，在此基础上 1965 年通过的《中小学教育法令》进一步促进了各地区的学校废除种族隔离制度。（富兰克林，1988：567）美国的学校分为公立学校和私立学校，私立学校由于不拿政府津贴和贷款，完全不受政府法令的影响。所以在相近入学率这个表面现象之下，更进一步的分析发现中产阶级以上的白人把孩子送进私立学校，白人贫民和黑人的孩子则在条件较差的公立学校就读。

墨西哥裔对于教育的重视程度不但比不上亚裔，也不如黑人。1979 年在 25 岁以上的墨西哥裔人口中，只有 34.9% 读完 4 年小学，波多黎各裔也只有 38.6% 读完 4 年小学。（Simpson and Yinger，1985：342）这种教育结构对于这两个族群在美国社会里的竞争自然是十分不利的。

教育不仅仅是一个涉及一个族群的各级学校（小学、中学、大学）毕业生数量的问题，它还有一个实际能力或学习质量问题。由于不同学校的经费、师资、教学条件不一样，同等学力并不一定表示达到同等能力。此外，各级学校毕业生的结构和比例是标志教育水平的一个方面，而专业领域的结构分布、各专业在社会中的实际影响及地位又是另一个值得进一步探讨的有重要意义的方面。而这种教育专业领域的分布结构，是有其更为深刻的社会意义的。1980年，黑人在应届拿到社会学博士学位的美国人中占 4%，心理学占 5%，经济学占 2%，在历史、地理、数学、物理、医学等学科均低于 1%。可见，少数族群在教育方面，虽然学位有所提高，但就专业结构来说，还是有很大的倾斜性。这种倾斜性对其整个族群的发展和结构性差异的影响应当引起我们的注意。

4．就业

在 1981 年，美国 16 岁以上白人男性的就业率为 72%，而非白人男性就业率为 61%。（Simpson and Yinger, 1985: 173）表 10-3 中是 1970 年 10 个族群男性、女性就业情况。从这张表中，我们可以看出各族群就业方面的明显差别。印第安人、黑人的男性就业率最低，印第安人、波多黎各人和墨西哥人的女性就业率最低。男性就业率最高的是古巴人，女性就业率最高的是菲律宾人。菲律宾妇女在外做工可能是一个传统，目前亚洲各国的家庭女佣大量来自菲律宾。华裔男性的就业率属于中下，女性就业率属于中上。

表 10-3　1970 年美国 10 个族群分性别就业率

族　群	男性 %	女性 %
古巴裔	83.7	51.0
日本裔	79.3	49.4
菲律宾裔	79.0	55.2
夏威夷土著	77.9	48.5
墨西哥裔	77.4	36.4

续表

族　　群	男性 %	女性 %
朝鲜裔	75.5	41.5
波多黎各裔	75.5	35.3
华裔	73.2	49.5
黑人	69.8	47.5
印第安人	63.4	31.6
全体白种人*	73.8	38.9

资料来源：Sullivan, 1978: 167。
* 包括墨西哥裔和波多黎各裔。

由于本表的定义是年龄 16 岁及以上人口，各族群的年龄结构因素也应考虑在内，人口越年轻（指年轻的各年龄组人口比例大），就业率也就会相对高一些。把服兵役的人员排除之后，美国白人男性的就业率，在 1980 年为 78.3%，黑人和其他有色人种男性的就业率在 1960 年为 83%，1980 年降到 70.8%。在 1960 年至 1980 年期间，白人女性就业率从 36.5% 迅速升至 51.3%，黑人及有色人种女性就业率从 48.2% 升至 53.4%。（Simpson and Yinger, 1985: 175）这些变化反映出美国有色人种男性就业的困难越来越大，同时也反映了近几十年来白人妇女争取经济独立性的努力。

1982 年美国黑人男性中，16 岁以上的失业率为 20.1%，16 岁至 19 岁年龄组的失业率为 48.9%。相比之下，16 岁以上白人男性的失业率仅为 8.8%，16 岁至 19 岁组的失业率为 21.7%，都不到黑人失业率的 45%。在这种大形势下，黑人族群的社会地位很难得到改善，黑人产生不满情绪也事属必然。

5．职业

职业与社会地位和收入密切相关，分析各族群就业人员的职业结构，对于理解社会中的"民族分层"十分关键。美国黑人的大多数始终处于低工资的各个职业，在 20 世纪 60 年代，当白人因为纺织业工资低而转向其他部门时，大量黑人因此就业机会而成为纺织工人。在 70 年代，同样的情况使许多黑人成为电话公司的操作工人。(Simpson and Yinger, 1985: 178) 1970 年，全美工程师人数中，黑人、波多黎各裔、印第安人、墨西哥裔占总数的 2.8%，而他们占美国总人口的 14.4%，可见在工程领域，他们还很落后。但在文科（诸如律师等）领域，少数族群要比在理工科领域里稍强一些。因为出生率的关系，美国黑人已占到了总人口的 11% 到 12%。在职业上，1970 年黑人律师在全美占律师总数的 1.1%，也就是说，黑人在美国成为律师的机会为白人的十分之一。

表 10-4 墨西哥裔、黑人就业人员的职业构成

	墨西哥裔（1978 年）	黑人（1980 年）	全国 16 岁以上人口（1978 年）
白领雇员（总计）%	27.5	36.6	50.0
其中：1. 专业技术人员	5.6	10.9	15.1
2. 经理和行政人员	5.4	4.5	10.7
3. 推销人员	3.0	2.7	6.3
4. 办事人员	13.5	18.5	17.9
蓝领雇员（总计）(%)	49.9	37.2	33.4
其中：1. 手工业人员	14.6	9.7	13.1
2. 操作工人	21.0	20.1	11.5
3. 运输司机	4.5	—	3.8
4. 其他非农业劳力	9.8	7.4	5.0
服务业人员 %	16.5	24.4	13.6
农业人员 %	6.1	1.7	3.0
就业人员总计 %	100.0	100.0	100.0
就业人员总人数（万人）	266.5	—	9437.3

资料来源：Simpson and Yinger, 1985: 189；吉尔伯特、卡尔，1992：92。

表 10-4 中把墨西哥裔、黑人与全美国的就业人口进行比较，全美在 1978 年"白领雇员"已经达到 50%，而黑人约为 36.6%

(1980 年统计数字），墨西哥裔仅有 27.5%。在墨西哥裔和黑人就业人员中，"蓝领"的操作工人占 20% 到 21%，这个职业在全美就业人员中只占 11.5%。墨西哥裔工人半数属于低工资的"蓝领"阶级，而且很大比例是生产第一线的操作工人。这样一个职业构成十分清楚地说明了墨西哥裔和黑人族群在美国社会"民族分层"中的地位。

在 1870 年至 1930 年期间，华裔就业人员中有 40.9% 到 58% 从事个体服务业（其中 7.9% 到 24% 是洗衣服），到 1970 年从事这一职业的仅剩 7.1%；从事采矿业的在 1870 年占 36.9%，到 1900 年只剩 3.1%，1970 年仅有 0.2%；从事商业、餐馆业的人员在 1870 年只占 2.1%，1970 年上升到 34.6%，成为华裔的第一大职业；专业技术人员在 1870 年只占 0.7%，1970 年占 21.2%，成为第二大职业；1870 年制造业工人只占华裔就业人员的 8.2%，1970 年占 17.3%，成为第三大职业。（King and Locke, 1980: 19）从这一百年的职业结构变迁中，我们可以看出华人在美国努力奋斗的足迹。必须指出，自 20 世纪 50 年代以来，大量受过较好教育的华人新移民进入美国，这对华裔在职业结构方面的转变产生了积极的影响。

6．收入

收入的绝对水平和相对差距是社会分层的重要指标。1959 年黑人家庭收入的中位数[①]是 5837 美元，白人家庭是 10885 美元，为黑人家庭的 1.86 倍；1975 年黑人家庭收入中位数是 8779 美元，白人家庭是 14268 美元，为黑人家庭的 1.63 倍。（Simpson and Yinger, 1985: 182）1980 年黑人家庭的平均收入是 12764 美元，白人家庭的平均收入是 21094 美元，为黑人家庭的 1.65 倍。（罗贝，1988：186）总的来说，各个族群平均收入的差别，是在逐渐缩小。

---

① 由于在计算"平均收入"时，少数收入极高的人可以对"平均值"有很大的影响，"中位数"在表现群体中等收入水平时更有意义。

从表 10-5 可以看到，1959 年墨西哥裔家庭收入中位数为 3811 美元，1976 年上升到 9546 美元；1970 年波多黎各裔家庭收入中位数为 5879 美元，1976 年升到 7291 美元；1970 年居住在"保留地"的印第安人家庭收入中位数为 4088 美元，在城镇的印第安人家庭收入为 7566 美元，在城镇的黑人家庭为 6822 美元，同年全体城镇居民家庭收入为 10474 美元。白人家庭和其他族群的收入差距是十分明显的。

表 10-5 美国一些族群家庭年收入的中位数　　　　　（单位：美元）

	1959 年	1970 年	1975 年	1976 年
白人	10885		14268	
黑人	5837		8779	8200
城镇黑人		6822		
墨西哥裔	3811	6002		9546
波多黎各裔		5879		7291
城镇印第安人		7566		
"保留地"印第安人		4088		

资料来源：Simpson and Yinger, 1985:189—190, 198。

收入指数是分析各族群收入差距的另一个指标。在表 10-6 中，我们以全体美国人的收入为 100，分析各族群家庭的收入指数。犹太裔十分重视教育，在大学里多选择经济、法律、医学等专业，许多人成为律师、教授、医生并得到了高收入。日裔、波兰裔、华裔和意大利裔是另外四个高收入的族群。波多黎各裔、黑人和印第安人是收入最低的三个族群。很显然，收入是与教育水平和职业密切相关的。

比较各个族群"贫困人口"的比例，是分析族群收入差距的第三个指标。按照 1978 年美国普查局的标准，一个从事非农业的四口之家的年收入的"贫困线"是 6662 美元，这里包括各项社会福利收入但不包括"食品券"和实物收入。根据这一标准，普查局的该年度报告表明，美国有 6.9% 的白人家庭、27.5% 的黑人家庭和 20.4% 的说西班牙语的家庭（包括墨西哥裔和波多黎各裔）生活在

表 10-6　1970 年美国各族群家庭收入指数（以平均水准为 100）

犹太裔	172	日裔	132
法国裔	107	华裔	112
意大利裔	112	菲律宾裔	99
波兰裔	115	西印度群岛人	94
盎格鲁－撒克逊裔	107	墨西哥裔	76
爱尔兰裔	103	波多黎各裔	63
		黑人	62
全体美国人	100	印第安人	60

资料来源：索威尔，1992：5。

"贫困线"以下。(Simpson and Yinger, 1985: 199)

在 90 年代，美国黑人是家庭实际收入中位数增加的唯一族群。1994 年四口之家的"贫困线"标准是 15141 美元，该年度黑人家庭收入的中位数是 21027 美元，黑人家庭的贫困率在 1994 年是 30.6%，同期白人家庭贫困率为 11.7%。(《华盛顿邮报》，1995 年 10 月 6 日) 在近几十年里黑人家庭收入状况的改善过程中，存在着多重因素。这里首先是立法的影响，为了在就业和报酬上实现种族平等而制定的许多法规发生了作用；其次，黑人妇女就业数量的增加也使许多黑人家庭的收入得以增加；再次，黑人教育水平的提高也为他们争取较高收入的工作创造了条件。黑人家庭收入的逐步提高应当说是各种因素综合作用的结果。

有的学者指出，黑人家庭平均收入长期比较低，有一个特殊的因素不应忽略，"以妇女为户主的黑人家庭是这类白人家庭的三倍……而以妇女为户主的黑人家庭普遍处于贫困状态"。(罗贝，1988：181) 这反映了黑人家庭的不稳定，以母亲为户主的单亲家庭不但收入低，对于孩子的教育和发展也十分不利。1981 年，50% 以上的黑人婴儿是由未婚妇女生育的，同期白人未婚妇女生育的婴儿仅占白人婴儿的 7%，就全美国而言，未婚妇女生育的婴儿占全部婴儿的 19%。美国白人已婚人口的离婚率在 1981 年为

10%，而黑人离婚率为 23.3%。（罗贝，1988：185）在 1995 年，49% 的黑人孩子出自支离破碎的家庭，32% 的黑人高中学生没有毕业，黑人的平均失业率达到 12%，而白人仅为 3%，最为严重的是 20 岁到 29 岁的黑人男性中有三分之一因犯罪而进过监狱。（新加坡《联合早报》，1995 年 10 月 19 日）美国黑人在婚姻和家庭方面的不稳定性对于其社会地位的提高和经济状况的改善有着消极的影响。

导致少数族裔收入低的另一个原因是"同工不同酬"，"在每一个职业范围内，墨西哥裔美国人挣的钱比盎格鲁（英国裔）美国人要少 20%—40%"（斯卡皮蒂，1986：91）。这种情况在黑人和其他有色人种族群中也很普遍。

尽管黑人家庭的稳定性低于白人家庭，他们的平均收入与白人之间还有不小的差距。但是与历史上黑人的悲惨境遇相比，美国黑人的社会地位、经济地位应当说在过去的 30 年里还是有了很大的提高，这一方面是黑人们自己努力的结果，另外也是政府政策引导的结果。种族冲突和暴力事件造成了美国社会的动荡不安和巨大的经济损失。政府感到有必要采取措施改善黑人的地位和经济状况。同时为了建立一些种族和谐的政治象征，芝加哥、华盛顿等大城市的市长开始由黑人政治家担任；1991 年曾经引起很大争议的联邦法院黑人大法官的任命，也是一个象征性事件，向社会显示黑人政治地位的提高。

在第二次世界大战中，美国兵员紧张，黑人士兵在战场上流血牺牲，是黑人群体地位在战后得以升高的重要基础。20 世纪 70 年代之后，美国黑人运动员、艺术家的大量涌现及其在体坛、艺坛上的成就，不仅使这些个人因高收入而获得自身地位的提高，美国白人也在逐渐改变对待黑人的态度。自"二战"以后到 90 年代，美国黑人总体的社会地位有了明显提高。

四、美国种族、族群关系发展的三个阶段

美国作为一个新兴的移民大国，存在着世界上最复杂的种族、族群关系。美国的族群，来自全世界各地，来源最纷杂，除了印第安人之外，在今天的美国哪一个族群也没有自己的"祖居地域"。在美国的历史上曾多次爆发种族冲突和族群冲突，因为解放黑奴甚至爆发了南北战争。这使得美国的种族、族群问题具有一定的特殊性，也使得美国的种族、族群问题研究，在政府和社会的重视下最为发达。在西方关于族群关系的社会目标的许多种理论中，美国社会学者提出的理论在西方社会十分流行。

戈登于1964年出版了《美国人生活中的同化》，该书当年即获得人类学、社会学学科的两项大奖。[①] 这本书重点讨论了美国民族关系社会目标的历史演变阶段，以及每个发展阶段的特点。他认为，美国处理族群关系社会目标的发展过程可以大致分为三个阶段。第一个阶段可以叫作"盎格鲁－撒克逊化"，它的文化导向是明确地以强化盎格鲁－撒克逊民族的传统文化为中心；第二个阶段叫"熔炉（主义或政策）"，主张族群之间彻底相互融合；第三个阶段叫"文化多元主义"，主张承认并容忍"亚文化群体"的存在。实际上，这三个阶段理论所反映出来的，是随着移民成分改变而造成的美国人口族群结构变化的三个不同阶段。

1. 美国族群关系发展的第一个阶段

这一阶段自英国向北美移民开始，直至20世纪初。最初建立的北美13州都是英国殖民地，主要的移民来源是英国，而且移民们大多是受到宗教压迫、政治迫害而逃亡的英国新教徒和一些破产

---

① 其中一项是关于种族关系研究（Race Relations）的阿尼斯菲尔德－伍尔夫奖（the Anisfield-Wolf Book Awards），另一项是基督教与犹太教全国大会（the National Conference of Christians and Jews）的兄弟会奖（the Brotherhood Award）。

的英国农民。这些移民的文化背景无疑都是英国（盎格鲁－撒克逊）的。为了这个移民的"主群体"与其他移民（在初期，爱尔兰人占很大比例）之间的整合，当时非常注重在移民群体中强化这种盎格鲁－撒克逊文化。

在杰弗逊时代，曾有美国国务卿曾公开宣称："我们的国家就是盎格鲁－撒克逊文化统治的国家，如果你不愿意学习英语，不愿意接受我们的文化，大西洋的门永远为你敞开，你可以回欧洲去。"甚至直到1909年还有人提出要用行政手段"割断"各移民集团与母国的联系，以此来达到同化移民的目的。那时政府的官方政策非常明确，即要求所有来到美国的移民都必须接受和学习盎格鲁－撒克逊文化。戈登用"A+B+C+……=A"这个公式来对这一政策的实质加以概括，"A"表示盎格鲁－撒克逊文化，即不管你是什么文化背景，来自哪一个国家，要生活在美国并成为美国公民，就必须盎格鲁－撒克逊化，这是一个由政府推行的、不间断的、完全的民族同化过程。这个阶段从英国人在北美建立殖民地开始，历经独立战争和南北战争，一直延续到20世纪初。

2．美国族群关系发展的第二个阶段

第二个阶段自20世纪初开始，直至50—60年代。随着欧洲遭受第一次世界大战前后天灾人祸的巨大冲击，大量来自意大利、德国、法国、西班牙、北欧各国的移民，甚至还有东欧的波兰人、俄罗斯人等为逃避战争和"十月革命"，不断涌入美国。① 移民人口的成分和民族比例改变了，在这种情况下继续实行先前的政策，要求所有的人都"盎格鲁－撒克逊化"，实际上是不可能的。当时的美国，形成了许多有一定人口规模、有特定民族文化背景的种族、民族集团，族群之间时常发生冲突，这使得美国的政治家和社会学家

---

① 波兰著名作家显克微支的中篇小说《为了面包》十分生动地描述了一家波兰农民如何来到美国，开垦林地，为了生活而艰苦挣扎的悲惨故事。

们很忧虑。

1918年美国上演了一部十分流行的戏剧，名字就叫《熔炉》。该剧描写的是由来自不同国度和具有不同文化背景的男女通过婚姻，组成了一个多文化、多宗教的美国家庭，它的成员们在日常行为、价值观念、思维方式、语言等方面存在深刻的差异，但是经过了长期的相互调适，最后相处得十分融洽。这个戏剧从一个侧面反映了当时美国社会中的族群交往情形。社会学家们认为这个家庭的演变结果是解决族群差异的理想结果，并乐观地认为戏剧中的这个家庭预示了美国社会的未来。后来，就借用"熔炉"来概括这一时期美国在族群关系方面的政策，戈登用公式表示为"A+B+C+……=E"，意即来自不同文化背景的人们（A、B、C……），经过在美国社会的共同生活，最后变成为具有美国文化特质的"E"，即"美国人"（American）。

由于美国东部主要是英国早期移民后裔的居住地，中部、西部因为有后来的新移民（爱尔兰农民、墨西哥人、华人、日本人等），才真正具有文化的多元性，所以有些学者认为真正的"熔炉"现象出现在美国西部。特纳在1893年提出西部才真正是形成美国文化的摇篮。随后，也有另外一些学者指出，移民混杂的大都市也是族群融合的摇篮。这些研究对美国各族融合的"熔炉"现象，无论从理论上还是场景上都做了十分精细的分析。

3. 美国族群关系发展的第三个阶段

第三个阶段自20世纪五六十年代开始到今天。第二次世界大战之后，美国的种族和族群问题并没有像政治家和学者们曾经预期的那样通过"熔炉"而得到完满的解决，族群间的文化差异也远非在逐渐消失。他们发现，在发生部分族群融合现象的同时，许多族群差异依旧顽固地保持了下来。

在美国，尤其是在城镇里，各族居民分地区居住的现象很普遍。如纽约的曼哈顿区，南部有"唐人街"（Chinatown），也叫

"中国城",这个地区的居民主要是华人,他们有自己善于经营的一些行业,如餐饮、珠宝、制衣、洗染,食品店里的中国食品集中了大陆以及台湾地区、香港地区的精华,各类"国货商品"无所不有,华人有自己的学校,广场上竖立着孔子像,有自己的报纸、广播电台,甚至还有电视台,完全形成一个"亚文化群体"(sub-cultural group)。在"唐人街"北面有一个"小意大利区",那里居住的都是意大利裔,讲意大利语,有意大利餐馆,社区的人际关系带有浓厚的意大利色彩。

获得1961年奥斯卡最佳影片奖的是一部歌舞片,名叫《西区故事》,讲述的是纽约市曼哈顿西区的波多黎各裔与意大利裔两个族群之间的械斗。剧中的男主人公是一个意大利裔青年,在舞会上爱上一个波多黎各裔姑娘,遭到两方家庭和亲友的激烈反对,在械斗中男主人公为了替朋友报仇,失手杀死情人的哥哥,他在潜逃中误信情人被复仇者杀死而走上大街求死,于是也被对方族群的复仇者杀死。族群隔阂和相互仇视,最终酿成一起起人间悲剧。

这个现代的罗密欧与朱丽叶的故事,反映了在小小的曼哈顿岛上,来自不同族群背景的居民们虽然经过了很长时间甚至很多世代的共同生活,但他们却依然保持着各自很鲜明的传统文化特点,并具有非常清醒的族群意识。即是说,尽管这些不同文化背景的族群来到美国后,也使用英语,按照美国联邦宪法和各州法律行事,承认这个社会总体的规范,能够作为这个社会中一个守法的公民而存在,但是他们依然保有原有的民族传统文化特征。这是一个不得不承认的现实,所以社会学家们说"熔炉不会总在运转"。

早在1915年,美国犹太学者卡兰(Horace Kallen)根据自己的体会就已经撰文对"盎格鲁-撒克逊化"和"熔炉"理论提出质疑,并提出美国实质上是一个"(各)族文化的联邦或共同体"(Gordon, 1964: 142)。卡兰在他1924年的文章中首次使用"文化多元主义"(cultural pluralism)这个词。他认为"(各族的)文化本身就具有价值",正是"在多样性的影响中才能出现创造性"

(creation comes from the impact of diversities)(Gordon, 1964: 147)。他的观点得到了一些学者的赞同,他们认为假如文化是单一的话,社会就会变得十分枯燥;正是这些族群文化差异的存在,可以迸发出很多的创造性,而人权的意义就在于不同文化之间的平等。这种"多元化"使得各地区的文化生活变得丰富多彩。戈登也用公式对此做了概括,即"$A+B+C+\cdots\cdots=E^A+E^B+E^C+\cdots\cdots$",表示族群交流和共同生活的结果是产生出保留了各族文化传统的"美国人"。

1964年,戈登在他的《美国人生活中的同化》这本书里第一次清楚地把这三个阶段划分出来,而且给予了上述理论分析与概括,全面地总结了美国族群关系社会目标的历史演变过程,出版之后在美国的政界和学术界产生了很大的影响。

他的"三阶段理论"对我们在思考族群关系时具有一定的启发性,使用行政手段强制实行民族同化是不会成功的,以美国的政治、经济、文化基础这样的优越条件来对零散进入美国的新移民实施同化,其结果尚且如此。但是,"文化多元"并不意味着各族群在政治、地域上实行"割据"而危害国家的统一,美国的"多元"之上有十分强大的"一体",州和联邦都是很强的政治实体。而且在美国不仅仅是政治上和经济上的统一,在文化层次上也有很强的"一体化",如使用英语,接受美国社会的基本价值观念和行为规范。事实上也很简单,不会讲英语在美国就寸步难行,不接受美国的价值观念和行为规范就无法在美国社会里与其他人和各种政府机构打交道,更谈不上就业和发展。所以,"文化多元"并没有保留具有真正独立意义的"文化群体",只是允许在接受"共同文化"的前提下保留了原有传统文化某些特点的各个"亚文化群体"的存在。允许发展有民族背景、真正的具有自治倾向的"文化群体",也将危害美国的政治统一。当然,这种情形也决不会为美国政府所容忍。

在戈登之后,许多美国社会学家对美国族群关系的有关理论也在继续进行探讨。又出现了"生成文化论"和"碰撞一体化理论"。前者表示在多元文化的环境中,人们会"生成"一种新的文化形态,如一个中国人逐渐变成一个华裔美国人,这时他已经不再是一个中国人了,他的在美国出生的孩子与中国人的距离就更大了,他们加入了生成的"华裔美国人"的族群。后者认为通过与其他族群交叉作用(碰撞)的结果,各文化集团逐渐改变着自身并逐步融合进美国主体文化。(杨国美、黄兆群,1991:6—7)

对于各个少数族群在美国如何发展,波特斯(Alejandro Portes)提出了"族群聚集区经济模式",强调在少数族群成员的社会流动和争取社会地位方面,族群聚集区(如"唐人街")的经济发展和族群社会网络能够起到重要的作用,而且可以成为少数族群(特别是新移民)融入主流社会的另一条途径。(Portes, 1980)关于纽约的研究也充分说明了"唐人街"在社会、经济方面的潜在力量和为华人移民适应美国社会所起的正面作用。(周敏,1995)

五、美国现实社会中的种族、族群关系

由于各族群结构性差异的存在,可以说在美国社会存在着各个种族、族群之间"事实上的不平等"。这种在社会地位、经济收入等方面的差异,导致了种族、族群之间的矛盾与冲突。从早期殖民者对土著印第安人的大屠杀,到南北战争前白人对几百万黑人奴隶的残酷压迫,这种矛盾与冲突贯穿着美国的整部历史。

1776年美国独立后,即迅速开始扩张领土。1803年从法国手中得到了密西西比河西岸的"路易斯安那省"(包括现在的9个州),1819年从西班牙手中夺取了佛罗里达,1845年从墨西哥手中夺取了得克萨斯,1846年占领了西北的3个州,1848年再次打败了墨西哥,夺取了包括加利福尼亚在内的3个州,1867年从沙皇俄国手中购买了阿拉斯加,1898年战胜了西班牙之后,美国占领了波多黎各、夏威夷群岛、关岛和菲律宾群岛,1899年占领阿留申群岛,1904年巴拿马运河区被正式割让给美国。(Burner, 1982: 155)在这100年的大扩张中,美国领土增加了三倍多,中西部的

印第安部落、西南部的墨西哥人、太平洋各岛的土著居民都落到了美国的统治范围之中。

1. 黑人反对种族歧视、压迫的抗争

黑人是美国社会上长期受压迫的族群，作为奴隶劳动力，黑人在1865年南北战争胜利后从法律上获得了解放，但是使黑人成为"自由人"需要一个过程。南部白人农场主组织了"三K党"，对争取实施自由权利的黑人施行私刑。1871年政府颁布了制止"三K党"活动的法律，但之后"三K党"在南部各州多次复活，鞭打、杀害黑人的事件时有发生。一直到"1957年和1958年，在南卡罗来纳、亚拉巴马、佐治亚和南方其他各州，杀害黑人是不受任何惩罚的"（富兰克林，1988：543）。美国各州长期以来实行种族隔离政策，（吴泽霖，1992：55—58）而当联邦政府颁布了废除种族隔离的各项法令，许多地方政府仍顽强地抵制。1957年原南部联邦的11个州联合反对联邦最高法院关于取消学校种族隔离案件所做的裁决，直至总统因州长无视法院命令而派出联邦军队时，黑人儿童方能入学。黑人与白人种族主义者之间的斗争始终没有停止。种族歧视行为和黑人反抗斗争对美国的社会稳定和经济发展造成巨大的损失。"据1962年经济顾问委员会估计，为种族歧视而付出的全部代价约值173亿美元，即国民生产总值的3.2%。"如1965年洛杉矶瓦茨地区的一次种族暴乱，即造成了34人死亡，1032人受伤，3952人被捕，财产损失约4000万美元。（富兰克林，1988：565—566）

由于黑人人数在包括华盛顿在内的许多大城市中超过或接近人口的半数，为了争取黑人的选票，美国两党的政治家们开始关心黑人问题。1960年黑人运动领袖马丁·路德·金被关押，正在竞选总统的肯尼迪设法使他开释，从而得到了黑人的好感。人们分析正是黑人的选票使肯尼迪当选。1963年马丁·路德·金博士在华盛顿的集会上发表了《我有一个梦想》的著名演说，号召黑人、白

人相互包容。但是随后肯尼迪遇刺，1968年马丁·路德·金自己也被人枪杀，他死后，美国各地的100多个城市里连续几天发生骚乱、纵火和抢劫。1967年的"黑人权力会议"，要求"把美国分为两个独立的国家，一个是白人的祖国，另一个是黑人的祖国"。黑人组织了激进派的"黑豹党"，该党的发言人宣称，美国面临的选择要么是"黑人的彻底自由，要不就是美国的彻底毁灭"（富兰克林，1988：571）。当时黑人的暴力斗争遍及全美国，毛泽东主席为此专门发表了支持美国黑人斗争的声明。

这种斗争一直延续至今。1995年由于法院宣判殴打黑人司机的白人警察无罪，引发洛杉矶黑人的又一次暴动与骚乱。同年由于实行多年的《平等就学、就业法案》面临取消，黑人对于今后的前景十分担心。由激进派黑人领袖法拉汉发起的"黑人百万人大集会"，吸引了来自全国各地的40多万黑人参加，激烈地指责政府，反映了黑人焦虑和愤怒的心情。

2．一度濒临灭绝的印第安人

印第安人是世世代代居住在美洲大陆的土著居民。经过白人殖民者的多次大屠杀后，残存的印第安人被驱赶进了不毛之地的"保留地"，之后由于恶劣的生存条件又有大量人口死亡。在1860年之前，美国政府在统计美国人口时不包括印第安人。1980年普查表明美国有140万印第安人，"自1860年……以来，这是这个民族在美国第一次超过100万人"（罗贝，1988：141）。

由于受到政府的限制，印第安人很长时间以来不能离开"保留地"，这对他们接受现代学校教育、参与现代经济活动极其不利。在白人的小说、电影中，印第安人总是面目可憎的"吃人生番"。1992年拍摄的《与狼共舞》是许多年来第一部正面描写印第安人的电影。存在于白人与印第安人之间的隔阂，实际上比白人与黑人之间的还要深。自20世纪80年代以来，许多部落的印第安人，根据历史上美国政府签署的后来被白人单方面撕毁的协议、契约，在与白人打官司，要求退还被侵占的土地并要求赔偿。印第安人的"索地运动"虽然规模不大，但是也成为困扰各州和联邦政府的一件令人头疼的事。

"美国印第安人运动"通过30多年的斗争，在20世纪80年代获得了免税和自治等权利。为了缓解印第安人的贫困问题，1988年美国国会通过了《印第安人博彩管理法》，准许各州印第安人部落开设以赌博为主业的夜总会。1993年有18个州的印第安人部落设立了100家夜总会，年营业收入达60亿美元。《印第安人时报》总编辑认为，虽然这种经营可以使一些部落致富，但是"必然彻底改变道德标准和价值标准，从而加速我们（印第安人）文化的灭亡"。（《环球文萃》，1994年8月7日）

3．谨慎发展的亚洲人

亚裔美国人中最大的族群现在是华人。美国的华人最早是作为"苦力"来到美国的，这种用几元钱招募的华工，一旦上船之后便被关入底舱，所受到的待遇与黑奴一样。他们参与了西部铁路和其他艰苦工程的修建，但在这些工程结束之后，他们中很多人被集体屠杀，那些侥幸活下来的人因无路费回国，只好居住在"唐人街"里。1851年，加州有2.5万华人，1870年达到6.3万人，其中73%住在加利福尼亚。（吴景超，1991：38）1882年的《排华法案》和其他法律，禁止华人成为美国公民。"从1854年到1874年，有一条法律禁止中国人在法庭上提供不利于白人的证词，这实际上等于公开宣布可以任意凌辱华人，华人遭到抢劫、伤害和攻击时，法律是不管的。""1871年在洛杉矶，一伙白人歹徒一夜之间射杀、绞死了20名左右的华人。"（索威尔，1993：178—179）

由于受到各种法律的限制，华人在美国的发展十分艰难。许多职业禁止雇佣华人，直至1920年，美国就业华人的50%以上只能在洗衣店或餐馆打工。华人开办的商店、企业"被课以特别税和附加税"（索威尔，1993：181）。由于《排华法案》的影响，美国

华人从 1890 年的 107488 人减少到 1920 年的 61639 人。（陈依范，1987：243）

处于太平洋战争中的美国政府，出于对日作战的实用主义的考虑，终于在 1943 年废除了《排华法案》，允许华人加入美国籍，同年把华人每年移民限额定为 105 人，1945 年《战时新娘法案》使包括华人在内的 11.8 万美军配偶移民美国。1965 年之后，把各国移民限额改为东半球每年移民 17 万人、西半球每年移民 12 万人，1976 年每国移民限额都定为 2 万人。（陈依范，1987：259）只有在这些新的移民政策实施之后，华人才可能迁入美国定居。

与其他移民族群相比，美国华裔族群的发展有一个特殊的问题。最初来到美国的华人大多是男性，1860 年华人的男女性别比例为 20∶1，1890 年为 27∶1。美国当时的法律禁止华人与白人通婚。所以美国的第一批华人中很少留下后代，直至 1940 年，美国华人的大多数都是在美国之外出生的新移民。由于历史上遗留下来的对华人的特殊歧视，在灾害和经济困难时期，美国华裔决不向公共救济伸手，而靠华人内部的互助渡过难关。1933 年经济大萧条时，纽约的白人中有 9% 接受联邦政府的失业救济，华人中仅有 1%。（索威尔，1993：187）与激烈反抗斗争的黑人不同，美国的华人是在政治上、经济上避免与白人竞争，而主要凭靠自身努力和互助来逐步改善社会地位、经济状况的一个十分谨慎的族群。

第二个重要的亚裔族群是日本人。日本人移民美国始于 18 世纪末，20 世纪初达到 10 万人。与华人的移民方式不同，日本移民都是经过日本政府挑选的青壮年，他们在美国的权益得到了日本政府的保护。与华人"苦力"不同，90% 以上的第一代日本人主要从事农业、商业和体力劳动。由于许多妇女从日本来到美国与移民男子结婚，很快就有了取得美国公民权的第二代日裔。日本移民农场主凭靠子女的公民权在 1913 年《外籍人土地法》颁布之后仍然保存了土地。由于这几个方面的原因，日裔族群在美国社会里的发展远比华人要顺利得多。

1941 年 12 月的 "珍珠港事件" 引发了美国人对日裔的愤怒，第二年有 10 万居住在美国西海岸的日本人被运送到阿肯色州的拘留营。这次被迫的迁移使日裔损失了 4 亿美元。但是同时也有 30 万日裔美国人作为美国军人参战，在欧洲作为一线士兵，在太平洋作为翻译人员。战后日裔族群得到了很快的发展，由于他们的勤奋和团结，他们在日裔集中的夏威夷州竞选议员和州长获得成功，在今天的美国政坛上，日裔是最成功和最有影响力的亚裔族群。

但是随着日本经济的发展和对美贸易巨额出超，受到日本产品影响的美国汽车行业和其他行业的工人中产生了新的反日情绪。针对日本人的暴力事件近年来时有发生。

在美国的菲律宾裔人数不少，1980 年在各亚裔族群中仅排在华裔之后，但是与其他族群相比，居住分散，对美国社会的影响不大。在美国大城市的韩国移民人数虽然不多，但是自 20 世纪 70 年代以来发展很快，由于勤恳和团结，韩国移民在 80 年代迅速占领了包括纽约在内的许多大城市的蔬菜、水果零售业。华裔、日裔和韩裔的一个共同特点是十分重视子女的教育，这也许与各国文化传统有关。亚裔学生在中学里的杰出表现，令白人社会十分惊奇。80 年代后期加州大学限制亚裔学生入学比例，充分反映了白人社会的担心和对亚裔歧视的坚持。

4. "二等白人" —— 拉丁美洲裔

在人口规模上，拉丁美洲裔移民是仅次于白人和黑人的族群。在过去的一些普查中，他们有时也被统计为白人。但是他们讲西班牙语，肤色较黑，信仰天主教，很容易与其他白人区别开来。其中最重要的是墨西哥裔，其次是波多黎各裔。在历史上，美国西南部的几个州（得克萨斯、新墨西哥、加利福尼亚等）曾属于墨西哥，美国在战争中夺得了这些土地。那时许多农场为墨西哥农人所有。在 1854—1930 年期间，美国联邦政府征收了 200 万英亩（约 8094 平方千米）墨西哥裔的私人土地、170 万英亩（约 6880 平方千米）

墨西哥裔社区拥有的土地和 180 万英亩（约 7284 平方千米）其他土地，没有支付任何补偿，"这些土地的失去毁灭了墨西哥裔美国人农庄的经济基础"（Simpson and Yinger, 1985: 186）。

由于语言差异和教育水平较低，拉丁美洲裔在美国社会中的发展处于不利的竞争地位。地理上的便利条件使每年都有大量的非法移民从墨西哥进入美国，从他们踏上美国国土的那一天起，他们就成为移民局和警方搜捕的对象。报刊上披露的许多警察暴力事件，都是与这些墨西哥裔非法移民联系在一起的。关于墨西哥裔非法移民的纠纷，有时演变成为美国与墨西哥两国之间的外交交涉。美国西南部的农场主年复一年地需要季节性廉价的墨西哥劳工，承认他们是支撑美国农业的重要基石，但是又绝对不希望他们留居美国，这种纯粹为剥削廉价劳动力的思考方式是墨西哥非法移民问题的主要根源。

美国最近几次人口普查的分类中把拉丁美洲裔从"白人"中区分出来，在一定意义上反映了白人社会对他们采取的一种"非我族类"的态度和歧视。在美国，拉丁美洲裔实际上是"二等白人"。

5. 如何看待"平等"和"公平竞争"

美国是标榜"平等"的国家，但是美国的"平等"观与我们一般认为的"平等"并不完全具有同样的内涵。美国的"平等"指的是"机会的均等"和"公平竞争"，但是不考虑竞争者在自身条件方面具有的差异。一个由于家庭贫寒而仅上了 4 年小学的墨西哥裔青年，在就业市场上如何去与一个大学毕业的白人富家子弟竞争？在这种"公平竞争"机制下，社会地位高、收入丰厚的工作和低收入工作也许在很大程度上将分别由不同的族群（如白人和黑人）"世袭"下去。在考试中，"在分数面前人人平等"是一个公平的原则。但是这个原则如要真正公平，必须充分考虑各种前提条件，历史上几个世纪所造成的学习基础的不平等，不是单靠给予"平等的准考资格"就可以立刻消除的。

马克思主义关于民族之间的平等问题，提出了"法律上的平等"和"事实上的平等"两个范畴。在法律上废除种族和族群歧视，实现族群的平等权利，只是族群平等的第一个阶段。只有通过各项措施和长时间的不懈努力，帮助原来被压迫、被剥削的落后民族在教育、专业训练等方面赶上先进民族，①消除各族群之间的结构性差异，使所有的族群在社会的竞争中都能站在一条起跑线上，才能实行真正的公平竞争，并发展到"事实上的平等"。只有这样的思路和做法，才是真正的力图实现公平、平等、自由的社会。

6．少数族群之间的关系

最近在美国出现了一些令人不安的倾向，就是随着经济的不景气和失业率的升高，一些少数族裔群体（特别是黑人）把自己的不满情绪发泄到其他少数族群的身上。黑人人数多，在许多大城市里接近或超过总人口的50%，由于家庭不稳定、平均教育水平低，他们在社会地位和经济收入方面的改善程度有限。有些黑人觉得无法与白人抗争，但是作为历史悠久的美国人，他们对亚洲新移民在教育和经济上的发展心理很不平衡。1991年一个韩裔店主殴打了一个偷东西的黑人孩子，结果导致了纽约市黑人与韩裔之间持续几周的冲突。1995年，因法院判决殴打黑人出租汽车司机的白人警察无罪，洛杉矶黑人发动了几周的骚乱，在纵火和抢劫的对象中，首当其冲的却是韩裔杂货店和华裔餐馆。

面对各种复杂的局势，美国的各个亚洲族群都在呼吁内部的团结，并在努力与黑人族群、拉丁美洲族群进行沟通和协作。今天美国最富有、最有权势的人依然是白人，少数族裔应当加强相互之间的沟通与协作，同时联合同情有色人种的白人民众，为争取自己的

---

① 列宁认为，为了帮助落后的小民族发展起来并达到"事实上的平等"，过去压迫过他们的大民族必须遵守对"压迫民族即大民族要以对待自己的不平等来抵偿生活中实际形成的不平等"。（列宁，1922/1959：628）

合法权益而携手努力。

美国的种族歧视虽然在联邦法律上是被禁止了,但是在各州的法律以及各地区自行设定的地方法规中,仍然保存着一些种族歧视的内容。而且也总有一些人为种族歧视制造舆论。1994年美国出版的《贝尔曲线》一书,从一次智商测验中黑人平均比白人低15个百分点这件事出发,试图证明黑人的遗传基因使黑人天生就比白人愚蠢。(《中国青年报》,1994年10月28日)影响智商的因素除了遗传基因外还有其他许多的后天因素,测验的具体情况也可进一步分析,但是这件事多少证明了种族偏见至今还根深蒂固地留存在一些人的头脑里。随着中国经济的迅速发展,又有一些人在制造"黄祸"和排华的舆论,要在美国真正实现林肯、马丁·路德·金的种族、族群平等之梦,还有相当长的一段路要走。

参考书目:

安德列·莫鲁瓦:《美国史——从威尔逊到肯尼迪》(André Maurois, 1964, *A History of the USA: From Wilson to Kennedy*, London: Weidenfeld and Nicolson),复旦大学历史系世界史组译,上海:上海人民出版社,1977年。

布·罗贝:《美国人民——从人口学角度看美国社会》(Bryant Robey, 1985, *The American People*, New York: Truman Talley Books),董天民等译,北京:国际文化出版公司,1987年。

陈碧笙:《世界华侨华人简史》,厦门:厦门大学出版社,1991年。

陈依范:《美国华人史》,韩有毅等译,北京:世界知识出版社,1987年。

丹尼斯·吉尔伯特、约瑟夫·A.卡尔:《美国阶级结构》(Dennis Gilbert and Joseph A. Karl, 1987, *The American Class Structure: A New Synthesis*, Chicago: The Dorsey Press),彭华民等译,北京:中国社会科学出版社,1992年。

弗·斯卡皮蒂:《美国社会问题》(Frank R. Scarpitti, 1974, *Social Problems*,

Holt: Rinehart and Winston, Inc.），刘泰星等译，北京：中国社会科学出版社，1986年。

列宁：《关于民族或"自治化"问题》（1922），《列宁全集》第三十六卷，北京：人民出版社，1959年，第628—634页。

托马斯·索威尔：《美国种族简史》（Thomas Sowell, 1981, *Ethnic America: A History*, New York: Basic Books, Inc.），沈宗美译，南京：南京大学出版社，1993年。

吴景超：《唐人街：共生与同化》，筑生译，天津：天津人民出版社，1991年。

吴泽霖：《美国人对黑人、犹太人和东方人的态度》，北京：中央民族大学出版社，1992年。

杨国美、黄兆群：《中美学术界关于美利坚民族性质的研究》，《世界史研究动态》，1991年第7期，第2—7页。

伊恩·罗伯逊：《社会学》（Ian Robertson, 1981, *Sociology*, New York: Worth Publishers, Inc.），黄育馥译，北京：商务印书馆，1990年。

约翰·富兰克林：《美国黑人史》（John Hope Franklin, 1980, *From Slavery to Freedom: A History of Negro Americans*, fifth edition, New York: Alfred A. Knopf），张冰姿等译，北京：商务印书馆，1988年。

周　敏：《唐人街——深具社会经济潜质的华人社区》（Min, Zhou, 1992, *Chinatown: The Socioeconomic Potential of an Urban Enclave*, Philadelphia: Temple University Press），鲍霭斌译，北京：商务印书馆，1995年。

Burner, David, et al., 1982, *An American Portrait: A History of the United States*, New Jersey: Revisionary Press.

Glazer, N. and D. P. Moynihan, 1970, *Beyond the Melting Pot* (2nd edition), Cambridge: The M.I.T. Press.

Glazer, N. and D. P. Moynihan(eds.)1975, *Ethnicity: Theory and Experience*, Cambridge: Harvard University Press.

Gordon, M. M., 1964, *Assimilation in American Life: The Role of Race, Religion, and National Origins*, New York: Oxford University Press.

King, H. and F. B. Locke, 1980, "Chinese in the U.S.: A Century of

Occupational Transition", *International Migration Review*, 14（1）: 15-41.

Simpson, G.E and J. M. Yinger, 1985, *Racial and Cultural Minorities: An Analysis of Prejudice and Discrimination* (5th edition), New York: Plenum Press.

Sullivan, T. A., 1978, "Racial-ethnic Differences in Labor Force Participation: An Ethnic Stratification Perspective", F. Bean and W. Frisbie(eds.) *The Demography of Racial and Ethnic Groups*, New York: Academic Press, pp. 165-188.

边区开发中的民族研究[*]

在国家"七五"规划期间，由费孝通教授主持、北京大学社会学人类学研究所承担了"七五"哲学社会科学国家重点研究课题——"边区与少数民族地区发展研究"。自党的十一届三中全会以来，我国的体制改革逐步推开，对外开放的政策为我国的科技发展和对外贸易开创了一个新局面，中国进入了一个重要的社会现代化时期。在实现社会现代化的过程中，必然会产生许多与社会、经济发展密切相关的重大研究课题。这些课题是改革开放带来的新的发展形势所提出的，这些课题的研究成果也将深化我们对这些重大问题的理解并指导我们的实践，推动社会发展进程。"边区与少数民族地区发展研究"就是这些重大课题之一。

一、课题的提出

随着我国经济体制改革和对外开放的不断深入，沿海地区的经济发展速度很快，与西部和边疆少数民族地区在经济实力和人民生活水平方面的差距逐步拉大。[①] 在我们为沿海地区的迅速发展感到欢欣鼓舞的同时，"西部和边疆地区如何发展"也作为一个十分严

---

[*] 本文为潘乃谷、马戎主编的《边区开发论著》（北京大学出版社，1993 年），一书的"导言"，收入本书时做了删减。

[①] 当沿海已出现一批"亿元乡镇"（产值过亿元）的时候，西部一些省、自治区的总产值仍然只有几十亿。

峻的问题提到我们面前。

说这个问题严峻，首先是因为我国的西部和边疆地区地域辽阔、资源丰富，同时人口稀少，基础设施落后。粗略地说，从吉林的延边朝鲜族自治州算起，黑龙江、内蒙古、宁夏、甘肃、新疆、青海、西藏、云南、贵州、广西、海南，这12个省和自治区的全部或大部可以列入"边区和少数民族地区"这个范畴。除此之外，四川西部和南部、湘西、鄂西等也应当包括在内，以上区域超过了我国全部陆地领土的三分之二。

从自然资源的分布上看，我国能源（煤炭、石油、天然气）、矿藏（有色金属、稀土）、森林、草场主要分布在边疆和少数民族地区。这些地区还拥有丰富的尚待开发的旅游资源（如丝绸之路、拉萨布达拉宫等）。这些宝贵的资源为我国的经济发展提供着能源、原材料和资金。

西部和边疆地区人口稀少，从黑龙江的黑河到云南的瑞丽划一条直线，我国约94%的人口都位于线的东侧。我国人口的这种不均衡分布是由于各种因素（地理气候环境、交通条件以及历史上各地区之间的关系等）造成的。同时由于人口稀少，少数民族为本地居民的多数，历史上少数民族长期受到封建统治集团的歧视和压迫，所以这些地区发展经济的基础设施（工业和服务设施、交通通讯条件、能源建设以及教育和医疗条件等）非常薄弱。这就使得这些地区要实现经济起飞十分困难，在许多机会面前无法与沿海地区相竞争。如果这些能源与原材料产地在经济发展水平上与东部工业生产基地发生严重脱节，不但会造成全国经济发展区域间长期失衡的局面，而且势必影响东部地区今后的发展速度。

说这个问题严峻，还因为在西部和边区居住着我国的几十个少数民族，他们世世代代居住在这些土地上，在许多地区仍然是当地居民的主体和多数。我国政府为这些少数民族设立了行政上不同建制的民族自治区域——自治区、自治州、自治县（旗），《宪法》和《民族区域自治法》保障少数民族在政治上享有平等权利和在其自治区域的自治权利。这样就使我国的民族关系进入了一个平等互助的新时代。

但是从政治上、法律上的平等过渡到经济上、事实上的平等仍然需要一个过程，需要少数民族及其区域在经济、文化、教育、卫生等各方面发展到与汉族地区相同的水平。由于起点低、基础差，唯有少数民族地区的发展速度明显快于汉族地区，才能达到这一目的。自新中国成立以来，在中央政府的大力支持和汉族的帮助下，各少数民族地区的各项事业确实有了很大的发展，一些地区甚至可以说发生了翻天覆地的变化，但汉族地区与少数民族地区在教育、工业生产、基础设施等方面的差距始终存在。

进入 20 世纪 80 年代以来，东部沿海地区在改革开放政策下迅速发展，与西部和少数民族地区在经济方面的差距也在急剧扩大。我国为了保证重工业的发展，长期执行能源和原材料低价政策，而改革以来工业产品的价格相对放开，这就使得以提供能源和原材料（包括矿产品和农牧产品）为主的少数民族地区在区域间贸易交换过程中处于不利地位，使少数民族地区无法取得和积累为发展本地经济所急需的资金。经济上的差距又无可避免地要影响到少数民族地区群众与沿海地区居民在收入和生活水平上的差距，自 80 年代中期出现的原支边知识分子"孔雀东南飞"现象就是这一差距的产物之一。这些现象不但影响了区域之间的贸易关系，对民族关系也有不利的影响。

我国少数民族地区大多位于边疆，实行对外开放政策也给这些地区带来了多方面的影响。这些地区中的一些城镇对外开放，允许外国人来旅游、贸易和投资，近年的边境贸易迅速发展，这都无疑十分有益于活跃这些地区的经济。任何事物都具有两面性，实行对外开放在某些地区也不可避免地带来一些社会问题和消极影响。这些问题不但出现在沿海地区，对边疆少数民族地区的社会生活也有不容忽视的影响。

面对沿海和西部少数民族地区在经济发展方面不断扩大的差距，不少有识之士也在不断地呼吁并努力探讨改善这一局面的办法。其中较有影响的是 80 年代中期，中青年经济学者们中关于

"梯度发展理论"和"西部发展理论"之争。费孝通教授自1984年起开始把他的研究重点从沿海地区转移到边疆地区，一再强调在改革开放和我国的现代化进程中，一定要努力做到各民族的共同繁荣，并且强调指出"少数民族地区的发展不一定是少数民族的发展"，即是说在一些汉族居城镇、少数民族居乡村的地区，也许城镇的工业和经济发展起来了，但当地少数民族实际上受益不大。所以一定要具体研究各地区少数民族群众的经济发展和收入变化情况。

如何协调少数民族地区与沿海发达工业区之间的关系，如何协调边区内少数民族与汉族之间的关系，如何针对各个少数民族地区的特点为其设计出一条致富之路，最大限度地利用当地有限的条件和中央的扶助（资金、物资、智力等），使这些地区的经济得到迅速的发展，使人民的生活水平得到明显的提高，这不但关系到我国三分之二领土的政治稳定和经济繁荣，也关系到我国这个历史悠久的多民族大国能否保持统一，关系到在世界上一些多民族大国陆续解体和内部危机急剧深化这个潮流的冲击下，我国能否在现代化过程中走出一条多族群携手合作、共同繁荣的新路。对于中华民族这个多民族政治实体来说，这是个性命攸关的大问题，在当今世界，也是一个在理论上、实践上都极其重要的大问题。

"边区与少数民族地区发展研究"这个课题的意义就在这里。

二、课题的设计

我国的边疆和少数民族地区在地域上这么辽阔，各地区的历史、经济、民族构成、文化宗教传统等方面的情况又如此不同，课题组人数和资金又十分有限，从哪里入手，在各个地区应当主要研究哪些问题，这就需要对整个课题进行一个总体设计。

当所要研究的对象地域广大、内容纷杂的时候，制定出一些标准对之进行归纳分类，然后进行类型研究和对比，这是社会科学工作者经常采用的方法。费孝通教授在"六五"期间对我国小城镇的研究，也是先从分类着手的。类型的选择与划分是本课题总体设计的基础。

1．分类方法

对各地区的社会、经济发展状况进行类型划分可以采用许多种方法。"边区与少数民族地区发展研究"课题对各地区的分类主要参考以下几个方面：

（1）历史上的社会、经济类型。我国各边疆地区在历史上与中原地区和中央王朝的政治和经济关系各不相同，与中央政府和汉族的认同程度也因此而有所不同，各地区在新中国成立前所处的社会发展阶段也不一样，如有的地区已以土地租佃制度为主，有的地区仍然实行农奴制和奴隶制。虽然在新中国成立后各地先后开展了"民主改革"运动，建立了与汉族地区相同的行政和经济体制，但历史上长期占统治地位的那些旧制度和与之相联系的旧观念在人民群众中仍有相当的影响，这并不是用行政手段和政治运动就可以简单地消除的。不同的历史情况对新中国成立以来各地区的社会、经济变迁和今后的发展，必然会造成很不同的影响。

（2）各地区的民族构成和民族人口的分布格局。有的地区（如西藏自治区和新疆的南疆地区）目前基本上仍然由当地的一个少数民族（如藏族、维吾尔族）占居民的绝大多数。还有一些地区居住着两个以上的民族。此外，地区内这些民族如何分布也很重要。是混居在各个城镇农村，还是各自居住在各自的区域，相互之间泾渭分明，还是各民族人口居住在山地的不同高度而成为某种梯状分布（如云南一些地区），各种不同的居住分布格局对于民族之间的交流和区域内的经济整合无疑也会产生深刻的影响。

（3）宗教影响与文化特点。宗教、文化和生活习俗往往是密切联系在一起的。不同宗教之间的互容和互斥的程度也各不一样。各地区流行宗教的特点以及其对区域间文化交流的影响，给各地区的社会、经济发展打上深深的烙印。这也是我们对各少数民族地区进行类型划分的依据之一。

（4）经济生产的类型。各个民族都有其传统的经济活动（如蒙古族从事牧业、鄂伦春族从事狩猎、回族善于经商等），各地区的经济生产在结构上也会有所侧重。而不同类型的经济生产活动（农业、畜牧业、林业、渔业、手工业、贸易等）在发展过程中需要不同的条件，也会形成各自的特点。在研究当中对地域的划分可大可小，各地区的传统经济活动的划分也可粗可细，但经济生产类型这个因素，对于我们进行区域类型划分是不可忽视的。

（5）地理类型。各个民族自治地区在地理类型和自然资源分布方面都有其特点，或在草原戈壁，或在高原，或在丛林山地。这些特点决定了各民族的生存环境和经济活动，也对交通、贸易、人员往来产生不同的影响，对各地区的经济发展造成了各种有利或不利的条件。地理和自然资源分布特点是经济区域划分的重要因素之一。

2. 区域外的影响因素

除了以上这些各区域自身的特点之外，外部因素对各地区的社会、经济发展往往也十分重要。

（1）人口迁移，特别是各少数民族地区汉族人口迁入的数量和形式，他们的行业、职业结构，他们在迁入后与本地居民的关系，以及迁移对当地经济所产生的直接和间接的影响，这些都需要予以特别的关注。

（2）外来经济实体的植入及其对当地经济的影响。特别是在国家计划经济体制下，由国家部委投资、以外来汉族工人为主在各少数民族地区建立起来的大型工矿企业，会对当地经济发展产生不同程度的影响。

（3）现代教育和科学技术的传播。由于历史原因造成的各地区教育基础、与汉族地区的文化交流、本族文字教材的编写情况以及宗教影响等方面的情况很不一样，现代教育和科技在各少数民族地区的传播程度也不一样。

（4）商品贸易。各地区经济活动的商品化程度和商品生产的发展前景，既受各地经济传统的影响，也受各地与区外、国外贸易状况和发展条件的影响。

（5）中央政府的财政补贴和外来投资。各地区能从中央政府得到多少财政补贴和贷款，能引入多少其他地区和国外的投资，是各少数民族地区经济发展的一个重要制约因素。

综上所述，来自区外的资金、技术、人员（包括管理人员、科技人才、熟练技工和一般劳动力）、经济实体和贸易机会这五个因素在我国各少数民族地区的作用程度是不同的。这五个因素是类型划分中必须考虑的境外因素。

3．社会、经济发展中面临的主要问题

由于各地区的历史、社会结构和经济基础不同，受境外诸因素影响的程度不同，我国各少数民族地区在当前社会、经济发展中所面临的主要问题也不完全相同。我们对各地区进行类型划分的目的是为了理出一个头绪，从而对我国各少数民族地区在发展中存在的重大的、具有典型性的问题组织调查研究。根据我们已有的对各地区发展情况的知识和以往调查的认识，可以归纳出一些带有普遍性的问题，这从另一个角度为我们的类型划分提供了参考。下面是我们归纳出的在我国各少数民族地区多少带有普遍性的问题：

（1）人口迁移和移民与本地居民的关系问题；
（2）各民族集团之间的关系现状与发展趋势；
（3）民族教育事业（指用本族语言）和教育体制；
（4）中央的财政补贴和境外资金的引进；
（5）外地植入的工矿企业在当地的经济扩散和技术辐射；
（6）商品流通、集市和边境贸易；
（7）农村基层经济活动的组织与社区发展；
（8）小城镇与城乡协调发展；
（9）交通、通讯、能源、基础设施的建设；
（10）生态环境与持续发展；

（11）人口增长与计划生育；

（12）与国外的联系以及跨境民族问题；①

（13）宗教与传统文化。

这些问题当中有些在汉族地区也存在，有些只存在于部分而非全部少数民族地区。此外，各地区在发展中所面临的首要问题也各不相同。

4．区域划分

根据以上三个方面（分类方法参考因素、境外影响因素、发展中的主要问题），我们可以把我国各主要边区和少数民族自治区域粗略地划分为 9 个不同类型的地区（见图 11-1），各地区发展中面临的主要问题依照重要程度依次排列在图左下部的表中。图中各区域内用圆圈标示出来的数字，是课题组在"七五"期间在该地区已经开展的社会调查所选定的专题。

图中的划分自然仍是十分粗略的，每个区域内部还可进一步划分。我国少数民族地区类型划分的工作，我们准备在今后的调查过程中去逐步完成。下面把目前划定的这几个区域的类型做一些简略的介绍：

（1）吉林省延边朝鲜族自治州是个民族成分比较单一，教育、科技和经济发展在少数民族当中最发达的地区。需要研究的主要问题是跨境民族、与境外的贸易和文化交往。

（2）黑龙江省是以汉族移民及其后裔为居民绝大多数的边疆省份。需要研究的主要问题是人口迁移和边境贸易。

（3）内蒙古自治区是蒙古族的传统居住区，目前蒙古族仍然有一部分在草原从事传统的畜牧业。汉族移民及其后裔已成为人口的大多数，主要集中居住在城镇和南部农区。大城市（如包头、呼

---

① 跨境民族问题包括跨境问题的历史形成，境内外各部之间的政治、经济、文化交往、民族认同程度和今后关系格局的展望。

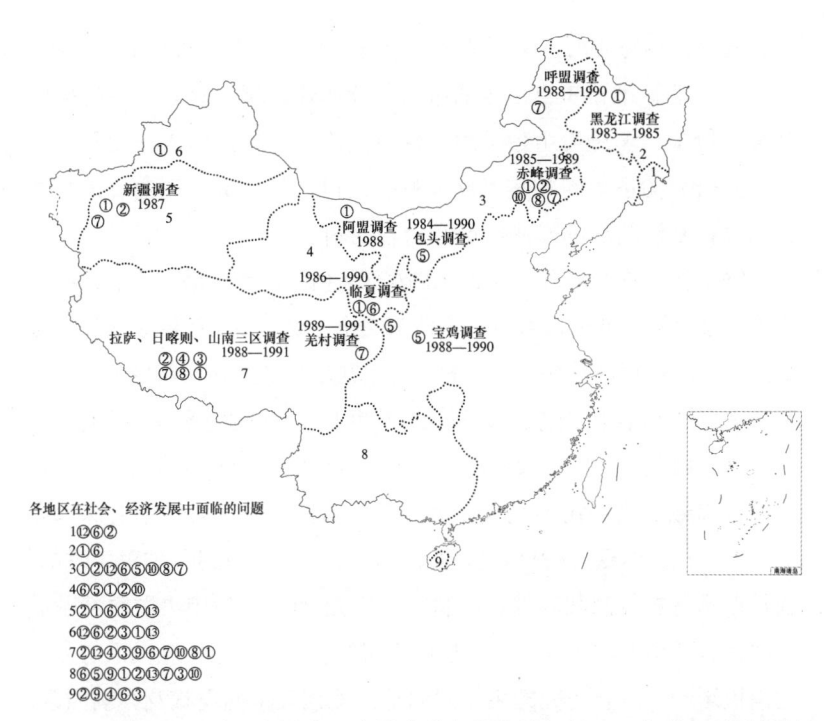

图 11-1 我国边区类型划分与北大社会学人类学研究所 1990 年前已开展的调查，审图号：GS（2019）5310 号

和浩特）里拥有相当规模的由外部植入的工业。研究的主要问题：人口迁移、区内民族关系、跨境民族、集市与边境贸易、外部植入企业的扩散作用、生态环境（草原沙漠化）、小城镇建设、农村基层组织以及南部农业、北部牧业、东北部林业各类地区的发展道路探索。内蒙古自治区面积大，各部分的情况和发展中的问题互不相同，必须对具有不同特点的各部分分别进行调查。

（4）这个区域包括宁夏回族自治区以及甘肃和青海的海东、海西的大部是个多民族混杂居住区，位于内蒙古、青海、川西三大牧区与汉族农业区域的结合部，又位于"丝绸之路"上，历史上即是我国西部的重要商业贸易中转地，新中国成立后，一方面城市里植入一批骨干企业，另一方面由于生态恶化，"三西"地区成为我国的重点扶贫区。这个区域要研究的问题有：贸易流通、大工业辐射作用、人口迁移与流动、贫困地区的脱贫道路、民族关系和生态环境。

（5）新疆维吾尔自治区的维吾尔族居住区域，有着浓厚的伊斯兰文化传统，解放后组建了生产建设兵团并从外部植入一批骨干企业。要研究的主要问题是民族关系、人口迁移、贸易流通、民族教育、农村基层组织的发展状况和宗教问题。

（6）新疆维吾自治区北部和西部是由哈萨克、塔吉克、乌孜别克等跨境民族居住的区域，有伊斯兰文化传统，多民族混杂居住，是我国重要的畜牧业基地。研究的主要问题是跨境民族、与境外的贸易和文化交往、区内民族关系、民族教育事业、人口迁移和宗教问题。

（7）西藏自治区以及青海、甘肃、四川、云南的藏族居住区，这个地区以藏族为居民的绝大多数，藏传佛教在城乡居民中有深远影响。在近代，西藏与中央政府的关系曾经历过一些曲折。"民主改革"前长期实行农奴制和政教合一制度，"民主改革"后中央财政补贴成为西藏各项事业的支柱。境外达赖集团的宣传对当地民族关系有一定的消极影响。需要研究的主要问题是：民族关系的现状及影响因素、宗教问题、中央财政补贴的作用、民族教育事业的发展、交通及能源等基础设施的建设、商品流通和边境贸易、农村基层组织近几十年来的演变和发展趋势、生态保护、城乡协调发展及区内外人口迁移状况。

（8）这个区域包括云南、贵州、四川凉山、鄂西、湘西和广西西部，在这个以山地为主的地区混杂居住着几十个民族，他们在解放前处于社会发展的不同历史阶段，语言、宗教、文化、习俗等方面相互差别很大，这方面与内蒙古、新疆、西藏等这些以一个少数民族为主集中生活在一块辽阔的世居土地上的形态很不相同。在这里需要研究的主要问题有：商品流通与跨境贸易、外地植入大工业的辐射作用、交通及通讯等基础设施建设、人口迁移、民族居住格局和民族关系、宗教影响、农村基层组织形式的演变和社区发展、民族教育事业和生态环境的保护。

（9）海南省的黎族居住区，由于海南建省和特殊的开放政策，该地区从落后封闭的不发达地区一跃而进入对外开放和吸收外资的前沿，是我国各少数民族地区中社会、经济发展环境变化最快、经受经济和文化冲击最大的地区。在某种意义上，这个地区可以被看作是少数民族集团如何在适应社会环境飞速变化的情况下实现自身现代化的一个试验区。研究的主要问题是：各民族在经济活动、收入各方面的差距、民族关系、基础设施的建设、中央财政支持和区外资金的引进、商品流通以及民族教育。

类型和区域民族集团的划分还可以依照研究的重点和角度进行多种组合。如第一区（延边）、第三区（内蒙古）、第六区（新疆西、北部）和第八区（云、黔、桂等地）的边境地带都存在着跨境民族，从这个角度又可以把它们归为一类来进行相互间的比较研究。

第四区（宁夏、甘肃、青海）、第五区（南疆）和第六区是我国主要的伊斯兰教文化区；第三区和第七区（藏族地区）是我国的藏传佛教文化区；第八区的许多民族长期保持着原始的自然崇拜和多神信仰，可以算为原始宗教文化区。①以上这些地区因此又可以按宗教特点来划分群体并进行比较研究。

没有区域特点的归纳和基本类型的划分，面对56个民族和617万平方公里的地域，②我们的课题研究就会无从下手。但这一归纳和划分又不可能太细，因为我们对各地区的各民族在社会、经济发展特点上的了解只能在调查和研究的过程中逐步形成和深化，我们的类型划分也只能在实践进程中逐步完善。

三、课题的进行情况

在《边区开发论著》的"前记"中，费孝通教授已经介绍了他是怎样完成研究重点的"战略转移"的。在费孝通教授的主持下，

---

① 在这个区域内，还有部分彝族、苗族信仰基督教，傣、布朗、德昂等族信仰小乘佛教。

② 这是1990年统计的全国民族自治地方总面积。(《中国统计年鉴》，1991年，第66页)

北大社会学人类学研究所的边区课题是从人口迁移这个题目起步的，最先开始进行调查的是黑龙江。

（1）黑龙江的移民调查是在费孝通教授指导下，自 1983 年开始组织，由哈尔滨市社科所的几个同志具体实施的。在课题进行期间他们出版了《黑龙江移民概要》等阶段性研究成果。

（2）我国近百年来大规模人口迁移的路线，除了"闯关东"以外，就是"走东口""走西口"进入内蒙古地区。20 世纪 80 年代中期，黑龙江人口约 3000 万，内蒙古人口约 1800 万，两省区解放初期人口仅为目前的三分之一，然后迁入三分之一，繁衍三分之一。所以人口迁移的第二个研究地点选了内蒙古自治区。

归纳内蒙古自治区的特点，有农区、牧区和林区，有蒙古、汉等民族，从经济活动类型和民族构成特点以及地理环境等方面考虑，费孝通教授认为位于内蒙古中部的赤峰（原昭乌达盟）是内蒙古的一个缩影和代表。在对赤峰进行实地考察之后，费孝通教授于 1988 年发表了《赤峰篇》，提出了除人口迁移之外，赤峰还存在民族关系和与生态恶化有关的农牧矛盾这两个主题。

1985 年，课题组开始在赤峰地区组织大规模抽样户访调查，共访问了 41 个自然村的 2000 多户蒙古族、汉族农牧民。研究的重点是人口迁移和民族关系。在人口迁移方面，着重研究移民的迁移过程和他们与本地居民的融合程度。在民族关系方面，着重研究了语言使用、居住格局、社交条件、族际通婚以及蒙古族、汉族居民收入差距等问题。这一调查的部分成果已陆续发表。

1987 年，我们又组织了第二次赤峰调查，调查的对象是翁牛特旗的 6 个建制镇，抽样户访 1300 户，研究的主题除人口迁移和民族关系外，又增加了集市贸易和农村劳动力的转移。1989 年进行的第三次赤峰调查采取的是社区调查的方式，重点调查了半农半牧区的一个自然村，探讨这个社会的社会变迁和经济发展中面临的问题。

（3）1987 年课题组在新疆开展了人口迁移和民族关系方面的调查。四个调查地点选自维吾尔族集中居住的南疆和吐鲁番这两个地区、哈萨克族居住的北疆伊宁地区和汉族生产建设兵团的总部石河子，共抽样调查了1500多户。

在1987年至1989年期间，新疆社会科学院参加边区课题的研究人员先后在南疆的4个县进行了深入的社会调查，重点在研究贫困地区的社会、经济现状和发展道路。

（4）费孝通教授于1985年先后访问了包头和呼和浩特，发表了《包头篇》，讨论少数民族地区引进的大工业企业"工厂办社会"的问题。边区要发展工业，如何发挥好外地植入大企业的作用是个关键。事实说明，由于这些大企业在经营中实际上形成了封闭性社区，从而未能对周围地区发挥应有的辐射和扩散作用以带动整个区域的经济发展。一方面这些大企业人才密集、技术先进，但自我封闭，作用没有发挥；另一方面附近市、县缺乏人才和技术，虽然搞了一点小工业，但是起步艰难。费孝通教授把这类现象称为"人文生态失调"。

在这个研究思路的指导下，课题组先后在包头、宝鸡和甘肃的金昌等地开展了一系列专题调查，研究包头钢铁公司和原"三线"军工企业等大企业与地方社区的关系和产品、技术扩散。

（5）不发达地区的农村要想把"自给自足"的自然经济转变为商品经济，贸易和市场开拓这个环节是必不可缺的。费孝通教授在甘肃的临夏回族自治州考察时，从回族这个有经商传统的民族为什么会定居在临夏（古代的河州）这个农牧区的相交地带这个思路开始，结合改革开放以来当地许多回族从事长途贩运致富并刺激了青海等地农牧区的经济发展这一事实，进一步提出要在发展经济的过程中如何发挥各民族传统优势这个专题。费孝通教授指出，西部农牧区的产品，需要有人深入基层去收购、贩运和经销，而回族生意人作为民间力量可以在这个方面发挥很大作用，并把贸易渠道一直延伸到新疆和西藏。费孝通教授在访问甘南藏族自治州时也一再表示，希望甘南的藏族可以成为西藏自治区与内地之间的一个贸易桥梁。

据这个思路，课题组于1987年底在甘肃临夏回族自治州组织了 4000 户的流动人口（长途经商）户访调查，随后又开展了集市贸易的专题调查。

费孝通教授在 1987 年提出了"黄河上游多民族经济开发区"的设想，提出要充分开发黄河上游丰富的水利资源，建坝发电，利用当地能源和矿藏发展冶炼业和加工业，从而使该地区成为整个西部地区经济起飞的"发动机"。为配合这一设想，课题组自 1988 年以来又组织了刘家峡等水库的移民调查和其他有关专题的调查。

（6）根据沿海地区的发展经验，乡镇企业是农村致富的一条重要途径。西部和边区的农村之所以比较穷，一个主要原因就是乡镇企业没有发展起来。为什么乡镇企业在这些地区发展不起来，小城镇也发展不起来？在 1988 年至 1990 年期间，我们带着这些问题在内蒙古的呼伦贝尔盟选了农区、牧区各种类型的四个镇进行了专题调查。

（7）新中国成立几十年来，我国各地的农村（也包括少数民族地区的农村和牧区）在基层组织和经济体制方面经历了多次重大变化，这是在社会深层发生的最值得研究的结构性变迁。无论在沿海地区还是在少数民族地区，关于农村社区变迁的研究都是极有意义的。也正是基于这样一种认识，我们课题组在边区许多地方的研究（如在呼伦贝尔、赤峰、西藏、阿坝等地的调查）都有社区调查的内容。

（8）西藏自治区由于其地理环境（高寒缺氧）、民族（藏族占 96%）、宗教（绝大多数群众信仰藏传佛教）以及历史上与中央政府的关系等因素在我国各少数民族地区中处于比较特殊的位置。要研究我国少数民族的发展不可能不研究西藏。自 1988 年至 1991 年期间，我们课题组与中国藏学研究中心合作在西藏开展了一系列社会调查。第一步是在拉萨、日喀则、山南三地区这个西藏的核心地带进行了大规模抽样户访调查，重点在了解城乡居民的家庭结构、户主情况、收入和消费、户主迁移史和工作经历等方面的基本情况。第二步在农村、牧区、城镇、寺庙选择有代表性的典型进行深入的社区调查。抽样调查与社区调查的结果相互印证，点面结合，以力求把握西藏城乡社会目前发展状况的全貌。第三步选择了当前西藏发展中面临的重大问题，开展综合性的专题研究。

以上简略地介绍了边区课题组在"七五"期间调查研究活动的进展情况。需要说明的是，这里所介绍的主要是北京大学社会学人类学研究所几年来进行的调研活动。参与这一课题研究工作的还有黑龙江、内蒙古、新疆、西藏、甘肃、云南等省区的研究人员。课题综合性成果已编辑成《边区开发论著》一书，1993年由北京大学出版社出版。

四、边区发展中的两个理论问题

在课题设计和调查实施过程中，我们一直在思考如何从理论上对边区发展道路的特点进行总结和归纳，并把我国的边区发展与其他国家在发展中提出的重大问题联系起来进行比较研究。在几年的调查研究过程中，我们感到有两个问题具有一定的普遍性，无论是在学术上还是在实践中都具有重要意义。

第一个是核心地区（指由多数民族居住的较发达地区）与边远地区（少数民族居住的不发达地区）在现代化进程中的关系问题。在我国就是中央政府、汉族地区与边疆各少数民族自治区域之间的关系。在边疆少数民族地区的社会、经济、文化发展过程中，比较发达的汉族地区应该发挥什么作用？在边区现代化过程中应当扮演什么角色？核心地区与边远地区在现代化过程中的关系，近年来已成为发展社会学的一个研究热点。

美国社会学家赫克特在研究了英国凯尔特人（Celts）之后，对于一个国家在发展本国经济过程中，经济较发达的多数民族聚居区和较不发达的少数民族聚居区之间的关系，提出两种不同的发展模式：扩散模式和内部殖民主义模式。扩散模式，是指在各族拥有平等权利的条件下，核心地区的社会和经济结构逐步扩散到边远地区，并使边远地区在社会与经济的发展方面达到核心地区的水平。

内部殖民主义模式则是不同的导向：它的实质是核心地区对边远地区的政治统治和经济剥削，就像帝国主义国家对待殖民地一样，但其对象是国内的边远地区和少数民族。在边远地区有时也会逐步发展起一些采矿业和加工业，但主要是为了向核心地区提供资源或提供某项出口商品。赫克特在详尽地研究了英国的案例之后，认为从历史到现时，内部殖民主义模式比扩散模式更符合和更能解释英格兰与凯尔特之间的关系。这个分析思路和两种发展模式，对近十几年来欧美的族群研究特别是民族现代化发展研究有很大影响。[①] 这个理论对研究我国现代化过程中的东西部关系，也具有一定的借鉴意义。

我国的各少数民族地区在新中国成立后先后实行了"民主改革"，废除了奴隶制、农奴制，使各族人民在中华民族这个大家庭中获得了平等的政治权利。中央政府和汉族地区的行政、经济、教育制度逐步"扩散"到各少数民族地区。在各少数民族地区的经济建设和文教医疗事业中，中央政府和汉族地区提供了大量物资、人力和财政支持，有力地推动了各项事业的发展。通过课题组对内蒙古、西藏的大量调查，可以说明我国政府的政策是积极扶植各少数民族地区的发展事业和现代化，应当归类于"扩散模式"。从汉族地区与边疆地区之间在资金、物资等方面的交流情况可以看出中央政府在边区的巨大投入。这一点是首先需要予以肯定的。

但"扩散模式"只是一种理论上的概括，在实际社会中会出现各种各样十分复杂的情况。一方面，汉族地区的政治、经济制度（行政体制、司法体制、所有制、经济管理体制等）已在各少数民族地区推行，制度差异基本消失；另一方面，相同的体制在这些少数民族地区并未能组织起相同的经济（规模、效益）。一个结果就是中央政府对各自治地区的大量财政补贴。1988年，中央财政补贴

---

① 参考 M. Hechter, 1975, *Internal Colonialism: The Celtic Fringe in British National Development, 1536–1966*. Berkeley: University of California Press, pp. 6–11。

占各自治区政府开支的百分比如下：广西44.7%，内蒙古52.7%，新疆60.4%，宁夏63.3%，西藏99.8%。

从我国各少数民族地区的发展经历来看，"扩散"并不一定等于"发展"，大量财政补贴也不一定就能推动真正的工业化和现代化，尤其当一个少数民族在文化传统上与汉族存在着重大差异时。在文化与经济这两个互动的因素中，经济并不是万能的。从我国的西藏等地区的例子来看，赫克特提出的"扩散模式"还需要进一步修订。在体制扩散这个大方向下至少可能有两种很不相同的结果：一个是扩散后经过竞争（不排除政府在一定程度上的保护和扶植）实行工业化，可称为"扩散—工业化"模式；另一个是扩散后中央把边区在财政上完全包下来，最后发展成一种依赖型经济，可称为"扩散—供给"模式。

在我国少数民族地区中，哪些地区的社会、经济状况比较接近"扩散—工业化"模式？哪些地区更接近"扩散—供给"模式？在后一类地区，"扩散—供给"模式是如何一步步在实际进程中形成的？哪些因素在其形成过程中发挥了关键作用？怎样才能把"扩散—供给"模式逐步转化为"扩散—工业化"模式（或"扩散—现代化"模式①）？带着这些问题对我国少数民族地区的发展过程进行深入细致的研究，不论在国际学术界还是在推动当地现代化进程方面，都具有重大意义。

第二个问题是由费孝通教授首先提出来的，即是"少数民族地区"的发展与"少数民族"发展之间的关系。由于历史原因，汉族在教育、科技、工业生产等方面比少数民族要发达一些。新中国成立以来，随着汉族地区的行政、经济等制度在少数民族地区的推行和中央政府在各少数民族地区发展当地工业的努力，许多汉族干部、知识分子和工人迁入边疆地区，并且大多居住在城镇。在一些自治

---

① 有些地区由于能源、原材料、交通等方面条件的限制，并不适于发展大规模工业生产，所以用"现代化"比"工业化"更为确切。

地区的主要工业城市里（如包头），汉族成为居民的大多数，而当地少数民族的大多数人口仍然从事农牧业生产。从这个角度看，一个民族自治地区的发展并不一定等于当地少数民族的发展。因为其工业产值及其他经济指标有可能主要是由该地区的汉族来实现的，而从事农牧业生产的本地少数民族多数群众的生产力水平、收入和消费水平很可能变化并不大。这是另一种意义上的"人文生态失调"。

正因为存在着这样一种可能性，我们在评价少数民族的社会、经济发展中就不能只着眼于地区的经济指标（工业产值等），而应当设计一套指标来全面衡量一个地区内各民族在其经济结构中的位置和分布情况，对各民族的经济发展状况和趋势分别进行研究，然后再进行综合比较，以确定这个地区经济发展的态势和存在问题。如果一个地区的经济（工业、贸易、服务业等）迅速发展，但与此同时各族之间的收入差距反而扩大了，对于该地区的发展规划和政策就有必要重新进行研究。

新中国成立后，我国的《宪法》《民族区域自治法》和一系列其他法规、政策保证了各民族在法律上的平等地位。但是，只有事实上的平等才能使法律上的平等具有更坚实的社会和经济基础。要使我国各少数民族既保持其文化传统的精华和心理上的平衡，又要加快其进入现代教育、现代科技、现代工业社会的步伐，这就为社会学的民族研究和发展研究提出了一系列新的研究课题。

少数民族地区存在一个在经济上如何与汉族地区相融合的问题，即是指逐步共同建立一个科技、生产、贸易整体大循环而且各部分（各地区）均衡发展的一个有机经济体。同时，各少数民族自治地区内，也存在一个内部各族的经济活动如何相互交融的问题。一方面要保持和发挥一些少数民族在其传统经济活动（如蒙古族从事畜牧业、回族经商等）方面的优势；另一方面，又要努力引导他们在这些经济活动方面逐步应用现代科技和管理办法、提高生产力、实现向现代化生产的转变。

在一个现代化的国家中，存在着城市与乡村、各行各业之间的社会分工。在我国的一些地区，也有可能由于各民族（指其中的多数或部分）分别从事其传统经济活动而出现某种程度上的民族间的社会分工。如果这类分工并没有造成民族间收入和生活水平方面的显著差异，那么其非但没有消极意义，也许在保持民族的心理平衡（民族意识和自信心）和促进民族间的合作方面还有一定的积极意义，形成一种各自发挥特长、平等合作、"谁也离不开谁"的民族团结、共同发展的局面。

五、课题的研究方法

由于"边区开发"需要研究的区域在地理上十分辽阔，各地的情况相差很大，选题和侧重点也各不相同，这就决定了课题组调查和研究的方法也不可能是单一的，而必须针对各地区的特点和每次调查的主题不断地改变调查形式和研究方法。

总结课题组几年来的调研工作，从方法论方面可以归纳出四个特点。

第一个特点是密切联系实际。费孝通教授一再强调，我们关于中国社会的知识只能来自于对社会的调查研究。只有迈开双脚到农村、牧区、小城镇以及社会的各个层面去观察、询问、思索，才能得到第一手的感性材料，知道人民群众的所想所为，从群众的实际活动和创造中吸取研究的灵感，才能做到"不惟上、不惟书"，把书上学到的知识与现实社会联系起来。在这方面，费孝通教授为我们做出了榜样。所以，深入社会基层，在农村、牧区、工厂进行户访调查，直接取得第一手的数据材料，是课题组成员在各地调研活动的一个共同特点。

第二个特点是多学科综合研究。许多研究专题涉及许多学科的知识领域，单凭一个学科的理论和方法来研究就往往感到有片面性和力不从心。如课题组在赤峰的调查重点是人口迁移，这是人口学领域。但是由于移民中很多是汉族农民迁入蒙古族居住的牧区，这就需要民族社会学（民族关系研究）和经济学（经济结构研究）的知识。抽样设计和数据分析需要统计学和计算机应用的知识，社区调查又需要人类学的调查方法。由于迁移造成人口密度大于自然环境的承载能力，引发生态恶化，为研究迁移后果，又需要了解草原植被和环境生态学的有关知识。我们所要研究的社会是多方面的而且各部分是有机地联系在一起的，不可能依照人为的学科划分来限定自己的研究领域。正因为如此，我们始终强调要拓宽知识面，需要用什么就学什么，提倡培养多学科综合研究的能力。课题组成员各自的专业背景不同，来自社会学、人口学、人类学、民族学、经济学、历史、地理学等不同的学科，我们在调查研究的过程中既注意发挥特长，又鼓励相互学习、共同提高，把"单打一"变成"多面手"。

　　第三个特点是注意借鉴西方社会科学的有关理论和研究方法。我国社会发展中出现的许多问题，在西方国家同样存在或者在它们的发展经历中也曾经出现过，西方的社会科学家们为研究这些问题付出了许多劳动并在研究过程中总结出一些理论框架、摸索出不少研究方法（指标体系、量化分析经验公式等），这些研究成果，是全人类的共同财富。由于我国的社会科学界与外界的交流少，许多西方的科研成果还没有或刚刚开始被介绍到国内来。为了提高课题研究水平，把我国边区发展道路的特点与其他国家的发展经验相比较，我们在各专题研究理论框架的设计中，注意借鉴西方的族群关系理论、区域发展理论、人口迁移理论、文化变迁理论等，同时注意把我们的调查发现与国外类似选题的案例分析相对比，从更宽广的涵盖面和角度上来把握研究对象，力争达到国际学术界的研究水平。

　　第四个特点是多种研究手段相结合。对于不同的选题，我们在研究方法上也有不同的侧重。一般来说，我们在选择调查对象时注意点与面的结合和不同层面的结合。举西藏调查为例，第一个层面是利用全自治区的人口普查和统计资料，以取得一个宏观但比较粗略的印象；第二个层面是采用社会学抽样调查的办法在3个地区的

400多个乡中抽50个乡进行户访调查，问卷内容是根据研究专题所设计，大大超出政府统计的范围；第三个层面是采用人类学的社区调查的方法，选择典型社区进行长期蹲点调查，以详细了解社区成员的生产、生活、相互关系，用日常生活中的体验和感觉来把握研究对象。从三个层面所得到的知识可以相互印证、相互补充。面上的数据可以用来检验所选社区的典型性和代表性，点上得到的详尽材料可以用来理解户访问卷材料的深刻内容、用来解释面上材料的实际意义。

在调查所获资料的处理方法上，我们也强调多种研究手段的结合，定性研究与定量研究相结合。在抽样户访问卷资料的分析中，课题组都采用了计算机输入和计算机分析的方法。社会统计学、计算机分析技术以及为此而设计的各种数据库软件、统计分析软件，是现代社会科学在研究方法上的新突破，是数学和计算机技术与社会科学的结合，也是现代社会科学工作者必须掌握的研究手段。课题组在边区的许多调查（如赤峰调查、临夏调查、新疆调查、西藏调查）都采用了计算机分析的手段。

深入基层联系实际、多学科综合研究、借鉴西方社会科学在类似研究中的成果、多种研究方法的结合与计算机的应用，可以说是北京大学社会学人类学研究所在边区发展研究中，在研究方法上的四个主要特点。

六、需要进一步研究的问题

少数民族的社会、经济、文化发展涉及许许多多的研究专题，需要把许多学科和多种专业的知识和研究方法结合起来进行综合研究；要做长远打算，分阶段分步骤逐步实施；要注意追踪调查、不断检验以往总结的研究成果，以求逐步建立起对我国少数民族地区发展的系统理论和指导战略。

在近些年来开展边区发展研究课题的过程中，我们感到有一些重大的问题在今后还需要不断地深入开展调查研究：

（1）我国各族之间政治、经济、文化交往在历史上和现阶段都有哪些内容？采用什么方式？各类交往达到什么程度？表现出哪些特点？这些方面的相互交往对各自的社会发展都发挥了哪些作用？

（2）目前我国各主要少数民族自治地区的社会、经济发展都处于什么阶段？在全国的经济建设中各自扮演着什么角色、发挥着什么作用？中央政府在这些地区的社会、经济发展中所起的作用是什么？

（3）各少数民族自治地区的经济具有哪些主要特点？在各自治地区的经济结构内，各民族占据着什么位置？在近年改革开放促进的经济增长中，各民族是否得到了相同的发展机会和经济利益？

（4）各少数民族自治地区民族关系的现状如何，具有哪些特点？哪些社会、经济、文化、人口因素以及政府政策对民族关系的变化发生了重大影响？如何测度不同地区的民族关系现状及其变化（指标体系、计量方法）？

（5）在社会与经济发展过程中，各民族的传统文化（语言、宗教、价值观念、习俗等）发挥了什么作用？对文化因素应如何分析和从政策上加以引导？

（6）我国各民族的民族意识、相互认同程度的历史演变过程。"中华民族"这一概念的由来与发展，以及各少数民族对这一概念的认同程度和有关的影响因素。

上述六个有理论意义的重大问题，与前面归纳的各少数民族地区发展中反映出来的13个研究专题结合起来，将成为我们今后继续调查研究的主要选题。北京大学社会学人类学研究所在"八五"期间承担了由费孝通教授指导的"中华民族凝聚力的形成与发展"国家社科重点课题，作为"七五"期间"边区与少数民族地区发展研究"课题的进一步深化，"八五"课题成果已汇编为《中华民族凝聚力形成与发展》（北京大学出版社，1999年）和《中国多民族社区发展研究》（北京大学出版社，2000年）两本书正式出版。随着国家制定的"西部大开发"战略的逐步落实，我们将重新设计研究方案和组织研究队伍,充分利用积累的经验和资料,争取做出在学术上和实际应用方面更有价值、更有意义的研究成果。

社会在发展,社会发展过程中又会不断地出现新的问题需要人们去研究,社会科学的理论和研究手段也将在新的研究当中不断发展和更新。对于人类社会的认识是永无止境的。

初版后记

世界上的族群现象，可以说是人类社会中最复杂的问题，也是以分析人类社会变迁规律为对象的社会学的重要研究领域之一。族群矛盾并没有像有些人期待的那样，随着工业化和经济大发展而弱化，恰恰相反，在全球化和现代化的进程中，随着族群之间政治、经济、文化交往的日趋密切，许多地区的族群矛盾反而有强化的趋势。这就使得族群问题在 21 世纪成为全世界更为关注的专题，同样也是中国发展过程中不可忽视的问题。

我自己本身是回族，父亲长期从事民族研究工作，多年来在这样一个环境中长大。"文化大革命"期间我又到内蒙古草原上的牧业社区插队，和当地蒙古族牧民朝夕相处，对于实际社会生活中的族群关系有着更为切身的体会，所以在后来读书和从事研究的过程中，总是自觉不自觉地转到民族问题上来。

自从 1987 年回到北京大学任教以后，十几年来我一直在开设"民族社会学"研究生课程，同时也在西藏、内蒙古、新疆、青海、甘肃等少数民族地区进行实地调查。在调查和讲课的基础上，这些年来陆续写了一些与族群问题相关的文章，有的偏重于具体的专题研究，有的则是对一些与"民族"有关的基本概念的讨论，大多发表在各种学术杂志上。前几年有的朋友曾建议我把这些文章汇编成一个集子，但我总觉得分量不够，想陆陆续续再补充一些，所以一直拖了下来。最近又有同行提这样的建议，同时非常感谢民族出版社愿意出版这个文集，所以我便在世纪之交时，把自己过去发表的与民族研究有关的 11 篇文章编成这本论文集。

应当说,这本文集中的大部分仍然是探讨之作,在这些文章中,我试图提出一些有助于我们理解和分析我国族群关系的问题,并努力把理论与实际联系起来,探讨中国族群问题所具有的特点,寻求客观、科学的答案,而且试图把中国的族群现象放到历史发展进程和世界这个大环境中进行横向和纵向的比较分析。文章中的有些思路可能是不成熟的,有些观点可能是片面的、不符合实际情况的甚至是错误的,这些都需要在今后的研究实践中去不断修正和补充。我之所以想出版这本论文集,主要的目的也是希望能够得到大家的批评指正。我国有许多长期从事民族研究和民族工作的经验丰富的老师和前辈,也有许多理论功底深厚、在研究方面成果丰硕的中青年同行专家,还有许多长期在少数民族地区生活并对民族问题深有体会的基层干部和工人农民,他们都是我请教的对象。我希望这本文集能够起到"抛砖引玉"的效果,同时希望它也能够多少推动一下国内"民族社会学"这个专业方向的发展。

马 戎

2000 年 12 月于北京大学蔚秀园